Justus Arnemann

Entwurf einer praktischen Arzneimittellehre

Justus Arnemann

Entwurf einer praktischen Arzneimittellehre

ISBN/EAN: 9783743318670

Hergestellt in Europa, USA, Kanada, Australien, Japan

Cover: Foto ©berggeist007 / pixelio.de

Manufactured and distributed by brebook publishing software
(www.brebook.com)

Justus Arnemann

Entwurf einer praktischen Arzneimittellehre

J. Arneman D.

Profeffors der Medicin auf der Georg Augufts Univerfität
zu Göttingen, Mitglieds der Societät der Wiffenfchaften und
Künfte zu Uetrecht, der Gefellfchaft der Aerzte zu London,
und der königl. medicinifchen Gefellfchaft zu Edinburg
Ehrenmitglieds

Entwurf

einer

praktifchen .

Arzneimittellehre

Erfter Theil

von den

innern Mitteln.

Göttingen,

im Vandenhoek und Ruprechtfchen Verlage.

1791.

Einleitung.

BOERHAAVE in feinen Monit. Inftit. me-
dic. hat unter mehrern anderen vortreffli-
chen Bemerkungen folgende:

Qui fenfa alterius exponit infelicius
faepenumero eadem affequitur, multa
refutanda frequenter inuenit, vnde fru-
ftra laborem aggrauat, minusque inci-
tata dictione vtitur. Sua quisque op-
time intelligit, fua cuique prae ceteris
placent, vnde clarior fere atque ani-
mata plerumque fequitur doctrina.

* 2   Eigne

Eigne Erfahrung hat mich von der Richtigkeit diefer Behauptung überzeugt, und diefe war die erfte Veranlaffung, dafs ich zunächft für meine Vorlefungen diefen Entwurf ausarbeitete.

Ich habe die Eintheilung gewählt, welche nun faft entfchieden für die zwek-mäffigfte und befte angenommen worden, dafs die Arzneimittel nach den Hauptwirkungen, und den vornehmften Indicationen in Krankheiten zufammengeordnet werden. In einer Wiffenfchaft, welche zu einem fo erftaunlichen Umfang angewachfen ift, und fo nahe mit Gefundheit und Leben zufammenhängt, ift dies keine gleichgültige Sache. Diefe Methode hat den we-

fent-

fentlichen Vortheil, dafs die Mittel einer
jeden Klaffe in einer zufammenhängen-
den Reihe unter einem Blick geftellt find,
worunter man nun mit weit geringerer Gefahr Irrthümer zu begehen, die zwek-
mäffigften, und den Bedürfniffen am meiften
angemeffenen, auswählen kann. In Fällen, wo die vielfachen Wirkungen, und die
Anwendung der Arzneimittel es nothwendig
machten, habe ich der Vollftändigkeit wegen immer eine kurze Anzeige gemacht,
und dann auf die Stellen verwiefen, wo fie
weitläuftiger abgehandelt waren.

Was die Wirkungsart der Arzneimittel betrift, fo habe ich mich bemüht,
diefe durchgängig aus den Wirkungen der-

felben

felben auf die Lebenskräfte, Irritabilität
und Senfibilität und der Reaction diefer
Principien zu erklären. —

Wenn wir die Beftandtheile der Arzneimittel, die Dofen worinn fie wirken,
und ihre Wirkungen felbft, mit einander
vergleichen, fo bleibt nur auffer den eigentlichen diaetetifchen Mitteln eine kleine
Anzahl übrig, von welchen man annehmen
kann, dafs fie auf die Säfte Einflus haben können; und felbft von diefen ift es
nicht einmal zuverläffig erwiefen. Es ift
wahrfcheinlich, dafs zum wenigften die
meiften Arzneimittel wirkfam find, in fo
ferne fie in den Lebenskräften eine Veränderung hervorbringen, durch ihren Ge-

gen-

genreiz auf den Körper. Diefe Erklärung fcheint mir den Kräften der Natur am angemeffenften, und auch durch
die Erfahrung immer mehr beftätigt zu
werden.

Bey der Beftimmung einzelner Arzneimittel, habe ich durchgängig die neueften praktifchen Schriftfteller zu Rathe
gezogen, und diefe hin und wieder an-
geführt. Meine Hauptabficht war nicht,
wie es fo häufig gefchieht, Auctoritäten
zu häufen, wie diefer oder jener das
Mittel gebraucht hat; welches in der
That am meiften gefchickt ift irre zu führen und Empyrie zu verbreiten; fondern
nach richtigen und auf Erfahrung ge-

grün-

gründeten Begriffen, die Wirkungsart der Mittel anzugeben, und ihre Nebeneigenfchaften und Eigenthümlichkeiten kenntlich zu machen. — Manche weniger wirkfame und entbehrliche Mittel habe ich mit aufgenommen, weil fie noch immer hie und da gebraucht werden, und weil es eben fo wichtig ift für diefe zu warnen als die kräftigen Arzneien zu empfehlen: Diefe find auch fchon dadurch kenntlich gemacht, dafs fie weiter keinen Zufatz erhalten haben. Bey den übrigen Mitteln habe ich überall die Charactere derfelben welche in die Sinne fallen, die Zeichen der Güte, die Arten der Verfälfchung, die befte Verbindung und Benutzung

nutzung angemerkt. Die chemifche Ana-
lyfe habe ich mit Fleis weggelaffen, weil
fie für die Wirkungsart der Mittel keine
Auffchlüffe giebt, und noch dazu kaum
bey zwey Schriftftellern gleich ift.

Einer jeden Abtheilung habe ich einige allgemeine Bemerkungen vorange-
fchickt, entweder in fo ferne fie eine Ue-
berficht über die ganze Klaffe verbreiten;
oder ungegründete Meinungen auszeich-
nen. Diefe Methode fchien mir zur Erleichterung der Wiffenfchaft von groffem Vortheil.

Die Arzneimittel habe ich in zwey Ab-
theilungen getrennt, *in innre* Mittel welche in diefem Theile enthalten find, und in

äufre welche den zweyten Theil ausmachen werden. Man kann diefen entweder
als einen Anhang des erften, oder als eine
eigne Materia chirurgica anfehen. Diefem erften Theil habe ich zwey Tabellen von den Salzen beygefügt, wobey
ich die Tromsdorffchen Tabellen zum
Grunde gelegt habe, und ein vollftändi-
ges Regifter um den Gebrauch deffelben
zu erleichtern.

Göttingen, auf der Georg Augufts
Univerfität im May 1791.

———

Allgemeine

Allgemeine Ueberſicht.

Erſter Theil.

Innre Arzneimittel.

Vierte

*   *   *

Verbeſſerungen.

Erſter

Erster Theil.
Innre Arzneimittel.

Erster Theil.
Innre Arzneimittel.

Erste Klasse.
Diaetetische Mittel.

Es giebt wenig Theile der Arzneiwiſſenſchaft, worin ſo viele einſeitige unerwieſene Meinungen, und Vorſchriften die man gewiſſermaſſen als Erfahrungsſäze anſieht, aufgenommen ſind, als in der Lehre von der Lebensordnung.

Man hat lange, und faſt immer ohne groſſen Nutzen über die Frage geſtritten, welche Nahrungsmittel, die vegetabiliſchen oder die animaliſchen, dem menſchlichen Körper am zuträglichſten ſind, und in der Anwendung den Vorzug haben ſolten. Eine ſolche Unterſuchung iſt eigentlich nur ſpeculativ. Nimmt man ſie in ihrem weitläuftigſten Umfange, ſo iſt das Reſultat dieſes: daſs der Menſch

A

von

von Natur zum Genuſs einer jeden Speiſe ohne
Unterſchied beſtimmt iſt (*), und daſs es keine
Speiſe giebt, welche abſolut geſund, oder abſolut
ungeſund genannt werden kann: Allein im Grunde
müſſen die beſondern diaetetiſchen Geſeze, von dem
Klima, der Gewohnheit, der individuellen Conſtitution, der Idioſyncraſie, dem Inſtinct, wie auch
von den eigentlichen Beſtandtheilen der Mittel ſelbſt
abgeleitet werden, und auf vorgängige Erfahrung
von den Wirkungen und Folgen, dieſer oder ähn-
licher Nahrungsmittel auf den Körper, gegründet
ſeyn.

Die ältern Aerzte, giengen in ihrem Glauben
an die diaetetiſchen Mittel überhaupt, und der Anwendung derſelben in Krankheiten, ſo weit, daſs
ſie dieſen beinahe alles, und den eigentlichen Arzneimitteln wenig zutrauten. In unſern Zeiten iſt
es gerade umgekehrt. Die Aerzte hoffen zu viel
von den Arzneimitteln; und der diaetetiſche Theil
iſt entweder ganz vernachläſſigt, oder er ſteht mit
den Medicamenten völlig in Disharmonie. Es iſt auf-
ſer Zweifel, daſs eine gröſſere Sorgfalt für die Diae-
tetik der Kranken, und die zweckmäſige und öftere
Verbindung derſelben mit den Medicamenten, auf
die

(*) *Meiners* Geſchichte der Menſchheit. III. Kap.
von den Nahrungsmitteln.

die glücklichere Behandlung vieler Krankheiten, einen wefentlichen Einliufs hat, und dafs die
Dauer derfelben, oft dadurch abgekürzt werden kann.

Um diefe Mittel nun genauer beftimmen zu
können, wird es nothwendig überhaupt feftzufe-
tzen, welche Materien eigentlich in den vegetabilifchen und thierifchen Subftanzen, dem menfclichen
Körper Nahrung zu geben fähig find.

Es ift höchft wahrfcheihlich, dafs die wirklich
nährende Subftanz, in diefen beiden Klaffen der
organifirten Körper, faft auf einerlei Urfprung und
Beftandtheile zurückgeführt werden kann, oder dafs
fie doch wenigftens eine grofse wechfelfeitige Verwandtfchaft befitzen müffe (*). Was das erfte betrifft, fo wird es daraus erweislich, weil faft durchgehends der thierifche Stof urfprünglich aus 'Ge-
wächsmaterie erzeugt wird. Denn eine fehr
grofse Menge von Thieren, nährt fich geradezu
von Vegetabilien, oder lebt doch von andern Thieren, deren vorzügliche Nahrung Vegetabilien ausmachen. Einen zweiten Beweis geben die Gewächsfäuren, welche felbft als ein wefentlicher
A 2

(*) *Thouvenel* von den Nahrungs- und Heilmit-
telh. 2ter Abfchn.

Beſtandtheil des thieriſchen Stofs angeſehen werden können. *Berthollet* (*) hat aus thieriſchen Subſtanzen ſelbſt Zuckerſäure abgeſchieden. Auch
vor. der Fäulniſs thieriſcher Subſtanzen, geht allemal ein geringer Grad einer ſauren Gährung vorher u. dergl. m. Ueberhaupt aber iſt in Thieren der
nährende Beſtandtheil ſchon mehr ausgearbeitet.

Auf der andern Seite haben auch die Haupt-
beſtandtheile der Vegetabilien, von welchen am
meiſten die nährende Kraft abhängt, mit dem thieriſchen Stoffe eine groſse Aehnlichkeit. Dieſe ſind
der Stärkemehlſtof und die ſchleimichte Gewächs-
materie. Die mehlichten Saamen enthalten die
gröſste Menge des Stärkemehlſtoffs, und den voll-
kommenſten Schleim, daher ſind die Getreidearten
ſo ſehr nahrhaft. In einigen Gewächſen iſt das
mucilaginöſe Weſen reiner als in andern, beſonders
in den Plant. Cruciferis; und man hat daher geglaubt, daſs dieſe das letzte Glied der Kette zwiſchen dem Pflanzen - und Thierreiche ausmachen.
Nach den chemiſchen Unterſuchungen geben beide
Theile unter allen vegetabiliſchen Theilen am meiſten Phosphorſäure nnd flüchtiges Laugenſalz, die
charadteriſtiſchen Grundſtoffe thieriſcher Subſtanzen

(*) *Roziers*, Obſ. ſur la Phyſ. Vol. VI. S. 206.

zen (*). Die Gewächfe welche in Fäulniſs übergehen, befitzen auch eine gröfsre nährende Kraft, als
andre welche in eine faure Gährung gerathen. Indeſſen zeigt der Nahrungsſtoff noch manche Ver-
fchiedenheiten, bey Thieren fowohl als Pflanzen,
die bis jezt noch wenig beftimmt find. Eben fo
wenig find wir auch mit den Gefezen der thierifchen Oeconomie wodurch diefe Stoffe in die verfchiedenen Säfte unfers Körpers umgeändert werden, hinreichend bekannt.

A. Diaetetifche Mittel aus dem Pflan-
zenreich.

I. Kräuter.

PETROSELINVM.

Herba Petrofelini, *Semina*, (Apium Petrofelinum *L.*)
Peterſilie, wächft in Sardinien wild.

Man cultivirt in den Küchengärten zwei Species, die eine liefert das bekannte Suppenkraut
und die andre die Wurzel. Der Gefchmack des
Krauts ift aromatifch, erfrifchend und auf der
Zunge etwas pikant.

A 3 Es

(*) *Behrends* in Crells chem. Annalen. II. B.

. Es beſitzt wie alle jungen Kräuter gelinde diuretiſche Eigenſchaften, welche aber ſo geringe ſind
daſs es zu dieſer Abſicht nie gebraucht wird. Man
kann dieſes Kraut ſehr leicht mit der wilden Peterſilie (Aethuſa Cynapium) verwechſeln. *Mariotte*
beſchreibt ein paar Fälle, wo in dem einen von
dem Genuſs des Krauts die Epilepſie, und in dem
andern ein beſondrer Augenfehler entſtanden war.
Ich vermuthe, wenn dieſe Zufälle wirklich blos
nach dem Genuſs der Peterſilie erfolgt ſind, daſs
ſie von der Verwechſelung mit der wilden Peterſilie herrührten. Es iſt nicht wahrſcheinlich, daſs
eine beſondre Idioſyncraſie Antheil hieran gehabt hat.

Semina Petroſelini. Die Peterſilien - Saamen,
ſind bitter und aromatiſch. Man erhält daraus
durch die Deſtillation ein weſentliches butterartiges
Oehl. Auſſerdem ſind ſie dem Kopfungeziefer ſehr
zuwider, und mit Schmalz oder ungeſalzener Butter zu einer Salbe gemacht, ein unſchädliches Mittel.

PRAEPARAT.

Aqua Petroſelini. Das Peterſilienwaſſer wird
aus dem Kraute bereitet, und iſt gelinde diuretiſch.

Die *Peterſilien-Wurzel* iſt ſüſlicht und etwas
gewürzhaft. Sie gehört unter die leicht verdaulichen

chen Nahrungsmittel, und befitzt gelinde urintreibende Kräfte (*Cohen. Hoffmann*).

APIVM GRAVEOLENS *L. Der Sellery.*

CEREFOLIVM.

Herba Cerefolii (Scandix Cerefolium *L.*)
Körbel, wächft im füdlichen Europa wild.

Das Kraut gehört unter die Ingredienzen der
Suppen. In Italien, befonders in der Gegend von
Verona kocht man es als Gemüfe. Es wirkt ebenfalls auf den Urin, und *Geoffroy* empfiehlt daher den ausgeprefsten Saft in der Wafferfucht. Allein in diefer Abficht ift es nicht kräftig genug.
Vormals gebrauchte man auch den Saft bey afthmatifchen Befchwerden, im chronifchen Huften,
und in der Gelbfucht.

NASTVRTIVM AQVATICVM.

Herba Nafturtii aquatici. (Sifymbrium Nafturtium *L.*)
Brunnenkreffe. Sie wächft wild im hellen klaren Waffer.

Die Brunnenkreffe, ift beym erften Anblik
leicht mit der Cardamine Amara zu verwechfeln.
Sie hat einen fcharfen bittern Gefchmack und beifst
etwas auf der Zunge. *Boerhaave* und
Wiegleb haben flüchtig alcalifche Theile dar-

A 4

daraus erhalten, und aus dieſer Urſache hat man ſie im Scorbut angewendet. Sie ſteht der Cochlearia und den übrigen ſogenannten Plantis antiſcorbuticis an Wirkſamkeit weit nach. Sie iſt am kräftigſten roh genoſſen als Sallat, oder wie ich in Holland ſahe, auf Butterbrod. Durch das Kochen gehen die flüchtigen Theile verlohren. Man gebraucht den ausgepreſsten Saft (Succus Naſturtii aquatici expreſſ.), den man allein, oder mit Saft vom Cerefolio, der Beccabunga, mit Selteſerwaſſer, Molken oder bittern Extracten nehmen läſst, als eine Frühlingskur. Bey Verſtopfungen der Eingeweide, bey der Schwindſucht u. a.

NASTVRTIVM HORTENSE.

Herba Naſturtii hortenſis. (Lepidium Sativum *L.*)
Gartenkreſſe. Das Vaterland iſt unbekannt.

Die Gartenkreſſe iſt ein bekanntes Küchengewächs, und unter den Erſtlingen des Frühlings. Ihr Geſchmack iſt etwas ſcharf und bitter. Sie dient daher gewiſſermaſſen als Gewürz, befördert die Verdauung, und löſt den Schleim auf. *Lind* gebrauchte ſie im Scorbut mit gutem Erfolg.

PORTV-

PORTVLACA.

Herba Portulacae. (Portulaca Oleracea *L.*)
Portulak, im wärmern Europa wild.

Die Pflanze enthält einen wäfricht fäurlichen
und etwas falzigen Saft. Sie ift leicht verdaulich,;
Nur in zu grofser Menge führt fie ab. Man empfahl vormals den ausgeprefsten Saft in Gallenfiebern, um zu kühlen und den Durft zu ftillen.

SPINACIA.

Folia Spinaciae. (Spinacia oleracea *L.*)
Spinat, wächft wild in Spanien.

Der Spinat ift fade und wenig nährend. Er
erregt leicht Coliken.

LACTVCA.

Herba Lactucae. (Lactuca Sativa *L.*)
Lactuc, Sallat. Das Vaterland ift unbekannt.

Die Pflanze hat von der in ihr enthaltenen
Milch den Namen. Es giebt in Küchengärten eine
Menge Varietäten; nur die Lactuca virofa und
Lact. fcariola haben fchädliche Eigenfchaften. Der
Sallat ift ebenfalls ein fades Gericht, wenn man
ihn nicht durch andre Kräuter verbeffert. Gekocht
ift er leichter zu verdauen.

A 5   ACR

ACETOSA.

Folia Acetoſae. (Rumex Acetoſa *L.*)
Sauerampfer, wáchſt wild auf den Wieſen.

Ein angenehmes Küchengewächs. Es enthält
ein weſentliches Salz, welches der Weinſteinſäure
ähnlich iſt, und als Subſtitut derſelben und der oxa-
lis acetoſella dienen kann. Die Franzoſen nehmen
den ausgepreſsten Saft des Sauerampfers (Hunc-
zovsky), als ein Verwahrungsmittel gegen den Scorbut, auf ihren See Expeditionen.

BRASSICA.

Braſſica oleracea *L.* Kohl, wild an den Küſten von
England.

Es giebt zwey Hauptarten von Kohl: *weiſſen*
und *braunen* Kohl, von welchen eine groſse Menge
für die Küche cultivirt wird. Ueberhaupt haben
alle Kohlarten wenig nährende Theile. Sie ſind
wäſricht und erregen leicht Blähungen und Bauchgrimmen. Am wenigſten thut dies der Blumenkohl
und der gemeine braune Kohl.

PRAEPARAT.

Der eingemachte Kohl (das Sauerkraut), wird
durch die Gährung mit Eſſig bereitet. Er erhält
dadurch

dadurch eine weinartige Natur, und wird fchmakhaft und leicht verdaulich. Durch Capt. *Cooks*
Reifen ift dies Praeparat, als eins der beften anti-
fcorbutifchen Mittel berühmt geworden. *Lind* empfiehlt ihn ebenfalls. Ein Hauptvorzug vor ähnlichen Mitteln, befteht vielleicht mit darinn, dafs er
fich über acht Monathe halten kann, ehe er verdirbt.

II. W u r z e l n.

R A P A.

Radix rapae. (Braffica rapa *L.*)
Gemeine Rübe, wild in Holland und England.

Es giebt zwey Hauptarten von Rüben; mit run-
der und langer Wurzel; und von gelber und weiffer
Farbe. Sie enthalten eine grofse Menge Stärkemehlftoffs,
und find daher fehr nährend und leicht verdaulich.
Wenn fie etwas lange gekocht werden, blähen fie
weniger als fonft. Unter die vorzüglichften Varietäten gehören die Markifchen - die Bodfeldfchen
die Teltower- Rüben, die Steckrüben, der Kohl-
rabi u. a.

Das Rüben - Decoct, mit Honig vermifcht, ift ejn gutes Gurgelwaffer bey Schwämmchen.

chen. Der ausgeprefste Saft der Rüben, hat eine schleimichte demulcirende Eigenfchaft. *Rofenftein* und *van Swieten* gebrauchten ihn bey Knoten der Lunge und in der Heiferkeit.

PASTINACA.

Radix Paftinacae. (Paftinaca Sativa *L.*)
Paftinak - Wurzel, wild auf Weiden uud zwifchen Ruinen.

Man cultivirt die Paftinakwurzel häufig in Gärten. Sie ift fehr nahrhaft, doch können fie ihrer wiederlichen Süffigkeit wegen, viele Perfonen nicht vertragen. Man hat auch beobachtet, dafs die Wurzel, wenn fie über Winter unter der Erde bleibt, eine giftige Eigenfchaft erhält. (*Weikard* verm. Schrift. B. 1. S. 76.). Der Saft der Wurzel, hat aufferhalb dem menfchlichen Körper eine Steinauflöfende Kraft.

DAVCVS.

Radix Dauci Sativi. (Daucus Carota *L.*).
Gelbe Wurzeln, Möhren, Carotten; auf Wiefen und Feldern.

Es giebt zwey Arten von gelben Wurzeln, die hellgelbe und die orangefarbene. Die hellgelbe ift füffer und angenehmer, die orangefarbene fchmeckt

schmeckt etwas gewürzhaft. Wenn man sie einkocht, erhält man einen honigartigen Saft, den
man statt des Zuckers an Speisen gebrauchen kann.
(Hannoverisches Magazin v. J. 1773. N. 75). Die
rohen Wurzeln sollen nüchtern gebraucht eine
wurmtreibende Kraft besitzen: Wahrscheinlich in
so ferne sie einen Durchfall erregen. Der ausgepreßte Saft, oder das Decoct, ist ein gutes Mittel
gegen Schwämmchen, mit Rosenhonig vermischt.
Man hat auch dies Decoct bey der Salivation in
Blattern, und bey der Heiserkeit angewendet, wo
gewöhnlich etwas schleimichte Decocte oder Auf-
güsse von Nutzen sind. Die Saamen (Semina
Dauci sylvestris), sollen eine diuretische Kraft
besitzen, die aber wohl in dem Wasser womit sie
getrunken werden, allein zu suchen ist.

B E T A.

Radix betae rubrae. (Beta rubra *L.*)
Rothe Rüben, rother Mangold. Das Vaterland ist
unbekannt.

Die Wurzel ist sehr saftreich, und liefert
nach den Versuchen welche *Marggraf* damit
angestellt hat, ein süßes Salz. Der weisse Mangold (Beta Cicla) ist nicht sehr verschieden. Man
gebraucht die Wurzeln wie die Pastinakwurzel,

und

und das Kraut beyder Arten, als Kohl oder Gemüse.

SISARVM.

Radix Sifari. (Sium Sifarium *L.*) Zuckerwurzel.

Die Wurzel hat einen süslicht aromatischen
Geschmack und enthält vielen Zucker. *Marggraf* erhielt aus jedem Pfunde drey Drachmen.
Sie giebt eine gute leicht verdauliche Speise. Man
gebraucht sie frisch als Obst; am öftersten in Suppen und als Gemüse.

SCORZONERA.

Radix Scorzonerae. (Scorzonera humilis *L.*).
Scorzonere, wild auf Wiesen.

Die Scorzonere wird häufig in Küchengärten
cultivirt. Sie enthält etwas salzicht schleimichte
Theile, und wird zu Tisanen oder als Gemüse
gebraucht.

TRAGOPOGON.

Radix Tragopogi. (Tragopogon hortense *L.*).
Haferwurzel, wild auf Wiesen.

Enthält einen süslich milchichten Saft, und
schmeckt süsser als die Scorzonere. Man ist sie
als Gemüse und sie giebt eine leichte Nahrung.

CICHO-

CICHORIVM.

Radix Cichorei. (Cichorium Intybus *L.*)
Zichorien, Wegwart, Hindlauft, wild an den Wegen.

Die wilde Pflanze beſitzt einen viel ſtärkern
Grad der Bitterkeit, als die cultivirte. Man gebraucht die friſche Wurzel in Suppen und Tränken. Van *Swieten* empfahl ſie zu Tiſanen in
der Gelbſucht. Das junge Kraut genieſst man als
Sallat.

Ungleich häufiger gebraucht man die Cichorienwurzel, welche man trocknen und röſten läſst,
als ein Subſtitut des Coffe. Durch dieſe Zubereitung bekömmt ſie die gefährliche Eigenſchaft von
ſelbſt zu zünden, und erfordert in der Verwahrung
groſse Behutſamkeit.

PRAEPARAT.

Syrupus de Cichoreo cum Rheo. Ph. W. aus
der Cichorienwurzel mit Rhabarber und etwas Sal
Tartari gekocht. Für Neugeborne Kinder zur Abführung des Meconii. Die Dos iſt von 1 Dr. bis
½ Unze.

CICHORIVM ENDIVIA *L. Endivie.*

RAPHA-

RAPHANVS.

Radix raphani hortenſis. (Raphanus Sativus *L.*).

Rettig, Radies, wild in China.

Man cultivirt in den Garten dreyerley Arten
Radieſe: weiſſe, ſchwarze und röthliche. Alle
dieſe Arten enthalten eine Schärfe, daher reitzen
ſie den Magen, befördern die Verdauung, und löſen den Schleim auf. Für Perſonen welche mit
Schleim überladen ſind, ſind die Radieſe ein gutes
Deſert. Auſſerdem in mancherley Beſchwerden,
welche durch eine Anhäufung von Schleim unterhalten werden; bey der ſchleimichten Engbrüſtigkeit u. a.

ARMORACIA.

Radix armoraciae oder *Raphani ruſticani.* (Cochlearia
Armoracia *L.*). Merrettig; wild an ſumpfigten Oertern.

Der Merrettig bekömmt nach Verſchiedenheit
des Erdreichs, einen herben, bittern oder füslichen
Geſchmack. Er enthält alcaliſch flüchtige Theile
und iſt viel reizender als der Rettig. Man gebraucht ihn mit gutem Nutzen bey Verſchleimungen des Magens und um die Verdauung zu befördern. An manchen Orten infundirt man die Wurzel mit Bier, und bereitet dadurch ein gutes anti-
ſcorbutiſches und urintreibendes Getränk.

Hieher gehören auch die *Laucharten, Zwiebeln,* u. a.

III. Knol-

III. *Knollichte Wurzeln.*

S A L E P.

Radix Salep. (Aus dem Orchisgefchlecht).

Knabenkraut, Salepwurzel.

*Percivall über den med. Gebrauch der Salepwur-
zel* in feinen *Effays.* **T. II.** *Rez in d. Schwed. Abh.*
v. J. 1764. *Ueber die Art fie zu cultiviren,* Moult
in Phil. Tranfad.. **T. 59.**

Die Salepwurzel kann von mehrern Arten aus
dem Orchisgefchlecht gewonnen werden. Die vorzüglichften find: Orchis morio, O. mafcula, O. la-
tifolia, O. maculata, O. militaris, O. pyramidalis.
Die übrigen Arten haben einen ftarken Beygeruch.
Man fammlet die Wurzel zur Zeit wenn der Stengel anfängt trocken zu werden, reinigt fie als-
denn und läfst fie trocknen. Sie enthält eine grofse
Menge nährender Theile, und gehört unter die
fchleimicht füffen Nahrungsmittel. Bey fchwächlichen Kranken find die Saleptränke und Salep-
fuppen von groffem Nutzen, als ein leichtes
gutes Nahrungsmittel. Daher gebraucht man fie
in hedifchen Fiebern, in Lungenfuchten, bey
ftarken Eiterungen, nach Amputationen und
ähnl. Vermöge ihrer fchleimichten Theile, wird

B   fie

ſie in Krankheiten der Urinwege, der Dyſurie,
der Strangurie, bey Steinbeſchwerden, beym Nie-
renſtein, auch ;bey Durchfällen und Ruhren mit
Vortheil angewendet.

SOLANVM TVBEROSVM.

Radix Solani Tuberoſi. Erdäpfel, Kartoffeln. Aus Süd-
America.

Der erſte Schriftſteller welcher der Kartoffeln
erwähnt, iſt Peter *Martyr* im Jahr 1493. Auſſer den Getreidearten, ſind wenige Gewächſe von
ſo allgemeinem Nutzen als dieſes. Sie haben zwey
vorzügliche Eigenſchaften: ſie ſind wohlſchmé-
kend, und werden auf eine wohlfeile Art cultivirt. Dadurch werden ſie beſonders für arme
Leute ein unentbehrliches Gewächs. Allein auch
aus eben der Urſache, wird nicht leicht mit einem
Nahrungsmittel gröſserer Misbrauch getrieben als
mit dieſem. Sie enthalten einen beträchtlichen mehlichten Beſtandtheil, welcher mit dem Stärkemehl-
ſtoff im Weitzen ſehr übereinkömmt; und ſind an
ſich eine leicht verdauliche und geſunde Speiſe, nur
durch das Uebermas worinn ſie genoſſen werden,
werden ſie wie jedes andre Nahrungsmittel ſchädlich.
Ich halte es für übertrieben, was im Journal für
Deutſchland v. J. 1786., von den Revolutionen

in

in Krankheiten, und von der gröſſern Mortalität, welche die Kartoffeln veranlaſſen ſollen, geſagt iſt. Die rohen Kartoffeln ſind ein gutes Mittel im Scorbut. *Blane* und *Gillespie* (Auserl. Abh. für prakt. Aerzte B. XII.) lieſſen die Matroſen bey einem hohen Grade von Scorbut, täglich einige rohe Kartoffeln eſſen; dieſe wurden dadurch in kurzem wiederhergeſtellt.

Man hat beobachtet, daſs die alten ausgewachſenen Kartoffeln im Finſtern einen phoſphoriſchen Schein von ſich geben.

Die Kartoffelnblätter hält man gewöhnlich für betäubend, allein bis jetzt ſind noch keine eigentlichen Verſuche damit angeſtellt.

IV. Früchte, Obſt. Fruƈtus horaei.

Ge. Gottlob *Richter*, *de ſalubritate fruƈtuum horaeorum.*

CVCVMIS.

Fruƈtus Cucumeris. (Cucumis Sativus *L.*). Gurke.
Das Vaterland iſt unbekannt.

Wir genieſſen die Früchte am häufigſten unreif. Der friſche ausgepreſste Gurkenſaft iſt wäſſricht und enthält etwas weniges Schleim. Man empfiehlt ihn als ein kühlendes Mittel, was den Umlauf

B 2. des

des Bluts und den hectiſchen Puls mäſſigt, in ab-
zehrenden Fiebern, in der Schwindſucht, und im
Blutſpeien u. a.

M E L O.

Fructus Melonum (Cucumis Melo *L.*). Melone;
wild im Calmukenlande, in der Levante, Ukräne.

Es giebt eine Menge von Varietäten, unter
dieſen iſt die Kantalupe die vorzüglichſte, und unterſcheidet ſich durch ein härteres mehr gewürz-
haftes Fleiſch. Die Melonen überhaupt enthalten
einen ſüfslicht, wäſrichten, etwas gewürzhaften
Saft. Sie ſind daher ſehr ſtark kühlend, und erregen leicht Durchfälle und Reiſſen im Leibe. Man
empfiehlt ſie ebenfalls in Fiebern, zu kühlen, und
in Schwindſuchten, um den ſchnellen Puls, die
Wallung und fliegende Hitze zu mildern.

FRAGARIA.

Baccae Fragariae. (Fragaria Veſca *L.*).
Erdbeere, wild in Wäldern.

Die wilden Erdbeeren enthalten ein ſtärkeres
Aroma als die Gartenerdbeeren. Ueberhaupt ſind
ſie eine angenehme, kühlende und erfriſchende
Frucht. Man empfiehlt ſie als Medicament im Stein
und Podagra, dann aber müſſen ſie ohne irgend

. einen

einen Zufatz von Wein, Milch oder Zucker, genoffen werden; geniefst man zu viel davon fo entftehen leicht Diarrhoeen. Linné gebrauchte fie felbft
auf diefe Art mit grofser Erleichterung im Podagra;
allein diefe Wirkungen find nicht beftändig.

RVBVS IDAEVS.

Baccae rubi idaei. (Rubus idaeus *L.*). Hinbeere.
In Hecken und Wäldern wild.

Es giebt zweyerley Arten Himbeeren: mit rothen und mit weiffen Früchten. Sie ift überaus
angenehm, nur Schade dafs fie fo voll Würmer ift.
Sie gehört ebenfalls unter die kühlenden Frucht-
arten.

PRAEPARATE.

1) *Aqua rubi idaei.* Das Himbeerenwaffer
fchmekt und riecht angenehm. Daher wird es gewöhnlich zu Tränken und Mixturen genommen.

2) *Syrupus rubi idaei.* Der Himbeerenfaft
ift ebenfalls fehr angenehm und wohlfchmekend.
Man gebraucht ihn häufig als Zufatz zu Mixturen.
Aus diefem Syrup kann man zur Abwechfelung in
Krankheiten, mit bloffem Waffer ein angenehmes
Getränk bereiten.

3) *Acetum rubi idaei.* Der Himbeereneffig
wird durch die Maceration der Frucht mit Effig

berei-

bereitet. Man miſcht ihn ebenfalls unter die Getränke, um dieſen einen angenehmen Geſchmak zu geben.

MYRTILLVS.

Baccae Myrtillorum. (Vaccinium Myrtillus *L.*)
Bickbeere, Heidelbeere, in Wäldern.

Die friſchen Beeren ſind gelinde adſtringirend, und man hat ſie daher Perſonen empfohlen, welche habituellen Diarrhoen unterworfen ſind. Häufig werden ſie von Weinhändlern zur Verfertigung des ordinairen rothen Weins angewendet. In ſolchen Fällen nehmen ſie jungen weiſſen Wein, geben dieſem durch den Saft der Heidelbeeren die rothe Farbe, und das zuſammenziehende Weſen durch den Zuſaz von Alaun. Solcher Wein bekömmt nicht jedem. Die Verfälſchung iſt ſchwer zu entdecken, und erfordert eine doppelte Unterſuchung. 1) Man nimmt eine Auflöſung der Schwerſpaterde in Eſſig, und tropft dieſe zu dem Wein, entſtehen darnach weiſſe Streifen, ſo iſt dies ein Beweis daſs Vitriolſäure da iſt, allein es zeigt nicht die Alaunerde. Um auch dieſe zu entdecken, muſs man 2) eine kleine Quantität Wein bis zur Hälfte abdampfen laſſen, und ſehen ob Alauncryſtallen entſtehen. Bloſs durch dieſe doppelte Procedur kann man

man den Betrug ausfinden. Die getrockneten Beeren gebraucht man zu Suppen ftatt der Kirfchen.

· VITIS IDAEA.

Baccae vitis idaeae. (Vaccinium vitis idaea *L.*).'
Preufelbeere, rothe Heidelbeere.   In Wäldern am Harz,
in der Schweiz u. a. an fumpfigten Gegenden.

Das Kraut diefer Staude, hat mit der Vua
urfi eine grofse Aehnlichkeit, welche leicht zur
Verwechslung Anlas geben kann: der Unterfchied
befteht darinn, dafs die Blätter an der untern Seite
kleine Puncte haben, welche bey der Vua urfi
fehlen. Die Beeren haben einen fäurlich herben
Gefchmak, daher geniefst man fie nicht roh fondern mit Zucker eingemacht.

V V A E.

Vua paffa. (Vitis vinifera *L.*).   Weintraube, Wein-
beere.

Man hat fehr viele Abarten von diefem Gewächs mit rothen, weiffen oder grünen Beeren.
Unter diefen find die Spanifchen Trauben vorzüglich gros und delicat. Die reifen Trauben find
kühlend, widerftehen der Fäulnifs und führen gelinde ab, wenn man fie in grofser Menge geniefst.
In Weinländern gebraucht man fie daher ftatt einer

Brun-

Brunnencur. Die äuſſere Haut und die Kerne ſind ſchwer verdaulich. *De Haen, Monro* und *Zimmermann* (von der Ruhr unter dem Volke) fanden die Trauben und den Moſt in der Ruhr vorzüglich wirkſam. Auch in Entzündungs - und faulichten Krankheiten überhaupt, kann man ſie roh oder gekocht genieſſen laſſen.

Die *Roſinen* (paſſulae majores), ſind getrocknete Weintrauben und kommen vorzüglich aus Spanien. Die *Corinten* (paſſulae minores), kommen von den griechiſchen Inſeln von einer Varietät, Vitis Apyrena *L.*

PRAEPARATE.

1) *Der Moſt*, iſt der ausgepreſste Saft der Weintrauben ehe er gegohren hat. Er beſitzt nicht die Eigenſchaften des Weins, ſondern kühlt wie ein bloſer ſäuerlicher Pflanzenſaft.

2) *Der Wein.*

3) *Der Weineſſig.*

RIBES RVBRVM.

Baccae Ribeſiorum rubrorum oder *Ribium.*
(Ribes rubrum *L.*). Rothe Johannisbeere, wild an den Alpen.

Es giebt dreyerley Arten Johannisbeeren, rothe, weiſſe und ſchwarze. Die friſchen Beeren, wenn

wenn ſie recht reif ſind, ſind angenehm, ſäurlich
und kühlend; nur die Haut und Kerne ſind ſchwer
verdaulich. Sie ſind beſonders in inflammatoriſchen
Zuſällen ſchätzbar, um die Hitze und den Dürſt
zu ſtillen.

Durch die Gährung bereitet man ein ſehr angenehmes Getränk daraus, den Johannisbeerenwein.

PRAEPARATE.

1) *Syrupus ribium* oder *Ribeſiorum*, ein ſehr
angenehmer Syrup um die Mixturen wohlſchmekender zu machen, zumal die Salzmixturen, und
die Vitriolſäure.

2) *Rob Ribium*, aus dem ausgeprefsten Saft
mit Zucker zur Dicke eines Muſes eingekocht. Man
gebraucht es zu Tiſanen, oder unter Getränke gemiſcht; man kann auch Kranken den Saft theelöffelweiſe nehmen laſſen, um den Durſt zu löſchen.

RIBES NIGRVM.

Baccae ribeſiorum nigrorum. (Ribes nigrum *L.*).
Schwarze Johannisbeeren.

Die ſchwarzen Johannisbeeren ſind ſüſſer als
die rothen. Die Blätter ſind etwas zuſammenziehend, daher hat man ſie vormals zu adſtringirenden Gurgelwaſſern empfohlen.

B 5 RIBES

RIBES GROSSVLARIA, *die Stachelbeere.*

BERBERIS.

Baccae Berberis. (Berberis vulgaris *L.*). Berberize,
in Wäldern und Hecken.

Es giebt zwey Varietäten von dieſer Staude,
mit rothen Beeren und mit weiſſen. Die Beeren
enthalten unter allen Pflanzen die meiſte Säure.
Rez und *Scheele* fanden, daſs dieſe mit der
Tamarindenſäure viel gemeinſchaftliches hat. Durch
den Zuſatz von Zucker wird die Säure ſehr gemildert, und man macht dann angenehme Confituren
daraus. Die getrockneten Beeren gebraucht man
zu Suppen; an einigen Orten brennt man auch
Brantwein daraus.

PRAEPARATE.

1) *Syrupus Berberum.*   Unter Tiſanen und
Mixturen.

2) *Rob Berberum.*

3) *Rotulae* oder *Trochiſci Berberum.* Ph. W.
Man gebraucht ſie um den Durſt zu ſtillen.

MORVS.

·MORVS.

Baccae Mori. (Morus nigra *L.*). Maulbeere, wild in Italien. Die Römer brachten fie aus Perfien.

Es giebt fchwarze und weiſſe Maulbeeren. Wenn fie reif find, find fie angenehm fäurlich. In zu grofser Menge erregen fie wie alle fäurliche Früchte Durchfall.

PRAEPARAT.

Rob Mororum, wird durch Rob Ribium, Rubi idaei u. a. entbehrlich.

CYNOSBATVM.

Fructus Cynosbati. (Rofa canina *L.*). wilde Hanbutte, wild in den Hecken.

Die cultivirte Hanbutte ift die rofa villofa und wird noch einmal fo grofs als die wilde. Die Frucht ift nicht fehr angenehm wegen der harten Rinde und der kleinen Härchen, welche um die Saamen liegen. Man geniefst fie gekocht oder ein-gemacht.

PRAEPARATE.

1) *Conferva Fructus Cynosbati* Ph. Londinenf, ift angenehm kühlend und durftftillend.

2) *Rob Cynosbati*, aus der eingekochten Frucht bereitet.

MES-

MESPILVS.

Fruðus Meſpili. (Meſpilus Germanica *L.*). Miſpel, wild im ſüdlichen Europa, England, Frankreich, Deutſchland.

Die Frucht iſt herbſauer und zuſammenziehend. Sie kann nicht eher genoſſen werden, als bis ſie gefroren iſt: dadurch wird ſie völlig zur Reife gebracht, und bekommt einen weinſäurlichen Geſchmak.

CERASVS.

Fruðus Ceraſorum rubrorum acidorum. (Prunus Ceraſus *L.*). Kirſche, das Vaterland iſt ungewiſs.

Man hat eine Menge Varietäten welche durch die Cultur gezogen werden. Unter dieſen ſind die ſäurlichen Kirſcharten vorzüglich kühlend und durſtſtillend, nur erregen ſie leicht Durchfälle. Durch die chemiſche Analyſe hat man aus dem Kirſchenſaft Zuckerſäure erhalten, (*Crells* chem. Annalen. 1 B. p. 426); Van *Swieten* empfahl in chroniſchen Krankheiten, bey Verſtopfungen im Unterleibe, in der Hypochondrie, und ſelbſt bey Dyſenterien eine Kirſchencur: welche darinn beſtand, daſs er Kranke des Morgens nüchtern eine Portion roher oder auch gekochter Kirſchen eſſen lieſs.

Im

Zum oeconomifchen Gebrauch macht man eine
Menge Zubereitungen aus Kirfchen; unter diefen find
die Kirfchfuppen aus frifchen Kirfchen, mit Sago
und etwas Wein oder Citronenfaft, für Kranke
fehr erfrifchend und angenehm.

Man kann nicht genug gegen die üble Gewohnheit warnen, welche Kinder häufig an fich
haben, dafs fie mit den Kirfchen die Kerne nieder-
fchlucken. Auch gemeine Leute glauben, dafs die
Verdauung dadurch befördert werde. Es giebt trau-
rige Beyfpiele, dafs wenige Kirfchkerne in den Gedärmen hängen geblieben find, und eine Verenge-
rung der Gedärme, eine Reihe von Zufällen, und
die Darmgicht in der Folge verurfacht haben.

PRAEPARATE.

1) *Aqua ceraforum.* Man bereitet das Kirfchwaffer aus allen Arten von Kirfchen. Selten nehmen die Apotheker dazu Kirfchen allein, oder vielleicht häufiger gar keine Kirfchen, und deftilliren
ftatt deffen ein Waffer aus bittern Mandeln oder
Pfirfchenblättern, welches mit dem ächten Kirfchwaffer völlig übereinkommt. (*Mönch* Arzneimittellehre). Das ächte Kirfchwaffer ift ganz unfchul-
dig, und wird als ein deftillirtes Waffer zur Abwechslung gebraucht.

2) *Syru-*

2) *Syrupus Ceraſorum.*   Der Syrup. iſt ein wohlſchmekender ſaurlicher Saft.   Man gebraucht ihn zu Salzmixturen.   Auſſerdem kann man ihn als Tiſane mit Waſſer vermiſcht, theelöffelweiſe nehmen laſſen, um den Durſt zu ſtillen.

3) *Rob Ceraſorum.*

4) *Spiritus Ceraſorum.*

PRVNVS AVIVM.

Fructus Ceraſorum nigrorum. (Prunus Avium *L.*). Grofse ſchwarze Waldkirſche, wild in waldichten Gegenden.

Dieſe Kirſchart hat einen vorzüglich grofsen Kern, daher iſt ſie die beſte zur Deſtillation des Kirſchwaſſers.

PRVNVS.

(Prunus domeſtica *L.*).   Pflaume, wild im ſüdlichen Europa, Frankreich, Italien.

Die Pflaumen gehören unter die ſäurlich ſüſſen Obſtarten.   Es giebt deren eine grofse Menge Varietäten von verſchiedener Gröſse und Farbe. Sie gebt leicht in Gährung, und verurſacht wenn man zu viel davon genieſst, Durchfälle und Blähungen. Man hat daher die Pflaumen für eine vorzüglich ungeſunde Obſtart gehalten, und beſon

ders

ders die gelben Pflaumen in Verdacht gehabt, dafs
fie die Ruhr erzeugen, welcher noch jezt an manchen Orten fortdauert. (*H a u n e s* von der Un-
fchuld des Obftes in der Dyfenterie).

In der Oeconomie gebraucht man die *getrok-*
neten oder *gebackenen* Pflaumen als eine Speife für
Kranke oder zu *Pflaumenfuppen* In beider Form
bewirken fie den Stuhlgang.

Das *Pflaumenmus* hat eben diefe Eigenfchaft
Es ift daher im Electuario lenitivo enthalten.

Die *Brunellen* (Pruna Brignolentia), find eine
befonders wohlfchmekende Pflaumenart, aus dem
füdlichen Frankreich.

PRVNVS ARMENIACA.

Die Aprikofe ift zuerft aus Armenien und Epi-
rus nach Rom gebracht, und jezt im füdlichen Europa einheimifch. Es giebt viele Varietäten davon.
Das Fleifch von allen Aprikofen ift etwas mehlicht
und fafericht, und der Saft gährt ungemein gefchwind. Die Aprikofenkerne gebraucht man zur
Deftillation des Ratafia.

POMVM

POMVM.

(Pyrus malus *L*.). Apfel, wild in Wäldern.

Es giebt viele Abarten von Aepfeln. Von allen diesen ist nach *Gleditsch* der Espalier-Apfelbaum der Stammvater.

In Ansehung des Geschmaks unterscheiden sie sich in zwey Hauptarten, in *süsse* Aepfel und *säurliche*. Die säurlichen sind am angenehmsten. Ueberhaupt sind die Aepfel ein sehr gesundes Obst. Bey einem schwachen Magen erregen sie leicht Blähungen; diesem bekommen sie am besten gekocht.

Man macht aus Aepfeln mancherley Zubereitungen in der Oeconomie. Durch die Gährung bereitet man in manchen Gegenden Deutschlands, vorzüglich in England den Apfelwein (Cyder); ein angenehmes kühlendes Getränk in den Sommermonathen. Den Brey von gebratenen Aepfeln, hat *Rosenstein* in Augenentzündungen mit Crocus und Campher empfohlen. In diesem Gemisch sind die Aepfel ganz unwirksam und dienen blos dazu die Masse warm zu halten.

Vnguent. labior. Rosenst.

PYRVS

PYRVS.

(*Pyrus communis.* L.). **B i r n e.**

Auch von diefer Obftart giebt es eine grofse Menge von Varietäten *Krüniz* (oecon. Encyclopaed. Art. Birne) rechnet allein 107 Arten. Das Fleifch aller Birnarten enthält kleine Steinchen, und nach der Menge derfelben und des Saftes, find die Birnen fehr unterfchieden. Sie, find ein gefundes und erfrifchendes Obft. Doch verurfachen fie leicht Blähungen bey fchwachen Verdauungswerkzeugen. Man gebraucht die Birnen vielfältig in der Oeconomie. In England bereitet man daraus ebenfalls durch die Gährung einen Wein (Perry), welcher dem Champagnerwein ziemlich ähnlich ift.

CYDONIA.

Fructus Cydoniorum. (Pyrus Cydonia L.).
Quitte, wild in Creta, Cydoue, an der Donau,

Es giebt Quittenäpfel und Quittenbirnen; die vorzüglichften find die Birnen. Die rohe Frucht ift ungeniesbar, hart, und von herben zufammenziehenden Gefchmak. Durch das Kochen verliert fie das herbe Wefen, und ift dann, etwas fchleimicht. und adftringirend.

C   PRAE-

PRAEPARATE.

1) *Mucilago Seminum Cydoniorum*, wird durch warmes Waffer aus den Saamen ausgezogen. Man gebraucht diefen Schleim fowohl innerlich als äufferlich als ein linderndes und erweichendes Mittel in Augenentzündungen, gegen die Schärfe der Thränen, bey Hämorrhoidal Befchwerden u. a.

2) *Syrupus Cydoniorum*, ift entbehrlich.

3) *Pulpa Cydoniorum* oder Miva Cydonior, aus Quitten, mit Zucker zu einem Mus gekocht.

4) *Tinctura martis cydoniata*, wird aus Eifenfeile bereitet, welche mit Quittenfaft digerirt worden; und ift gelinde adftringirend.

PERSICA.

Fructus Perficae. (Amygdalus Perfica *L.*). Pfirfche, aus Perfien.

Es giebt fehr viele Sorten von Pfirfchen; alle diefe theilen die Franzofen in drey Hauptklaffen: 1) *Peches,* Pfirfchen wo fich das Fleifch vom Stein löfst. 2) *Pavies,* die fich nicht vom Stein löfen. 3) *Nectarines,* Pfirfchen mit glatter Haut. Eine gute Pfirfche mufs eine feine dünne Haut haben, ohne viele Wolle, und fich leicht vom Fleifche trennen. Das Fleifch mufs feft feyn, fafericht, vollfaftig und auf der Zunge bald zerfliefsen. Das

Gegen-

Gegentheil ift ein Kennzeichen einer fchlechten Pfirfche. Wenn fie recht reif find, gehören fie unter die gefunden Obftarten. Geniefst man zu viel, fo verurfachen fie Kälte im Magen, Bauchgrimmen und Durchfall.

Die *Blüten* der Pfirfchen haben nach *Cofte* und *Willemet* (von einigen inländifchen Arzneimitteln, welcher man ftatt der ausländifchen fich bedienen könnte), eine gelinde abführende Kraft. Auch die Pfirfchenblätter leiften die Wirkung der Sennesblätter.

PRAEPARATE.

1) *Syrupus Florum perficorum.* Aus den Blüten mit Waffer infundirt, und mit Zucker eingekocht. Man giebt ihn zu abführenden Mixturen, oder kleinen Kindern theelöffelweife. Zugleich erregt er Erbrechen.

AMYGDALAE.

Amygdalae, dulces et amarae. (Amygdalus communis *L.*). Süffe und bittre Mandel, im füdlichen Europa.

Unter den füffen Mandeln giebt es zwey Hauptforten: die dünnfchaligten Mandeln, oder Krakmandeln; und die hartfchaligten. Wir erhalten fie blos getrocknet. Die Kenntzeichen einer guten Mandel find, dafs fie eine hellbraune, zarte und

glatte

glatte Haut habe, nicht löchericht oder wurmſtichigt iſt, und im Bruch keine Flecken oder gelbe Puncte hat; weis und glänzend iſt, und von einem ſüſſen angenehmen Geſchmak. Sie enthalten ein gelbes vnguinöſes Oel, welches die Hälfte ihrer Schwere ausmacht, und aus dieſer Urſache ſind ſie ſchwer zu verdauen und erregen Beſchwerden und Drücken im Magen. Die Haut der Mandeln enthält eine Schärfe welche Reiz zum Huſten und Sodbrennen verurſacht, wenn ſie nicht abgezogen wird.

Man bereitet eine Menge Backwerke und Confituren von Mandeln, welche ſich am beſten für Geſunde ſchicken. Für abgezehrte Kranken kann man aus Mandeln gute nährende Suppen bereiten laſſen: man läſst die zerſtoſſnen Mandeln mit Kälberfüſſen zur Brühe kochen, oder ſtatt deſſen mit Milch und dem Gelben von einigen Eiern.

PRAEPARATE.

1) Die *Mandelmilch* (Emulſio amygdalarum). Aus Mandeln mit Waſſer abgerieben. Eine Unze Mandeln giebt mit einem Pfunde Waſſer eine ſchmakhafte Emulſion. Statt des gemeinen Waſſers kann man Himbeerenwaſſer, Kirſchwaſſer, oder ein ähnliches wohlſchmekendes Waſſer nehmen. Ein ſolches Getränk iſt nahrhaft, demulcirend, und

der

der ölichten Theile wegen zugleich kühlend und
verdünnend. Man macht davon Anwendung: 1) in
auszehrenden Krankheiten um gelinde zu nähren
und den hectiſchen Puls zu dämpfen. 2) bey Krankheiten der Urinwege, bey Steinbeſchwerden, beym
Harnbrennen um zu involviren. 3) in hitzigen Fiebern, in Faulfiebern um zu kühlen; bey Schlaflofigkeit. Für Perſonen welche ſtillen, ift ſie ein gutes
Getränk um die Milch zu vermehren. Nur muſs
man acht haben, daſs ſie nicht zu ſehr erkältet,
und Durchfälle erregt.

2) *Syrupus Emulfivus*, aus Mandeln mit Waſſer und Zucker abgerieben. Man kann aus dieſem
Syrup, mit Waſſer, auf eine leichte Art eine Emulſion verfertigen.

Die bittern Mandeln beſitzen eine Schärfe,
welche beſonders dem Federvieh, und einigen andern jungen Thieren nachtheilig ift. Es giebt einige Beyſpiele, daſs ſie auch Menſchen nicht wohl
bekommen ſind: allein dies erfolgt nur denn,
wenn ſie in ſehr groſser Menge genoſſen werden.
Der Ruf worin ſie noch ſtehen, daſs ſie die Trun-
kenheit verhüten ſollen, ift ebenfalls ungegründet.
Ihre ſcharfen Beſtandtheile wirken als ein ſtimulus
für den Magen, daher befördern ſie den Appetit

und

und löfen den Schleim auf. Viele Perfonen effen aus diefem Grunde des Morgens nüchtern einige bittre Mandeln ohne Schaden.

Hieher gehören auch die *Piftazien* (Piftacia vera) und überhaupt alle ölichten Nusarten.

GRANATVM.

Pomum Granati. (Punica Granatum *L.*).
Granatapfel, wild in Spanien, Italien und dem füdlichen Frankreich u. a.

Die Frucht hat einen fäuerlich angenehmen Gefchmak und ift fehr faftreich. Die Rinde (Cortex Granati, Cort. Malacorii), ift adftringirend. Auch die Blüten (Flores Balauftiorum) in einem geringen Grade.

C I T R V S.

Malum Citri. (Citrus Medica *L.*). Citrone.
Aus Afien, Perfien und vorzüglich Meden.

Sie wird in Italien, im füdlichen Frankreich, in Weftindien, Portugal und Spanien cultivirt. Der Baum trägt das ganze Jahr Blüten und Früchte zugleich, welche man in Gewächshäufern zur Reife bringen kann. Es giebt deren mehrere Varietäten, welche nach der Gröffe der Frucht und dem äuffern Anfehen verfchieden find. Eine gute Citrone

muſs

muſs vielen Saft, und wenig weiſſes Fleiſch haben.
Der Zitronenſaft beſtehet aus der eigenen Zitronen-
ſäure und der Zuckerſäure. (*Weſtrumb* che-
miſch phyſiſche Abhandl. 2 B., 1. Heft.). Man kann
ihn am beſten concentriren, wenn man ihn gefrie-
ren läſst. Vorher muſs der Saft eine Zeit lang ruhig ſtehen, daſs die ſchleimichten ſchwimmenden
Theile zu Boden ſinken, ſonſt wird die Säure
nicht concentrirt.

Der Saft iſt 1) in allen hitzigen Krankheiten
ein vortreflich kühlendes Mittel. In Verbindung mit
Zuker oder als Limonade gebraucht. 2) In Faulfiebern, weil die Citronenſäure der Fäulniſs wider-
ſteht. *Wright* (Tranſact. of the American philoſ.
Soc. T. II.) empfiehlt eine Verbindung aus Citronenſaft mit Kochſalz, in faulichten Krankheiten aller
Art. Beyde Mittel werden wenn ſie verbunden
ſind, kräftiger. 3) Im Scorbut und ſcorbutiſchen
Beſchwerden. 4) In Wechſelfiebern, man hat mit
einer Vermiſchung von Citronenſaft und einer hal-
ben Taſſe Coffe nüchtern getrunken das Fieber geheilt. 5) Bey einer gallichten Schärfe im Magen,
in der gallichten Ruhr, in der Gelbſucht (*Biſſet*
med. Eſſays and Obſ.). Auſſerdem iſt 6) die Citronenſäure ein Gegengift narcotiſcher Gifte. Sie ſchwächt die

Wir-

Wirkung des Opiums, wie alle vegetabiliſche Säuren; auch beym Genuſs giftiger Schwämme iſt ſie ſehr nützlich. Bey vielen Fleiſchſpeiſen und beſonders Fiſchen, wenn ſie nicht recht friſch ſind, dient ſie als ein Corrector, und in der Oeconomie zu mancherley ſehr angenehmen Zubereitungen.

PRAEPARATE.

1) *Syrupus Citri e toto. Ph. W.* Aus der ganzen Citrone mit Zucker digerirt.

2) *Syr. acetoſitatis citri.* Aus dem bloſſen Citronenſaft und Zucker.

3) *Syr. corticum citri Ph. W.* Blos aus der gelben Schale mit Wein macerirt, und Zucker.

4) *Elaeoſaccharum citri.* Man läſst die gelbe Citronenſchale zerreiben und darin feingepulverten Zucker auflöfen. Dann wird dieſes Gemiſche über Feuer gelinde getrocknet, und verſchiedenemale der ölichte Saft aus 10 oder 12 friſchen Citronen darüber getropft.

5) *Eſſentia limonum, Oleum de Cedro Ph. L.* Citronat, Limonade, Punch.

LIMONIA.

(*Citrus Limonia L.*). Limone.

Die Limone iſt kleiner und länglichter als die Citrone, hat eine dünnere Schale und ein viel ſaftigeres

tigeres und ftärker gefäuertes Fleifch. Die Anwendung ift diefelbe wie der Citrone.

AVRANTIVM.

Malum Aurantiorum. (Citrus Aurantium *L.*).

Pomeranze, Orange, wild im Orient, im füdlichen Europa, vorzüglich Curaffao.

Die Pomeranze gehört zum Gefchlecht der Citrone. Es giebt deren viele Varietäten, einige haben einen füffen, andre einen fauren, und noch andre einen füslicht fauren Gefchmak. Die Erfte Art ift esbar, angenehm füs und etwas weinhaft. Die Schale ift mehr oder weniger bitter und enthält ein fcharfes feuriges Oel. Der Saft der fauren Pomeranzen wird als Citronenfaft gebraucht. Die unreifen Pomeranzen find bitter und magenftärkend.

Ueberhaupt ift der Saft der Pomeranzen viel angenehmer und nicht fo fcharf als der Citronenfaft. Er mildert die Hitze in Fiebern, ift durftftillend, widerfteht der Fäulnifs, und ift auch im Scorbut wirkfam. Selten wird er indeffen als ein Medicament gebraucht.

PRAEPARATE.

1) *Syrupus Corticum aurantiorum.* Aus den Pomeranzenfchalen mit altem Wein und Zucker digerirt. Ift magenftärkend und befördert die Verdauung.

C 5   2) *Ef-*

2) *Eſſentia Corticum aurant.* **a.** ſpirituoſa,
b. cum vino Malvatico. — Aus der macerirten
Schale ohne Zucker; iſt magenſtärkend und carminativ.   :

3) *Aqua Corticum aurant.* **c.** vino. Aus den
Pomeranzenſchalen mit weiſſem Wein infundirt und
deſtillirt.

4) *Aqua flor. Naphae* iſt analeptiſch.

5) *Spiritus Corticum aurant.* Aus Spir. vini
und Waſſer deſtillirt.

6) *Oleum deſtill. Corticum aurant.* Aus den
friſchen Pomeranzenſchalen mit Waſſer deſtillirt.

7) *Ol. deſtillatum flor.* Naphae ſ. *Eſſentia
Neroli.*

       *   *   *

Elixir ſtomachicum temperatum *Hoffmanni.*
Tinctura ſtomachica Rob. *Whytt.*

       *   *   *

Die Apfelſinen (Malum Sinicum) gehören in
das Pomeranzengeſchlecht. Die Portugieſen brachten ſie zuerſt nach Europa. Dieſe Frucht enthält
einen ſäurlich ſüſſen, weinhaften Saft. Sie iſt vor-
trefflich in hitzigen Krankheiten, in Auszehrungen,
in der Schwindſucht u. a. Wenn man zu viel davon auf einmal genieſst, wird ſie durch die ſtarke
Erkältung nachtheilig.

IV. Hül-

IV. Hülfenfrüchte. (Legumina).

PISVM.

Semina Pifi. (Pifum Sativum *L.*). Erbfen.

Die jungen zarten und frifchen Erbfen gehören unter die gefunden und leichtverdaulichen Speifen. Die alten getrockneten Erbfen enthalten mehlicht fchleimichte Beftandtheile, mit vielen erdhaften Theilen untermifcht, und liefern daher eine
fchwere Nahrung. Mit Wafler gerieben geben fie
eine Art Pflanzenmilch. In manchen Gegenden bereitet man aus dem Mehl derfelben Brod. Für fich
allein ift dies ein feftes und fchweres Brod, und
von bitterm Gefchmak.

PHASEOLVS.

Semina Phafeoli. (Phafeolus vulgaris *L.*).
Vicebohnen, Türkifche Bohnen, Schwerdbohnen,
Perlbohnen.

Die jungen grünen Bohnen find leichtverdau-
lich. Sie enthalten viel Luft in fich, und find daher ftark blähender als die Erbfen.

FABA.

F A B A..

Semina Fabae. (Vicia Faba *L.*). Grofse Bohnen,
wild in Egypten und Perfien.

Die Bohnen enthalten ein fchleimichtes Wefen. . Die Hülfen, felbft der jungen Bohnen, find
hart und fchwer verdaulich.

Die Linfen *Semina lentium* (Ervum lens *L.*),
Bockshornfaamen *Semina Foenu Graeci* (Trigonella
foenum-graecum *L.*).

Die Kichern *Semina Orobi* oder *Ervi* (Ervum Ervilia *L.*).

Die Lupinen *Semina Lupini* (Lupinus albus *L.*).

V. Mehlichte Saamen, Getreidearten
Korn. (Semina cerealia).

TRITICVM.

Semen Tritici, Farina. (Triticum aeftivum, hybernum,
Spelta *L.*). Weizen, Spelz.

Der Weizen übertrift an nährenden Beftandtheilen faft alle Getreidearten, er enthält eine
groffe Menge von dem fchleimichten Wefen (Stärkemehl), und aufferdem den leimartigen Beftandtheil
im gröffern Quanto als die übrigen. (*Beccari,
Rouelle, Malouin, Parmentier, Bochaude*).
Gewiffermaffen ift der Weizen daher eine vegeto
anima-

animalifche Subftanz. *Marggraf* hat durch die
Deftillation im ftarkften Feuer einen Phosphor daraus
abgefchieden.

Die Hauptanwendung des Weizens gefchieht
als *Mehl.* Ein gutes Mehl mufs elaftifch feyn wegen des leimichten Beftandtheils, ift es fpröde fo ift
das Mehl mittelmäffig. Ein Pfund Mehl foll
11 Unz. 2 Dr. Stärkemehl, 4 Unz. elaftifchen Leim,
und 6 Dr. füffe zuckerartige Materie geben, die
fich mit Waffer ausziehen läfst.

Die ungegohrnen Mehlfpeifen werden faft unter jedem Volke der Erde, befonders von den nie-
dern Klaffen, oder aus Mangel befrer Speifen in
groffer Menge genoffen, und es fcheint nach faft
allgemeinen Erfahrungen, dafs fie im gehörigen Mafse
dem menfchlichen Körper fehr wohl bekommen; wenigftens nicht die Nachtheile hervorbringen, welche
man von rohen ungegohrnen Mehlfpeifen fürchtet.
Selbft die zarteften Kinder gedeihen nach fehr vielen Beyfpielen (*Cullen*, *Hahneman*) bey einem
mäffigen Genuffe des Mehlbreis recht gut. Wenn
fie der Gefundheit nachtheilig werden, fo gefchieht
es nur durch die übermäffige Anfüllung, und bey
fchwächlichen Verdauungskräften.

PRAE-

PRAEPARATE.

1) *Das Weizenbrod* wird nach vorhergängiger Gährung erhalten, und iſt unter allen Getreidearten das beſte und vollkommenſte. Der Geſchmak iſt angenehm, weder zu ſtark noch zu wenig entwikelt. Für Kranke macht man durch Brodſchnitte das Getränk angenehmer und nährend, auch Brodſuppen.

2) *Die Weizengraupen*, zu ſchleimichten Tränken und Tiſanen.

3) *Die Nudeln, Macaroni, Vermicelli*, verhalten ſich wie rohe Mehlſpeiſen; durch langes Kochen, werden ſie etwas mehr auflöslich, allein in den gewöhnlichen Zubereitungen, mit Butter, erſt recht unverdaulich.

4) Zwiback, Semmel u. a.

SECALE.

(*Secale Cereale* L.): Roggen, wild in Creta.

Der Roggen iſt für die nördlichen Europäiſchen Völker die gewöhnlichſte Getreideart. Er enthält ein mehlicht ſchleimichtes Weſen, drey Viertel ſeines Gewichts, und eine geringere Menge von dem leimartigen Beſtandtheil. Er iſt daher auch weniger nahrhaft als der Weizen.

Der

Der Roggen ift mancherlei Krankheiten unterworfen, befonders dem Auswachfen der Körner (Mutterkorn), und dem Brande.

PRAEPARATE.

1) *Das Roggenbrod* ift fchwärzlich bräunlicht und gefäuert. Es geht fehr leicht in eine faure Gährung über, und erregt bei fchwächlichen Perfonen Befchwerden im Magen und Durchfälle. Der Pumpernikel wird aus Roggen gebacken wo die Kleyen nicht abgefondert worden, er ift fchwerverdaulich aber fehr nahrhaft. Man hat aus dem Roggenbrodte einen Spiritus deftillirt, und diefen als ein auflöfendes Mittel gegen den Blafenftein empfohlen. Nach *Saunders* Verfuchen (Samml. auserlefn. Abhandl. f. pr. Aerzte B. III.) äuffert er gar keine Wirkung.

2) *Broddecoffe. Brodfuppen.*

3) *Der Roggenbrei*, ein gutes nährendes Mittel in Auszehrungskrankheiten, wenn die Verdauungskräfte nicht zu fchwach find.

4) *Brandtwein*, fpiritus frumenti.

MAYS,

MAYS.

Semina Mays. (Zea Mays *L.*) türkiſches Korn, indianiſcher Weizen, urſprünglich aus America.

Dieſe Getreideart iſt das allgemeine Nahrungsmittel in ganz Nordamerica und Weſtindien. Ohngefähr im Anfang des XVI. Saec. ward ſie in Europa zuerſt bekannt. Der Mays enthält faſt die Hälfte ſeines Beſtandtheils Schleim, und eine Säure oder Schärfe. Man bereitet aus dem Mehl viele wohlſchmekende Speiſen. Die Italiäner machen daraus ;die berühmte *Polenta.* (Hannöv. Magaz. 1771. St. 95.).

Das Maysbrod iſt ſehr geſund und ungemein ſättigend. Es hat das eigne daſs es den Leib beſtändig offen erhält. Auſſerdem bereitet man aus dem Mays Graupen, Bier u. dergl. wie aus andern Getreidearten.

ORYZA.

Semina Oryzae. (Oryza Sativa *L.*). Reis. In beyden Indien, Italien und Spanien.

Der Reis iſt bey den Aſiaten und vielen andern Völkern ein ſehr gemeines Nahrungsmittel. Er enthält einen dünnen und ſehr auflöslichen Schleim und giebt eine viel ſchwächere Nahrung als die

übrigen

übrigen Getreidearten. Die Neger welche nichts als Reis eſſen, werden mager dabey und arbeiten wenig. Dagegen geht der Reis ſpäter als die übrigen Getreidearten in eine ſaure Gährung über, und verurſacht nicht ſo leicht Blähungen.

Man ſchreibt gewöhnlich dem Reis eine trocknende und adſtringirende Eigenſchaft zu, und empfiehlt ihn in der Ruhr und in Durchfällen um den Leib anzuhalten. Dieſe Beſtandtheile beſitzt er nicht, und auch mit Eiſenvitriol wird das Decoct deſſelben nicht verändert.

Man kann den Reis ſtatt der Graupen und der übrigen Getreidearten mit Waſſer gekocht als Tiſane gebrauchen, nur enthält er nicht ſo viel ſchleimichte Theile.

Die *Feſtuca fluitans* L. (Mannagras), kömmt dem Reis ſehr nahe.

HORDEVM.

Semina Hordei. (Hordeum vulgare *L.*). Gerſte.

Die Gerſte enthält faſt dieſelben Beſtandtheile als der Roggen. Die Bewohner der Alpen und viele nördliche Völker gebrauchen ſie zu ihrem gewöhnlichſten Nahrungsmittel. Sie iſt aber nicht ſo nahrhaft als die meiſten Getreidearten.

PRAE-

PRAEPARATE.

1) *Das Gerſtenbrod*, iſt ſüslicht und ſchmak‐
haft, aber zähe und ſchwerverdaulich.

- 2) *Gerſtengraupen* (Hordeum perlatum, H.
excorticatum). Zu Tiſanen und Suppen. Ein ge‐
wöhnliches Getränk in fieberhaften Krankheiten.
Man kann ſie mit Citronenſäure, Cremortartari,
Wein, Roſinen, Milch nach den verſchiedenen Ab‐
ſichten bereiten laſſen.

3) *Saccharum hordeatum* Ph. Br. Gerſtenzucker,
aus Zucker den man im Gerſtendecoct auflöſen,
und wieder einkochen läſst; für Kinder beym Hu‐
ſten und Heiſerkeit.

4) Verſchiedene Bierarten.

5) *Das Malz, die Würze,* aus der aufge‐
keimten und in Gährung gerathenen Gerſte. *Mac‐
bride* ſchlug einen Aufguſs von Malz als ein Ver‐
wahrungsmittel gegen den Scorbut vor. *Percivall*
fand Malztränke in ſcrophulöſen Zufällen, und in
faulichten Krankheiten wirkſam. Er leitet dieſe
Kräfte von der fixen Luft ab, welche im Körper
daraus entwickelt wird. In Krankheiten der Urin‐
wege, bey einem ſchleim - oder eiterartigen Ab‐
gange des Urins, beym Blutharnen kann man Malz‐
tränke mit Nutzen anwenden. Allein etwas Vor‐
zügliches leiſten ſie nicht.

AVENA

AVENA.

Semina avenae. (Avena Sativa *L.*). Hafer.

Der Hafer ift eine fehr nahrhafte Getreideart. Im Nördlichen Europa leben die Bewohner meiftens davon, und haben eine gefunde und daurhafte Conftitution.

PRAEPARATE.

1) *Das Haferbrod* ift fchwärzlich und unangenehm, und verurfacht leicht Säure im Magen.

2) *Die Hafergrütze* (avena excorticata). Man bereitet daraus gelinde nährende und fchmeidigende Tifanen und Suppen. Solche Tränke find fehr gefchmaklos wenn fie nicht durch vegetabilifche Säuren, Rofinen, Corinten, oder Eiergelb angenehmer gemacht werden. Aufferdem werden fie leicht fauer, und erregen Blähungen wenn fie lange fortgefetzt gebraucht werden.

3) *Decoĉtum Avenaccum Loweri*, befteht aus vielen unwirkfamen Ingredienzen, und ift völlig entbehrlich.

FAGOPYRVM.

Semina Fagopyri. (Polygonum Fagopyrum *L.*).
Der Buchweizen, Heidekorn, ift in Afien einheimifch.

Ohngefähr im XIV. Saeculo ward diefe Kornart nach Europa gebracht, und wächft vorzüglich

D 2   in

in ſandichten Gegenden und in der Heide. Sie
giebt eine geſunde aber ſehr ſchwer verdauliche
Speiſe, und iſt weniger nährend als die andern
Getreidearten. Das Landvolk gebraucht in manchen
Gegenden den Buchweizenbrey als ein Hausmittel
um Diarrhoeen und Ruhren zu ſtopfen.

S A G O.

(Cycas Circinalis *L.* C. revoluta Thunberg Fl. Iap.).
auf den molukkiſchen Inſeln und, Oſtindien.

Sago nennt man das Mark einer Palmart, oder
doch eines mit dieſem Geſchlecht nahe verwandten
Baums. Wenn man es aus dem Stamme genommen hat, wird es gehörig gewaſchen, klein ge-
ſtampft und an der Sonne getrocknet, zu einem weiſſen Mehl. Dies wird wieder mit Waſſer
zu einem Teige gemacht, dann um es zu körnen
durch ein löcherichtes Gefäs getrieben und getrocknet.

Die Sagokörner enthalten einen geruch - und
geſchmakloſen Pflanzenſchleim. Die Sagoſuppen und
Sagotränke ſind für ſich ſehr fade, wenn ſie nicht
durch den Zuſatz von Citronenſäure, durch Wein,
u. a. verbeſſert werden. *Malouin* empfiehlt ſie
ſchwachen Kranken welche keine Milch, keine
dünnen Fleiſchſuppen und keine Gallerte vertragen
können. Sie vertreten die Stelle ſchleimichter Tiſanen.

B. Mittel

B. Mittel aus dem Thierreiche.

I. Säugthiere.

B o s.

Caro bovina, vitulina, Bos Taurus L. (Vacca, Vitulus).

Ochfe, Rind, Kuh, Kalb.

Die Fleifchfpeifen geben im Verhältnis mit den Vegetabilien eine ftärkere Nahrung als irgend eine Gewächsart. Sie find leichter zu verdauen, und erfetzen den Verluft am gefchwindeften. Aus eben diefer Urfache erregen fie bey einem häufigen Genuffe leichter eine Neigung zur Vollblütigkeit, und zum Fettwerden, fo wie fie dem ganzen Körper überhaupt einen gröffern Grad von Stärke geben.

Das Rindfleifch ift unter allen Thieren diefer Klaffe das vorzüglichfte und feftefte, indeffen richtet fich die Feftigkeit oder die Güte deffelben nach dem verfchiedenen Alter des Thiers, dem Gefchlecht und der Futterung. Junges Kalbfleifch enthält nur einen dünnen wäfrichten gallertartigen Schleim. Mit den Jahren wird das Fleifch fefter und zäher, und nimmt einen höhern Grad von Alcalefcenz an;

ganz

ganz altes Rindfleiſch wird endlich ganz ungeniesbar. Auſſerdem beruht ſehr vieles auf die Art der Zubereitung, und den beſondern Zuſtand der Verdauungskräfte.

Im allgemeinen ſind Fleiſchſpeiſen in entzündlichen Fiebern, in faulichten Krankheiten, und wenn Unreinigkeiten wirklich im Magen vorhanden ſind, ſchädlich. Hingegen allen ſchwächlichen, entkräfteten Kranken und Reconvaleſcenten ſehr heilſam. In England gebraucht man häufig ein Getränk aus ganz magerm Rindfleiſch, (Beef Tea, Rindfleiſchthee als Tiſane); dies wird langſam mit Waſſer abgekocht, und alles Fett abgefüllt. Es iſt ſchmakhaft, nährend, und man kann es nach Befinden bis zur ſtärkſten Kraftbrühe concentriren.

Die Gallerte (Gelatinae) werden in gröſrer Menge von jungen Thieren, aus dem Fleiſch, den Knochen, Kalbesfüſſen u. a. erhalten.

VERVEX.

Caro Vervecina. Hammel. Lamm.

Das Fleiſch des Hammels wird faſt allgemein dem Schaaffleiſch vorgezogen. Bey dieſem Thiere iſt es auffallend, daſs ſein Fleiſch ſchmakhafter und leicht verdaulicher in einem gewiſſen höhern Alter wird,

wird, als wenn es jünger ift. Unter zwey Jahre ift es weniger fchmakhaft und fchwer zu verdauen. In der gröfsften Vollkommenheit hingegen im fünften. (*Cullen* von den Nahrungsmitteln. S. 405.).

In einigen Gegenden gebraucht man die Hammelfuppen, als ein Hausmittel gegen Durchfälle, Coliken, felbft gegen die Ruhr.

CERVVS.

Caro Cervi, Gelatina Cornu Cervi. (Cervus Elaphus *L.*). Hirfch. Reh.

Das Wildprett enthält ein noch weit nahrhafteres Fleifch als die zahmen Hausthiere. Es ift fefter und trockner von Subftanz wegen der beftändigen Bewegung, und befitzt einen höhern Grad von Alcalefcenz.

Die *Hirfchhorn - Gele* wird aus dem gerafpelten Hirfchgeweihe bereitet. Man kocht noch mancherley Tifanen daraus, durch den Zufatz von Gerftengraupen, Citronenfäure, Wein u. a.

D. 4   *II. Vö-*

II. Vögel.

GALLVS.

Gallus Galinaceus, Galina, Ova. (Phafianus Gallus *L.*),
Huhn, Henne, Eier.

Das Fleifch des Federviehs kömmt im allgemeinen mit dem Fleifch der Säugthiere überein.
Die Hühner geben, wenn fie noch jung find,
eine äufferft zarte, wenig reizende Speife. Den-
noch lehren manche Beyfpiele, dafs zuweilen folche
junge leicht auflösliche Speifen fchwerer verdaut
werden als härtere, oder von ältern Thieren (*Bry-
an Robinfon*). Man erhält aus Hühnern eine
vorzüglich feine und wohlfchmekende Gelee.

Die Eier enthalten eine grofse Menge nahrhafter Materie. Das Eiweis (albumen ovorum) hat
mit der wäfrichten Feuchtigkeit im Blute eine nahe
Verwandfchaft. Der Eierdotter (vitellus ovi) giebt
ein füffes mildes Oel.

Für entkräftete Perfonen und Schwindfüchtige
find die Eier eine der beften Speifen um die Säfte
wieder zu erfetzen. *Unzer* in feinem Arzt, empfiehlt bey heiffem trocknem Wetter ein nahrhaftes
gutes Getränk aus dem gelben von einigen Eiern mit
Zucker abgerieben, und mit einem Quart. Waffer,

einem

einem Glafe Rheinwein und etwas Citronenfaft
vermifcht. Den Eyerdotter gebraucht man mit Zucker abgerieben beym Huften und der Heiferkeit
als ein Hausmittel. *White* (von dem Nutzen der
rohen Eyer in der Gelbfucht), empfahl die rohen
Eyerdotter in der Gelbfucht befonders der Gelbfucht neugebohrner Kinder, und der periodifchen
Gelbfucht. In leichten Fällen hat man den Verfuch mit gutem Erfolg wiederholt.

III. Fifche.

ICHTHYOCOLLA.

Gelatina Ichthyocollae. Colla Pifcium. Haufenblafe.

Urfprünglich bereitete man die Ichtyocolla aus
der Schwimmblafe des Haufen und des Störs. Allein auch die Gräten, Flosfedern, Knochen, Eingeweide, Schwänze und Rückgrate grofser See-
und Süswafferfifche geben einen guten Fifchleim.

Die Gelee aus der Hausblafe ift nicht fo fein
und wohlfchmekend als von Hühnern, Tauben,
oder Kalbfleifch.

IV. Am-

IV. Amphibien.

VIPERA.

Vipera officinalis. (Coluber Berus *L.*)
Gemeine Viper, Italiänische Viper. In Italien, dem
südlichen Deutschland und der Schweiz.

In Italien verzehrt man eine Menge Vipern
als eine Vorbauungscur, und im Frühjahr um die
Säfte zu verbessern. Wenn sie wirklich nutzen sollen, so müssen sie frisch und stark seyn, alte ma-
gre Vipern helfen wenig. Inzwischen selbst nach
den neuesten Erfahrungen von *Carminati* leisten
die Vipernsuppen und Viperngeles nicht viel.

STINCVS.

Stincus Marinus. (Lacerta Stincus *L.*). **Meerstinz,**
in Oberegypten und dem felsichten Arabien.

Der Meerstinz kommt eingesalzen zu uns und
getrocknet. In seinem Vaterlande wird er noch
immer als ein vorzügliches Stärkungsmittel verzehrt.

LACERTA.

Lacerta agilis *L.* Die grüne Eidechse, Kupfereidechse.
In beiden Indien, dem südlichen Europa, Italien.
In Mauer - und Felsenritzen.

Diese Eidechsenart ward im Spanischen America besonders als ein kräftiges Specificum berühmt.

Dr.

Dr. *Tondi* empfahl fie als fpecifix in der Lepra,
bey Verfchleimung und Schärfen in den Säften. (Er-
zählung von Krankheiten welche durch die Eidech-
fen geheilt worden). *Carminati* (therap. Abh.
B. 1.) verfuchte fie in der Krätze, in venerifchen
Gefchwüren und dem Krebs, fie vermehren den
Puls und die Wärme, allein die Zufälle blieben unverändert. Gegen den Kropf waren fie faft allein
von Nutzen.

R A N A.

Rana efculenta *L.* Grofser grüner Wafferfrofch,
in Teichen und klarem Waffer.

In Frankreich gebraucht man die Brühen von
Fröfchen als eine Blutreinigung, und fchreibt ihnen
verfüffende, kühlende und erfrifchende Kräfte zu.
Man mufs nicht die rana temporaria *L.* damit ver-
wechfeln, welche fich in fchlammichtem faulem
Waffer aufhält und fchädlich ift.

TESTVDO.

Teftudo Mydas *L.* Die grüne Riefenfchildkröte,
in Weftindien am Strande der See, befonders in Peru
und Chili.

Das Schildkrötenfleifch kommt dem Kalbfleifch
fehr nahe, das Fett ift grün und fchmakhaft. Die Schild-
krötenfuppen find für entkräftete Perfonen und bey
einer

einer grofsen Magerkeit nach Krankheiten fehr heil-
fam, auch bey hartnäckigem chronifchem Huften,
bey Lungengefchwüren, und im Scorbut hat man
fie fehr empfohlen. Die Landfchildkröte und die
Süfswafferfchildkröte dient zu eben diefem Endzweck.

V. *In f e ß e n.*

CANCER.

Cancer Aftacus *L.* Fluskrebs.

Die Krebfe fcheinen ihrer Natur nach den Fi-
fchen fehr nahe zu kommen. Sie geben eine leichte
und fchmakhafte Speife. Man hat zuweilen nach
dem Genus derfelben allerley Zufälle, befonders
plötzliche Hautausfchläge entftehen gefehen, welche
bald wieder vergehen. Dies rührt, auffer einer befondern Idiofyncrafie, vielleicht daher, weil fie zu
gewiffen Zeiten Krankheiten unterworfen find; oder
von gewiflen Nahrungsmitteln die fie zu fich nehmen.

VI. *W ü r m e r.*

COCHLEA.

Cochlea Terreftris. (Helix Pomatia *L.*).

Esbare Schnecke, Garten - und Weinbergsfchnecke, in
Garten; Weinbergen und Holzungen.

Die Schnecken enthalten ein unfchmakhaftes
fchleimichtes Wefen. Man gebraucht fie zu Suppen

pen mit aromatifchen Kräutern und Wurzeln abgekocht, und mäftet fie an manchen Orten zu diefer Abficht. Als ein Arzneimittel dienen fie im
Schwindfuchtshuften, in hectifchen Fiebern mit Huften, als ein gutes linderndes Mittel. *Griffiths*
(Heilungsart der fchleichenden Fieber), liefs des
Morgens zwifchen dem Frühftück und Mittagseffen
4 bis 8 rohe Schnecken effen. *Wintringham*
verordnete fie in der Schwindfucht mit Salz und
Effig.

Oftrea edulis L. Aufter:

VII. Producte der Thiere.

Die Milch. (*Lac*).

Youngs Verf. mit der Milch. Ferris über
die Milch, eine Preisfchrift. 1787.

Die Milch ift eigentlich ein Product weibli-
cher Gefchöpfe. Es giebt aber auch viele Beyfpiele,
dafs fie beym männlichen Gefchlecht abgefondert
wird. Sie fteht zwifchen den Pflanzen und thierifchen Nahrungsmitteln in der Mitte, und ift weniger animalifirt als die übrigen Säfte der Thiere:
Daher nimmt fie auch am leichteften die Natur
unfers Körpers an. Aus eben diefer Urfache geht
fie nicht in Fäulnifs über, wie alle elaborirten
thierifchen Theile, fondern wird fauer.

Faft

Faft alle Arten der Milch kommen in Rückficht auf ihre Beftandtheile mit einander überein.
Sie enthält: 1) *wäfrichte,* 2) *fchleimichte, ölichte,*
Theile, Phosphorfäure. 3) *falzicht füffe* Theile,
Milchzucker und Zuckerfäure. 4) *erdichte*
oder *käfichte* Theile. Von der verfchiedenen Mifchung diefer Beftandtheile rührt der befondre Unterfchied der Milcharten.

Die *Efelsmilch* enthält die meiften wäfrichten
und zuckerartigen Theile (*Ferris*); dann folgt die
Frauenmilch; dann die *Pferdemilch;* in nördlichen
Gegenden die *Rennthiermilch;* die *Kuhmilch;* die
Ziegenmilch; die *Schanfmilch:* Diefe letztere hat die
meifte Fettigkeit, und die wenigften wäfrichten und
zuckerartigen Theile.

In Rückficht auf ihre Anwendung, kann man
zwey Hauptarten der Milch unterfcheiden, die
Frauenmilch und die *Milch der Hausthiere.*

Eine gefunde und gute Frauenmilch mufs folgende Eigenfchaften haben: 1) Sie mufs halb-
durchfichtig feyn und etwas ins Blaulichte fallen,
2) fie mufs keinen Geruch haben und einen füffen
Milchgefchmak, 3) wenn fie an einem temperirten Ort fteht, darf fie fich nicht von felbft fchei-
den.

den. 4) Sie muſs weder durch Säuren noch Alcalien in einer temperirten Wärme verändert werden. Nur vom höchſt reĉtificirten Weingeiſt gerinnt ſie innerhalb 48 Stunden; und in einer Wärme von 100° Fahrenh. 5) wenn man einen Tropfen ins Auge fallen läſst, ſoll er nicht die geringſte Empfindung verurſachen, auch auf Leinen getropft, keine Flecken nachlaſſen. 6) wenn man ſie auf den Nagel tropft, ſoll ſie ſich eine Zeit lang darauf erhalten ohne abzuflieſſen, und leicht dann abflieſſen, wenn man den Nagel ſchief hält.

Es ſcheint nicht daſs beſondre Nahrungsmittel auf die Milch der Frauen Einfluſs haben, oder der Milch beſondre Eigenſchaften mittheilen; auſſer daſs einige die Abſonderung mehr befördern als andere. Auch Arzneimittel, z. B. Abführungen welche man der Amme giebt, wirken auf den Säugling faſt gar nicht; allein die Milchabſonderung wird dadurch bald vermehrt, bald aufgehalten. Mit der Milch der Hausthiere ſcheint es ſich eben ſo zu verhalten. Man bemerkt zuweilen, daſs altes Stroh, ſtarkriechende Pflanzen u. dergl. der Kuhmilch einen beſondern Geruch und Beygeſchmak mittheilen, allein es iſt eine groſse Frage, ob die Milch einer mediciniſch gefütterten Ziege zum Beſten der Schwindſüchtigen die Kräfte der Futterkräuter

an-

annimmt. Die Milch der Thiere unterſcheidet ſich
von der Frauenmilch dadurch, daſs ſie von allen
Säuren gerinnt, und zerſetzt wird, und daſs ſie
als Nahrung gebraucht leichter Säure erregt, als
die Frauenmilch.

Eine jede Milchart, ſie mag friſch oder gekocht ſeyn, gerinnt ſobald ſie in den Magen
kommt. Dieſes rührt nicht von einer Säure im
Magen, ſondern von der Subſtanz des Magens
ſelbſt her, Säure vermehrt nur das Coagulum.
(*Toung, Evans* Bemerk. über d. Magenſaft).
Durh die Verdauungskräfte muſs ſie erſt aufs neue
wieder auflöslich gemacht werden.

. . Die Milch iſt für alle neugebohrne Geſchöpfe
die zweckmäſſigſte Nahrung, wegen ihrer vegeta
animaliſchen Natur. Auch für Erwachſene giebt
ſie eine gute und geſunde Nahrung, dies beweiſen
ganze Völkerſchaften welche blos allein von Milch
leben, und die guten Wirkungen der Milchdiät.
Als ein Arzneimittel empfiehlt man die Milch vorzüglich 1) in *Auszehrungen* und der *Lungenſucht,*
ſie würde vielleicht mehr leiſten, wenn ſie nicht
gewöhnlich zu ſpät gebraucht würde. (*Reid* über
die Heilung der Lungenſucht). 2) bey *Gicht-
beſchwerden (B o e r h a a v e, van S w i e t e n,*

Werl-

Werlhof, Sydenham). 3) bey der *Bleycolik.*
4) in den *Blattern.* Milch und Waffer vermifcht
als Getränk (*Hufeland*). In bösartigen Blattern, befonders dem Durchfalle zu Anfang des
Ausbruchs (*Laffone* von einigen wirkfamen Mitteln in bösartigen Blattern), auch in *Mafern* mit
Durchfällen und Leibfchmerzen. *Warren* liefs in
faulichten Kinderkrankheiten Milch mit fixer Luft
gefättigt trinken, (Samml. auserl. Abh. für pr. A.
B. III. S. 518.). 5) um *chemifche Schärfen* ein-
zuhüllen, gegen chemifche Gifte, gegen die Wirkung der Canthariden auf dem Blafenhalfe u. a.
Zum medicinifchen Gebrauch nimmt man vorzugsweife die Efelsmilch, weil fie weniger ölichte und
käfichte Theile enthält, folglich leichter verdaut
wird. Die Kuhmilch bekömmt felten für fich allein. Man verdünnt fie daher mit bloffem Waffer, oder mit Mineralwaffer, wozu man noch
etwas Zucker fetzt. Zur Verhütung, oder zur Ver-
befferung der Säure im Magen mifcht man fie
mit einem aromatifchen Waffer, oder kocht fie mit
gewürzhaften Wurzeln und Saamen: zuweilen vermifcht man fie felbft mit Kalkwaffer, Brandtwein,
Weingeift u. a. Am wenigften bekömmt die Milch
bey Fehlern der Magens und der Verdauungswege,
oderin Fiebern, und ift dann unverdaut das fchlimmfte

E . aller

aller Nahrungsmittel. Man hat faſt allgemein angenommen, daſs die Milch am nahrhafteſten ſey,
wenn ſie aus den Brüſten der Thiere geſogen,
oder ungekocht gebraucht wird, dies.iſt ein blof-
ſes Vorurtheil. Im Gegentheil bemerkt man, daſs
aufgekochte Milch weit weniger zur Säurung geneigt iſt.

PRAEPARATE.

1) *Serum lactis*, Molken. Aus dem wäſrichten Beſtandtheil der Milch, welcher von den fetten und käſichten Theilen abgeſchieden. Dies geſchieht von ſelbſt durch die bloſſe Ruhe in freyer
Luft *(Serum lact. ſpontaneum)*, oder durch die
Kunſt vermittelſt *vegetabiliſcher Säuren (Serum lact.
factit.)*, Cremortartari, Tamarin.'en, Citronenſäure,
Eſſig und dem Kälberlab. In beſondern Fällen durch
Wein *(Weinmolken)*, oder durch Alaun *(Alaun-
molken)*. Gemeiniglich giebt ein Pfund Milch drey
Viertel Pfund Molken.

Die Molken dienen beynahe zu einem allgemeinen Getränk, in jeder Krankheit, beſonders in
Schwindſuchten, der Ruhr u. m. Sie ſind nährend,
ſchmeidigend und verdünnend. Gebraucht man ſie
einige Zeit ſo ſchwächen ſie den Magen ungemein,
und erregen eine Verſäurung.

Man

Man läft fie entweder allein oder mit Mineralwaffern vermifcht nehmen: Häufig auch als eine Frühlingscur mit frifchen Kräuterfäften.

2) *Lac ebutyratum*, Buttermilch. Die Milch welche von den ölichten Theilen befreyt ift. Sie ift nährend, kühlend und durftftillend. Man gebraucht fie als Getränk in Entzündungs - und Gallenkrankheiten. In Schwindfuchten, Gelbfuchten, gallichtfaulen Fiebern, u. a.

3) *Cremor Lactis*, Rahm, Schmand.

4) Die *Butter.*

5) Der *Käfe.*

6) *Saccharum lactis*, Milchzucker.

C. Getränke.

1. Das Waffer.

AQVA COMMVNIS.

Das reine elementarifche Waffer.

Das Waffer ift die Bafis aller Getränke. Man unterfcheidet mehrere Arten deffelben: Regenwaffer, Schneewaffer, Brunnenwaffer, Flufswaffer, Seewaffer,

waffer und mineralifche Waffer. Alle diefe Waffer
enthalten eine Beymifchung von mehr oder weniger fremdartigen Subftanzen, und einen gröffern
oder geringern Antheil von Luftfäure. Die Kenntzeichen eines guten Waffers find: 1) dafs es
durchfichtig ift, gefchmak-und geruchlos. 2) Es
mufs fich beym Feuer leicht erhitzen, und leicht
wieder kalt werden, und beym Stilleftehen keine
Unreinigkeiten abfetzen. 3) es mufs Seife leicht
auflöfen. 4) wenn man einen alcalifchen Liquor
oder die Silberauflöfung eintropft, mufs es nicht
trübe werden. Die Hauptkräfte des Waffers beftehen
darinn, dafs es die Säfte verdünnt. *Palletta*
(Verfuche mit dem warmen Blut des menfchlichen
Körpers), hat in Verfuchen aufferhalb dem menfchlichen Körper gefunden, 'dafs Waffer warm oder
kalt zu allen Jahrszeiten der Bildung der inflammatorifchen. Crufte widerfteht, und das Blut-zu einer
fchnellen Auflöfung geneigt macht. Es ift die Materie wodurch die flüffigen Theile unfers Körpers
wieder erfetzt, und reizende, fchädliche Theile
durch die verfchiedenen Excretionen ausgeführt
werden. Aufferdem dient es als Auflöfungsmittel
vieler Körper.

Bey dem Gebrauch des Waffers beruht fehr
vieles auf den Grad der Temperatur. Das *kalte*

Waffer

Waffer wirkt als ein ftimulus, es macht dafs die Mufkelfibern fich zufammenziehen, ftärkt die feften Theile, und vermehrt die Wirkungen derfelben auf die flüffigen. Man gebraucht daher das kalte Waffer überhaupt bey *Zufällen von Schwäche* und verminderter Reizbarkeit, wo ein Reiz nothwendig wird. 1) bey einer *Schwäche* der *Verdauungswerkzeuge*, als ein Carminativmittel; bey *Magendrücken* und Cardialgie von Schwäche (*Schmuckers* Schrift. 2 B.) bey einer Schwäche der Gedärme, bey Coliken, in der Wafferfucht, (*Millmann* animadverf. de natura hydropis); bey *Catarrhal* - Befchwerden wenn diefe durch eine Schlafheit der Lungen unterhalten werden, bey der Angina catarrhalis als Getränk und zugleich äufferlich, dafs man die Bruft damit wafchen läfst. 2) Bey *Blutflüffen.* Zur Stillung des Blutfpeyens ift oft kein wirkfamer Mittel als ein Trunk kaltes Waffer, auch beym Blutbrechen, bey Mutterblutflüffen wenn die materielle Urfache dadurch gehoben werden kann. In entgegengefetzten Fällen wird die Anwendung nachtheilig. In *faulichten Krankheiten.* 3) Bey einer kränklich veränderten Reizbarkeit daher in *hyfterifchen* und epileptifchen Zufällen *van der Hout* (Samml. auserl. Abhand. für prakt. Aerzte B. IX. p. 407.), liefs einer hyfterifchen Perfon

E 3 welche

welche an vielen krampfhaften Zufällen litte, täglich einige Gläfer kaltes Waffer trinken. Bey einem *hartnäckigen Erbrechen* von einer widernatürlichen Reizbarkeit des Magens *Chevaffe* (über den Gebrauch des kalten Waffers). 4) als ein *verdünnendes und ausführendes Mittel; Sumaire* heilte verfchiedene Kranken von der Gelbfucht dadurch, dafs er kaltes Waffer in grofser Menge trinken liefs. Zur Milderung mineralifcher Schärfen; des Mercurius fublimatus corrofiv. u. a. (*Sydenham*). 5) als ein kühlendes Mittel, weil es fähig ift den Wärmeftof aufzunehmen. Daher äuffert kaltes Waffer bey einem erhitzten Körper oft tödtliche Wirkungen.

Das *warme Waffer* ift in ftärkerem Grade verdünnend als das kalte; es vermindert die Reizbarkeit, und erfchlaft die Theile. Zugleich wirkt es ftärker auf die Ausdünftung, und den Urin. Man wendet es felten innerlich für fich allein an.

DAS SEEWASSER. Aqua Màrina,

Ruffel, de tabe glandulari f. de vfu aquae Marinae.

Das Seewaffer befitzt vermöge feiner Beftandtheile weit reizendere Eigenfchaften als das gemeine Waffer. *Ruffel* hat es daher befonders zur

Befôr.

Beförderung der Verdauung, in Verftopfungen des Drüfen, Verftopfung der Leber und Milz, und bey fcrophulöfen Zufällen empfohlen. Aufferdem in Hautausfchlägen, und Befchwerden welche von Schleimanfammlungen herrühren, und gegen Würmer. Zum Gebrauch läfst man täglich 1 Pf. davon trinken; und gewöhnlich wirkt es auf den Stuhl. Bey zarten fchwächlichen Perfonen und bey fieberhaften Wallungen findet die Anwendung gar nicht ftatt. *Percivall* befchreibt einen Fall wo eine zarte Frau den Scorbut darnach bekam. An den Seeküften und auf Schiffen macht man das Seewaffer durch die bloffe Deftillation trinkbar. *Von Courtanvaux* (Seereife nach Holland) enthält eine Abbildung des Apparats dazu.

2. *Getränke durch Infufion und Decoïion.*

T H E A.

Folia Theae. (Thea Bohea und Thea viridis L.). Thee, in Japan und China an Hügeln und Flüffen.

Leitfoms natural Hiftory of the Tea-tree.

Es giebt 2 Hauptarten von Thee, *grünen* und *braunen*, welche von zwey verfchiedenen Stauden

E 4   ge-

gewonnen werden. Die grüne Theeſtaude hat glattere
und mehr hellgrüne Blätter; die Boheſtaude hingegen
dunklere. Der beſondere Unterſchied in den Thee-
ſorten, beruht wahrſcheinlich auf das Alter des Gewächſes, ſorgfältigere Cultur und Zubereitung. So
bald die Theeblätter geſammlet ſind, werden ſie
gleich in eiſernen Pfannen geröſtet, und man hat
eigne Gebäude dazu. Wenn ſie anfangen zu trocknen, nimmt man ſie heraus, und rollt ſie mit
der Hand auf, dann trocknet man ſie wieder, damit ſie dieſe Form behalten. Ein friſcher Thee iſt
ſehr ſtark betäubend. Die Chineſen laſſen ihn daher noch ein Jahr liegen, ehe er verſchickt wird,
damit dieſes narcotiſche Weſen noch mehr verdünſtet,
und geben ihm dann einen angenehmern Geruch
durch die Blüten der Olea fragrantiſſima. *Lettſom*
glaubt auch daſs die Blätter durch eine vegetabiliſche Farbe grün gefärbt werden. Es iſt in der
Geſchichte des Thee noch viel ungewiſſes und un-
beſtimmtes. Man hat verſchiedene Verſuche gemacht
den Theeſtrauch aus Japan und China nach Europa
zu verpflanzen. Dieſer Verſuch iſt recht gut gelungen, und man kauft in London auf dem Blumen-
markt Theeſtauden für 3 bis 6 Rthlr. Die Hol-
länder ſind die erſten welche den Gebrauch des
Thees im vorigen Saec. allgemein in Europa ein-
füht-

führten (*Cornel. Bontekoe* van het excellenfte
Kruyd Thee 1678).

Die Eigenfchaften des Thee beruhen auf einem doppelten Beftandtheil, dem adftringirenden und
dem narcotifch volatilen. Beyde Theearten haben
einen bittern zufammenziehenden Gefchmak, und mit
der Eifenvitriolauflöfung geben fie eine gleich dunkle
Infufion: Allein das flüchtig narcotifche Wefen ift
nicht in beyden Sorten gleich. Je feiner der Thee
ift, defto mehr enthält er von diefem Wefen und
er ift gewiffermaffen dann beruhigend und fedativ.
Smith (de actione mufc.) fand dafs ein ftarker Aufgufs von Thee den Mufkeln ihre Irritabilität be-
nimmt. Als Getränk beruhen die Wirkungen des
Thee 1) auf das Vehiculum das warme Waffer,
2) auf den Thee felbft. Wie wir hier zu Lande
Thee trinken, kömmt der Thee gar nicht in Be-
tracht, fondern blos das Theewaffer. Ein ftarker
Thee hingegen befitzt narcotifche fedative Eigenfchaften, und aus der Urfache ift der Thee oft
fchädlich, oft aber fehr wirkfam. Schwächliche
Perfonen können oft das narcotifche Wefen nicht
vertragen, und werden mit einer Angft und heftigen Befchwerden befallen wenn fie eine Taffe
Thee trinken. Man hat auch bemerkt dafs er bey
fchwächlichen Schlaflofigkeit erregt. *Van Geuns*

E 5   (Ab-

(Abhandl. vom beſchwerl. Schlingen) giebt den
warmen Getränken, beſonders auch dem Thee
Schuld daſs er die Urſache des beſchwerlichen
Schlingens ſey, welches in manchen Gegenden von
Holland ſo häufig iſt. Hingegen iſt der Thee
eben wegen ſeiner beruhigenden und erſchlaffenden
Eigenſchaft 1) in *entzündlichen Zufällen* ein ſchäz-
bares Mittel. Er vermindert die Irritabilität, er-
ſchlaft den Körper und ſtillt zugleich den Durſt.
2) bey *Fehlern der Verdauungskräfte*, Kopfſchmerzen von ſchlechter Verdauung, Ueberladung des Magens u. a. Man hat ſtatt des ächten Thees eine
Menge von Subſtituten empfohlen, von allen dieſen kömmt keins dem wahren Thee völlig gleich.
Die vorzüglichſten ſind die *Veronica, Mentha Pi-
perita, Meliſſa,* die *Erdbeerenblätter,* die *Roſa canina,* die Blätter von *Liguſtum vulgare,* die Ma-
rienblumen (bellis perennis) u. m.

COFFEA.

Semina Coffee. (Coffea Arabica *L.*) Coffe.
In Arabien, Aethiopien, Oſt - und Weſtindien.

Ellis Geſchichte des Coffe.
Percivall Verſuche mit dem Coffe.

Der Coffe kam zuerſt im Jahr 1659 nach
Marſeille; 1669 ward er in Paris eingeführt und

von da über ganz Europa verbreitet. Der erſte
Coffebaum ward im Jahr 1710 durch *Nic. Witzen,*
Conful in Amſterdam nach Europa verpflanzt..
Wir gebrauchen den Coffe vorzüglich als Getränk nach vorhergängigem Röſten. Durch dieſe
Zubereitung wird das Oel welches in dem Saamen
enthalten ift, mehr entwickelt, und gelinde empy-
reumatifch, und der Coffe erhält-dadurch einen
eigenen fpecififchen Geruch und Gefchmak. Seine
Haupteigenfchaften beftehen darinn: 1) dafs er gelinde adftringirt, 2) dafs er der Fäulnifs widerfteht
und 3) dafs er eine ftarke fchmerzftillende Kraft
befitzt. Er erregt eine angenehme Empfindung im
Magen, befördert die Verdauung und ift in mancherley Nervenzufällen wirkfam. Vorzüglich empfiehlt man Coffe 1) bey der Engbrütligkeit und
afthmatifchen Befchwerden überhaupt. *Pringle*
empfahl ihn zuerft bey einer periodifchen Engbrüftigkeit. Er liefs Coffe frifch brennen und mahlen
und zu jeder Taffe 2 Loth Coffe nehmen, alle
viertel oder halbe Stunden wiederholt. *Floyer,*
Musgrave und *Percivall* fanden diefe Wirkung
beftätigt. 2) in Wechfelfiebern, man empfahl in
Frankreich zuerft eine halbe Taffe Coffe mit eben
fo viel Citronenfaft vermifcht, am fieberfreyen
Tage nüchtern genommen. Auf diefe Art follen

hart-

hartnäckige Fieber gehoben ſeyn.   In Diarrhoeen
fand ihn *Canzoni* ſehr heilſam.

Der Coffe ſchwächt die ſchlafmachende Wirkung vom Opium, ohne die Wirkung deſſelben
aufzuheben.   *Percivall* führt ein Paar Beyſpiele
davon an welche Aufmerkſamkeit verdienen.

Wenn man den Coffe zu ſtark trinkt, ſo
wirkt er als ein erhitzendes Mittel, ſeines empyreumatiſchen Oels wegen.   Er erregt dann ein Zittern im Körper, Bluttüſſe und ſelbſt paralytiſche
Zufälle.   *Theden* (neue Bemerk. S. 135.) ſahe
nach dem täglichen Gebrauch deſſelben, ſtatt der
Suppe, Manie entſtehen.

Man hat auch vom Coffe eine Menge Subſti-
tute: die hauptſächlichſten ſind die Cichorienwurzel,
die Scorzonere, Taraxacum, geröſteter Roggen,
Gerſte, Eicheln und neuerlich die Caſtanien.

CACAO.

Nuclei Cacao. (Theobroma Cacao *L.*),
wild in America, Mexico, Carolina und auf den Antillen.   Die beſten kommen von Nicaragua.

Die Cacaonüſſe enthalten einen groſſen Antheil von einem ſchleimichten und ölichten Weſen.

Daher

Daher find fie fehr nahrhaft aber fchwer zu verdauen. Die Americaner effen fie frifch zerfloffen als Brei.

PRAEPARATE.

Die C h o c o l a d e, (Cacao tabulata). Aus den geröfteten Cacaonüffen. Man hat davon zweyerley Hauptarten.

1) Die *gewöhnliche Chocolade* aus den Cacaonüffen mit Zucker und Gewürzen, Vanille, Zimmt, Nelken, Ambra, Cardamom, Pfeffer u. a. bereitet.

2) Die *Gefundheitschocolade*, welche blos aus der Cacao und Zucker ohne Gewürze verfertigt wird. Man läfst fie in Waffer oder Milch aufgelöft gebrauchen. Hieher gehört auch die *Chocolade antivenerienne* von le Febure (*R o u x* Journal de Medecine T. XLI. p. 548).

Die Chocolade ift ein vortrefliches nährendes Mittel; bey einer groffen Entkräftung, Magerkeit nach Krankheiten, nach dem Verluft von Säften und in Auszehrungen. Sie verträgt fich nicht mit fchwachen Verdauungswerkzeugen, und Fieber, weil fie Wallungen verurfacht, daher bekommt einigen die Gefundheitschocolade beffer, als die gewöhnliche. Wenn man zu viel davon geniefst, erregt

erregt ſie einen ſenſum oppletionis und beſchwert den Magen.

3. *Getränke durch Gährung.*

CEREVISIA.

Weiſſes und braunes Bier, wird vorzüglich aus der Gerſte und dem Weizen bereitet.

Die Bierarten ſind mit den ſchleimichten Theilen des Getreides woraus ſie bereitet werden geſättigt; im allgemeinen ſind ſie nährend, verdünnen die Säfte und löſchen den Durſt. Nach den verſchiedenen Zubereitungen und Beſtandtheilen ſind die Kräfte des Biers verſchieden. Einige ſind blos verdünnend wie die gewöhnlichen Biere, andre ſtärker *nährend* wie die Braunſchw. *Mumme*, das Bremer 16 Gr. Bier, das doppelte Bier u. a.; andre vorzüglich *magenſtärkend,* wie das engliſche Porterbier, Burton Ale und die bittern Bierarten überhaupt. Auſſerdem macht man durch mancherley Zuſätze das Bier mehr *erhitzend* und *berauſchend,* oder mehr *diuretiſch* wie das Wachholderbier, oder *antiſcorbutiſch* wie das *Spruce*-Bier aus den jungen Zweigen der Fichten und Tannen. Gemeiniglich ſetzt man dem Biere ein Gewürz zu, um den Geſchmak zu verbeſſern und es gegen Verderbniſs zu

ſchü-

fchützen. Eins der gewöhnlichften Mittel ift der
Hopfen. Auflerdem nimmt man dazu gewürzhafte
Wurzeln, z. B. Rad. Galangae, Enulae oder Pfeffer,
Nelkenpfeffer, Lorbeeren, Ledum paluftre um es
mehr erhitzend und beraufchend zu machen, oder
Salz damit es Durft erregt.   Ein reines wohlge-
gohrnes Bier ift ein gefundes Getränk.   Die *bittern*
Bierarten bekommen bey fchwachen Verdauungskräften, bey einer Neigung zur Säure ungemein
wohl. *Percival* fand fie in Schwindfuchten und
hektifchen Fiebern von groffem Nutzen.   Die *näh-*
renden Biere erfetzen den Verluft der Säfte und
machen fett.   Die *diuretifchen* find ein gutes Getränk in der Wafferfucht.   Das *ungegohrne Bier*
enthält eine grofse Menge fixer Luft.   *Percival*
ftillte dadurch ein convulfives Erbrechen, im folchen Falle wirkt es wie die Potio Riverii.

Das *franzöfifche Gefundheitsbier* (Bierre de
fanté) aus gewürzhaften Kräutern, befonders der
Verbena off. und Molken gegohren, hat blos den
Namen mit dem Bier gemein.   Es ift ein fchweistreibendes Mittel.

VINVM.

VINVM.

Der Wein, vom 20. Grad der Br. bis zum
51. 52. Grad.

Die Weine werden durch ihre Farbe in _rothe_
und _weiſſe_ Weine unterſchieden. Sie beſtehen
1) aus einem _wäſrichten_ Beſtandtheil. 2) aus
einer vegetabiliſchen Säure, Zucker - und Weinſteinſäure, 3) aus ſchleimicht ölichten Theilen, Zu-
ckerſaſt, 4) aus erdhaften Theilen, Weinſtein,
und 5) aus einem brennbaren geilligen Weſen, Alcohol. Durch die verſchiedene Miſchung und das
Verhältniſs dieſer Beſtandtheile gegen einander entſtehen die maucherley Weinſorten, und darauf beruht auch die Anwendung derſelben in Krankheiten.
ten. Die wäſricht ſauren Weine ſind mehr durſtſtillend, und weniger erhitzend, die ſüſſen ölichten
Weinarten hingegen ſtärker erhitzend, nährend und
ſtärkend. Die Weine welche in der Gährung unter-
drückt worden, ſind mehr pikant und excitirend.
Die jungen ſauren Weine erregen Säure im Magen,
Sodbrennen, Magenkrämpfe.

Der mäſſige Gebrauch des Weins verſtärkt die
Function aller Organe im Körper. Er vermehrt
die Circulation der Säfte, die Secretionen und Excretionen. Seine Wirkungen äuſſern ſich conſen-
ſualiſch und idiopathiſch, daher iſt auch der Wein

das

das befte Cardiacum. Der unmäffige Gebrauch fchwächt die Verdauungswerkzeuge, und legt den Grund zu mancherley Befchwerden. Als ein Arzneimittel ift der Wein, den man nach den Umftänden auswählen mufs, ein fehr fchätzbares Mittel: 1) in allen Krankheiten wo eine Schwäche, Ermattung, Mangel eines Stimulus fichtbar ift. Vorzüglich in fogenannten *Nervenfiebern* aller Art. *(Whytt)*. In *krampfhaften Zufällen*, beym Tetanus, beym Hydrocephalus wenn die Lebenskräfte erlöfchen wollen *(O d i e r)*. 2) in *faulichten Krankheiten* (*H u x h a m, P r i n g l e*). Alter Wein ift eins der beften antifeptifchen Mittel: In *bösartigen Blattern*. Bey dem unregelmäffigen Ausbruch derfelben von Schwäche; fo auch wenn die Blattern fich nicht heben wollen (*H u f e l a n d*). In der *bösartigen Bräune* (*J o h n ft o n* über die bösartige Bräune). 3) in *Auszehrungskrankheiten* ift ein Glas Wein oft ein fehr heilfames Mittel, nur mufs man es nicht während oder gleich nach der Mahlzeit, fondern in den Zwifchenzeiten trinken laffen. 4) Für Reconvalefcenten ift der Wein ein Hauptmittel.

Es giebt nur fehr wenige Fälle wo der Gebrauch des Weins in Krankheiten _nachtheilig werden

F

' den kann. Unter diefe gehören hauptfächlich die Entzündungsfieber; wo reizende Mittel fchädlich find; und wahre gaftrifche Fieber. Fieber im allgemeinen ift keine Contraindication gegen Wein. Und wie follte dies; unfere wirkfamften Mittel find ja faft alle ftimulirend.

Die Weine werden fehr oft durch mancherley Zufätze verfalfcht, theils um ihren Gefchmak, theils um ihre Farbe zu verbeffern. Zu den weiffen Weinen fetzt man in diefer Abficht gewöhnlich die Bleykalke, oder Kreide, gebrannten Zucker, Gewürze, Weingeift, Brandtwein. Die rothen werden durch dunkelrothe Pflanzenfäfte, vorzüglich durch die baccae Myrtillorum, vitis ideae, oder durch Farbehölzer dunkler gefärbt, und durch Alaun oder Brandtwein verftärkt. Die Verfälfchung durch Bleykalke ift unter allen der Gefundheit am nachtheiligften. Sie wird am beften durch die *Hahnemanfche* Weinprobe ausgefunden. Der gewöhnliche Liquor vini probatorius ift unficher.

PRAEPARATE.

1) Die fogenannten *vina medicata*, die Kräuterweine, der Chinawein, Stahlwein u. a. Man läfst durch den Wein die extractiven Theile der Pflan-

Pflanzen, oder die auflöslichen mineralifchen Theile
ausziehèn.

SPIRITVS ARDENS.

Brandtwein.

Man bereitet zwey Hauptforten von Brandtwein: Die erfte aus den Trebern und Hefen des
Weins (Weingeift, Spiritus vini, Alcohol). Diė
Zweyte aus verfchiedenen Getreidearten am gewöhnlichften aus dem Roggen (Kornbrandtwein
Spiritus frumenti). Hiezu kann man noch den
Brandtwein aus dem Reis (Arrak), aus dem Zu-
ckerrohr (Rum), und aus der Milch (Kumifs
wenn er aus der Pferdemilch bereitet worden)
zählen.

Wenn der Brandtwein mäffig gebraucht wird,
wirkt er als ein magenftärkendes Mittel welches
die Verdauung befördert, und der Gährung der
Speifen und dem Aufblähen widerfteht. Im Uebermas. genommen fchwächt er den ganzen Körper, und zieht die feften Theile zufammen. Alte
Trinker verlieren gewöhnlich alle Esluft und fallen
endlich in Auszehrung. Man bemerkt bey ftarken Brandtweintrinkern das fonderbare Symptom
welches faft nic. trügt, dafs fie über ein beftändi-

ges Brennen in den Fuſsſohlen klagen. *Fother-
gill* beobachtete es zuerſt. In der Medicin gebraucht man den Brandtwein am häufigſten zur
Bereitung der Tincturen, Eſſenzen, geiſtiger Wäſ-
ſer, Liqueurs u. a.

Pʀᴀᴇᴘᴀʀᴀᴛ.

Der Punch, iſt ein ſehr wirkſames ſchweiſtrei-
bendes und diuretiſches Mittel.

D.   Mineralwaſſer.

*Aquae medicatae, ſoteriae, Geſundbrun-
nen, Bäder.*

*Z ü c k e r t, K ü h n ſyſtem. Beſchreibung aller
Geſundbrunnen und Bäder Deutſchlands. R e m l e r s
Tabellen über den Gehalt der min. Waſſer. Erf. 1789.
4. Anleitung min. Waſſer zu prüfen: W e ſt r u m b s
kleine phyſiſche Abhandl. 1 Theil. G ö t t l i n g im
Almanach für Scheidekünſtler v. J. 1781. Anl. min.
Waſſer nachzumachen: B e r g m a n n aqua medicata
calida et frigida arte paranda, in Opuſc. Vol. 1. La-
voiſier in Mem. de l'ac. des Sc. A. 1770. G ö t t-
l i n g im Allm. für Scheidekünſtl. v. J. 1788, 1790.
Ueber den Gebrauch d. min. Waſſer: K ü h n von dem
Gebrauch, Misbrauch und Wirkungen der Geſundbrunnen. Kap. IV. V. M a r k a r d s Beſchreibung von
Pyrmont. II. B.*

Die

Die mineralifchen Waffer find von dem gemeinen Waffer darinn verfchieden, dafs fie auffer
den mancherley mineralifchen Subftanzen, noch vorzüglich eine gröfsre Menge von Luftfäure enthalten. Man unterfcheidet fie in Anfehung ihrer
Temperatur in *kalte* und *warme* Waffer. Nach
ihren Beftandtheilen zerfallen fie: *1)* in *bitterfal-
zigte,* *2)* *alcalifche,* *3)* *eifenhaltige, Stahlwaffer,*
4) *fchwefelhaltige,* *5)* *muriatifche,* *6)* *falpetrige*
Waffer. Die Hauptbeftandtheile diefer Waffer find
immer diefelben, ohne dafs die verfchiedene Wit-
terung und die Jahrszeiten darauf beträchtlichen
Einfius haben.

BITTERSALZICHTE WASSER.

Das Sedlitzer und Seydfchützer Bitterwaffer,
in Böhmen.

Diefe Waffer haben einen bittren, falzichten
Gefchmak, man erhält daraus ein Bitterfalz welches dem Epfomfalz nahe kommt.

Man gebraucht das Bitterwaffer als ein ange-
nehmes und gelindes Laxirmittel, hauptfächlich in
Verftopfungen des Unterleibs und Verfchleimungen.
Es ift wirkfamer als eine gleiche Menge Bitterfalz
in Waffer aufgelöst. Man läfst alle Stunden ein
Glas davon trinken bis die Wirkung erfolgt, oder

Mor-

Morgens und Abends ein Glas. Solche Cur darf
nicht zu lange fortgeſetzt werden.

ALCALISCHE WASSER.

Acidulae. *Die Bäder zu Ems, Töpliz, Hirſchberg, das
Selterwaſſer, die Fachinger, Wildunger, Schwallheimer,
Waſſer, der Pyrmonter Bergſäurling, und faſt die
meiſten Sauerbrunnen.*

Die alcaliſchen Waſſer ſind in einem geringern Grade abführend als die Bitterwaſſer, ſie wirken auf den Urin und werden als verdünnende
und auflöſende Mittel angeſehen. Man theilt ſie
in alcaliſch erdigte, und alcaliſch ſaliniſche Waſſer.

Die *Emſerbäder* gehören unter die älteſten in
Deutſchland. Man rechnet neun Trink - und ſechs
Badequellen und von dieſen ſind einige natürlich
warm andre kalt. Das Waſſer wird in der Gelbſucht, in Ausſchlagskrankheiten und hectiſchen Fiebern angewendet. (*Thilenius* med. chir. Bemerkungen).

Die *Töplizerbäder* in Unterkrain. Man unterſcheidet ſie in Grofs - und Klein - Töpliz.

Die *Hirſchbergerbäder*, an der Böhmiſchen
Gränze in der Nähe der Stadt Hirſchberg. Die
häufigſte

häufigfte Anwendung gefchieht zum Baden, in paralytifchen Zufällen und Kontracturen.

Die Bäder zu Baden, Wisbaden u. a.

Das *Selterwaffer* im Trierifchen, ift eins der vorzüglichften alcalifch falinifchen Waffer (*Göttling* Allm. v. 1783). Es hat einen angenehmen etwas laugenhaften Gefchmak und braust mit Wein; unter allen mineralifchen Waffern wird es am leichteften faul und unfchmakhaft. Man benutzt es vorzüglich in auszehrenden Krankheiten; in Lungenfuchten, in Blutflüffen, Blutfpeyen, Haemorrhoidal-Befchwerden; in Verftopfungen der Leber, der Gekrösdrüfen; in Verfchleimungen; in Rheumatifinen, in der Gicht, Steinbefchwerden u. a. Es bewirkt gelinde Oefnung und befördert den Urin. Man läfst es allein oder mit Milch, oder etwas Wein und Zucker nehmen, oder in Verbindung mit Kräuterfäften, bittern Extracten, Stahlmitteln, Chinarinde, Molken u. a.

Das *Wildungerwaffer* im Waldeckifchen, fchmekt fchärfer und falzichter als das Selterwaffer.

Das *Fachingerwaffer* in der Nähe von Diez an der Lahna; der *Pyrmonter Bergfäurling*; das.

F 4 *Bili-*

Bilinerwaſſer in Böhmen u. m. kommen mehr oder weniger dem Selterwaſſer gleich. Das *Schlangenbad* in der Nachbarſchaft von Mainz (*Thilenius* med. chir. Bemerk.).

STAHLWASSER.

Aquae martiales, eiſenhaltige, martialiſche Waſſer.

Das Spaawaſſer, Pyrmonterwaſſer, der Meynberger Trinkbrunnen, das Schwalbacher Stahlwaſſer, die Brükenauer-, Driburger-, Verdnerwaſſer, der Rehburger Geſundbrunnen, das Egerwaſſer, das Carlsbad u. a.

Die Stahlwaſſer unterſcheiden ſich in martialiſch alcaliſche, martialiſch alcaliſch erdigte, martialiſch alcaliſch alaunerdigte, martialiſch alcaliſch ſaliniſche, martialiſch ſaliniſche, martialiſch muriatiſch ſaliniſche, martialiſch vitrioliſch und martialiſch alaunigte. Sie haben einen dintenartigen zuſammenziehenden Geſchmak. Von adſtringirenden vegetabiliſchen Subſtanzen werden ſie ſchwarz gefärbt. Faſt alle enthalten eine groſse Menge Luftſäure. In freyer Luft laſſen ſie einen Eiſenkalk fallen, verlieren denn ihren zuſammenziehenden Geſchmak und werden ſalzicht.

Die Wirkungen dieſer Waſſer ſind eröffnend, verdünnend und ſtärkend. Sie ſind gelinde ſtimulantia, machen den Blutumlauf ſchneller, und bewirken zugleich gelinde Ausleerungen. Bey Perſonen welche zu

Blut-

Blutflüſſen geneigt ſind, Blutſpeyen, Haemorrhoidalflüſſen, oder bey Vollblütigen erfordert die Anwendung derſelben Vorſicht. Bey dem Gebrauch werden die Excremente gewöhnlich ſchwarz gefärbt.
Man empfiehlt ſie hauptſächlich gegen Krankheiten wo eine Schwäche und Erſchlaffung ſtatt hat, und
man gelinde ſtimuliren muſs: Bey ſogenannter Ner-
venſchwäche, bey Fehlern der Verdauungswerkzeuge,
Fehlern in den Excretionen, Mangel der monatlichen Reinigung aus Schwäche: In der Bleichſucht,
im weiſſen Fluſs, alten Catarrhen und Rheumatiſmen, hypochondriſchen und hyſteriſchen Zufällen;
Schwindel, Fallſuchten, Lähmungen; ſie ſollen
auch die Erzeugung der Blaſen - und Gallenſteine
verhindern u. m.

Das *Spaawaſſer* (Aqua Spadana), in Spaa im
Bisthum Lüttich, iſt eines der berühmteſten Waſſer.
Es flieſst aus mehrern Quellen, von welchen drey,
Pouhon, Geronſter und Sauvenieres genutzt wer-
den. Es iſt martialiſch ſaliniſch (*Bergmann*
Opuſc. Chem. Vol. I.).

Das *Pyrmonterwaſſer.* Man gebraucht vor-
züglich den ſogenannten Trinkbrunnen und den
Neubrunnen. Der Augenbrunnen wird gegen
Schwäche und Fehler der Augen benutzt. Das

F 5.   Pyr-

Pyrmonterwaſſer enthält einen ſehr groſſen Antheil von Luftſäure, ſelbſt mehr als es an offner Luft davon faſſen kann. Es gehört unter die martialiſch ſaliniſchen Waſſer (*Markard* Beſchreib. von Pyrmont).

Der *Meynberger Trinkbrunnen*, zu Meynberg in der Grafſchaft Lippe, iſt martialiſch ſaliniſch, enthält weniger Luftſäure und Eiſengehalt als das Pyrmonterwaſſer, dagegen eine Spur von ſchwefelartiger Luft (*Weſtrumb* kl. phyſ. chem. Abh. I. B. 2. H.).

Das *Schwalbacher Stahlwaſſer* in der Grafſch. Katzenellenbogen, iſt martialiſch alcaliſch und enthält eine Spur von Lebensluft (*Baldinger* Magaz. X. B. 4. St.).

Das *Brükenauerwaſſer* im Fuldiſchen, iſt martialiſch alcaliſch ſaliniſch (*Weikard* v. d. Min. Waſſern zu Brükenau) 1790.

Das *Dribnrgerwaſſer* zu Driburg im Paderbornſchen, kommt dem Pyrmonter am nächſten und iſt martialiſch ſaliniſch (*Weſtrumb* kl. phyſ. chem. Abh. II. B. 2 H.).

Das *Verdnerwaſſer* zu Uhlmühle im Amt Stade, enthält ſehr wenig Eiſen und mehr Kalkerde (*Weſtrumb* chem. Abhandl. II. B. 1 Heft.).

Das

Das *Schwallheimerwaffer* ift martialifch muria-
tifch falinifch (*Thilenius* med. chir. Bemerk.).

Der *Rehburgerbrunnen* zu Rehberg im Calen-
bergifchen, enthält am mehrften Kalkerde und wenig Eifen. Man empfiehlt ihn hauptfächlich gegen
Lähmungen, Contracturen, Gichtbefchwerden, allgemeine Schwäche des Körpers (*Weber* Gefchichte,
Gehalt und Wirkung des Rehburger Gefundbrunnen
und jades).

Der *Eger Sauerbrunnen* in Böhmen, ift ein
martialifch alcalifch falinifches Waffer (*Gren* in
Crells Annal. v. J. 1785).

Das *Karlsbad* gehört nach den neueften Unterfuchungen ebenfalls unter die martialifch alcalifch
falinifchen Waffer (*Becher* neue Abhandl. vom
Karlsbade 1789.).

SCHWEFELHALTIGE WASSER.

Aquae Sulphureae. *Die Aachner Bäder, das Meynberger
Bad, der Limerifche Schwefelbrunnen, die Quellen
zu groffen Nenndorf u. m.*

Die fchwefelhaltigen Waffer haben einen fchwe-
felleberartigen Geruch, und Gefchmak wie faule
Eier. Die Metalle, Gold, Silber, Kupfer und
Meffing, werden davon angegriffen. Man theilt
fie

fie in fulphurifch alcalifche; fulphurifch falinifche;
fulphurifch martialifch falinifche; fulphurifch marfia-
lifch muriatifche und fulphurifch martialifche Waffer.
Die Kräfte diefer Waffer find vorzüglich fchweistreibend, zertheilend und auflöfend. Sie find wirkfam in Hautausfchlägen, venerifchen Zufällen, der
Kräze; in gichtifchen und rheumatifchen Zufällen,
Lähmungen, bey alten Gefchwüren. Sie reizen
und erhitzen den Körper in einem noch ftärkern
Grade als die martialifchen Waffer, und erfordern
diefelbe Vorficht. Man gebraucht fie am häufigften als Bäder, und kann fie leicht durch die Kunft
nachmachen.

Das *Aachner Waffer* (aqua aquisgranenfis),
zu Aachen im Herzogthum Jülich, das vorzüglichfte diefer Klaffe, quillt *warm* und ift fulphurifch alcalifch. Es fetzt eine grofse Menge Schwefel ab (*Solders* de Thermis aquenfibus Colon.
1781).

Das *Meynberger Bad* zu Meynberg ift fulphurifch martialifch falinifch (*Weftrumb* kleine Phyf.
ehem. Abhandl. 2 B. 2 H.).

Der *Limerifche Schwefelbrunnen* bey Hannover,
giebt ein fulphurifch martialifch muriatifches Waffer (*Andreas* in *Crells* Beyträgen v. J. 1786.
2. St.).

Die

Die Quellen zu groſſen *Nenndorf* in der Grafſchaft Schaumburg, ſind ſulphuriſch ſaliniſch (Beſchreibung der kalten aſphaltiſchen Schwefelquellen
zu groſſen Nenndorf. Rinteln 1788.).

MVRIATISCHE WASSER.

*Die muriatiſche Quelle bey Erfurt, der Johannis-
berger Brunn.*

Planer in act. acad. elect. Mogunt. 1780. *Weikard* Obſ. med.

SALPETRIGE WASSER.

Die *Ofener Waſſer* (*Oeſterreicher* Analyſes aquarum
Budenſium).

Zweyte

Zweyte Klaſſe.

Erweichende, Erſchlaffende Mittel; *Emollientia, Relaxantia, lubricantia.*

Die erweichenden Mittel, wirken auf eine Art
welche den meiſten Arzneimitteln gerade entgegen-
geſetzt iſt. Ihre Eigenſchaft beſteht darinn, daſs
ſie 1) die Reizbarkeit der feſten Theile, und die
Einwirkung der Reize vermindern, 2) daſs ſie die
Fibern erſchlaffen und erweichen, und 3) die Trockenheit der Theile mildern, ſie geſchmeidig und
ſchlüpfrich machen, 4) befördern ſie auf dieſe
Art den Zufluſs der Säfte.

In dieſe Klaſſe gehören:

A) *aus dem Pflanzenreich*

1. alle Gewächſe welche ein ſchleimichtes
    Weſen enthalten, vorzüglich die plantae
    columniferae.

2. die

2. die Gummiarten (vegetabilia gummifera).

3. die fetten Oele (olea vnguinofa).

4. die mehlicht fchleimichten Saamen der meiften Getreidearten und Hülfenfrüchte, die Mehlarten.

5. die füßen Früchte.

B. *aus dem Thierreich*

1. die Fettarten: axungia, adeps, fevum.

2. die Butter, der Milchrahm.

3. das Mark aus den Knochen.

4. die frifchen Eier, Eierdotter, Eieroel.

5. Wachs, Wachsoel, Honig.

6. Wallrath.

7. die Gallerte der Thiere.

Die Wirkungen diefer Mittel beruhen vorzüglich auf die feuchten, wäfrichten, fchleimichten, oelichten Theile, welche ihre Grundmifchung ausmachen. Die mehr wäfrichten Mittel diefer Klaffe find daher in einem vorzüglichen Grade erweichend; allein ihre Wirkung ift nicht fo anhaltend als der oelichten und fetten Mittel: und felbft wieder unter diefen findet eine Verfchiedenheit ftatt. Aufferdem wird noch die Wirkung aller diefer Mittel durch die Wärme vermehrt, zumal durch feuchte Wärme.

Auf

Auf der andern Seite rührt von eben diesen Wirkungen der große Nachtheil den sie bey einem anhaltenden Gebrauch für die Gesundheit haben: Sie schwächen in einem hohen Grade Magen und Gedärme, vermindern die Verdauungskräfte, erschlaffen die Gefäſſe, und können dem ganzen Körper nachtheilig werden. Es wird daher bey der Anwendung derselben nothwendig: 1) daſs man sie nicht so lange gebraucht, daſs der Nachtheil den Nutzen überwiegen kann. 2) daſs man durch stärkende, adstringirende, gelinde stimulirende Mittel die erschlaften Theile wieder zu stärken sucht, so bald der Zustand des Körpers es zuläſst.

Diesem ohngeachtet können die erweichenden Mittel in vielen Fällen sehr heilsam werden: wie 1) in allen Krankheiten wo die Reizbarkeit erhöht iſt, wo schwache Reize heftigere Wirkungen hervorbringen z. B. in Entzündungen, um die convulsivische Oscillation der Gefäſſe und den Schmerz zu mäſſigen, zumal in innern Entzündungen. In Bruſtbeschwerden, Huſten, Katarrhen bekommen diese Mittel als Palliativmittel oft recht wohl, allein hier wird der lange fortgesetzte Gebrauch aus mehr als einer Ursache nachtheilig.

Man

Man bedient sich ihrer 2) in krampfhaften
schmerzhaften Zufällen, Steinbeschwerden, Coliken,
Ileus, Krankheiten der Urinwege, Verhaltungen der
Se - und Excretionen 3) beym Mangel des natürlichen Schleims, nach Dysenterien, Erosionen u. a.
4) um die Wirkungen und Folgen mineralischer
Gifte und Schärfen abzuhalten. 5) um Säfte nach
einem gewissen Theil hinzuleiten; um die Ausdünstung zu befördern, Säfte von irgend einem Theil
abzuleiten, den Ausbruch von Hautausschlägen zu
befördern. 6) um die Eiterung zu befördern.

Man gebraucht diese Mittel nach ihren verschiedenen Bestandtheilen *innerlich* 1) als Tisanen
und warme Getränke; die Fette in Suppen, die
Oele als Emulsionen; 2) zu Gurgelwassern, oder
3) man läfst sie in Dämpfen einziehen.

Aeusserlich werden sie als Umschläge, Fomentationen, Bähungen, Pflaster, oder als Linimente,
Salben, als Klystire und Bäder angewendet.

G A. Aus

A. Aus dem Pflanzenreich.

1. Pflanzenſchleime

ALTHAEA.

Herba und _Radix Altheae._ (Althaea officinalis _L._).
Althee. Eibiſch, weiſſe Pappel, wild in der Schweiz,
Frankreich, England.

Die ganze Pflanze enthält einen geruch - und
geſchmakloſen Schleim, die Wurzel am vorzüglichſten. Man gebraucht ſie in Krankheiten wo
man den Reiz und die Schmerzen lindern, erweichen und ſchmeidigen will. In Bruſtbeſchwerden,
im Huſten und in der Heiſerkeit, in der Pleuritis,
in Maſern, Diarrhoeen, der Ruhr, Steinbeſchwerden. In Krankheiten des gan-zen Speiſecanals.

Zum innern Gebrauch, als _Decoct, Tiſane, Gur-_
gelwaſſer, nimmt man vorzugsweiſe die Wurzel:
Gewöhnlich ½ Unze Rad. Alth. mit einem Pfunde
Waſſer bis zur Hälfte eingekocht. Man verbindet
ſie noch mit der Rad. Graminis, Bardanae, Liquiritiae u. a.

Das Kraut wird mehr zum äuſſern Gebrauch
benutzt, zu Umſchlägen, Bähungen, Klyſtiren; und
man nimmt dann 1 - 2 Unz. zu einem Pf. Waſſer oder Milch mit Herb. Malvae, Verbaſc. Cicut.
Flor. Sambuci, Sem. lini, Semmelkrumen, Oel u. a.

bey

bey Erofionen, Verbrennungen, um Abfceffe zu erweichen und zur Eiterung zu bringen.

1) *Syrupus Altheae* aus der Althaewurzel mit Zucker eingekocht. Man fetzt diefen Syrup zur Abwechslung zu Mixturen im Huften, Heiferkeit, Diarrhoeen. .

2) *Pafta Altheae* wird aus der A. Wurzel, G. Arabic. Zucker und Eiweis bereitet, im Huften und der Heiferkeit, für Kinder.

3) *Vnguentum Altheae* aus dem Schleim der ganzen Pflanze mit Schmalz, Butter, Wachs und Harze, ift erweichend.

MALVA.

Herba Malvae vulgaris. (Malva rotundifolia, Sylveftris L.). Malve, wilde rothe Pappel, Hafenpappel wild an Wegen, Zäunen und zwifchen Steinhaufen.

Die Blätter der Malve geben einen gefchmak- und geruchlofen Schleim. In ihren Wirkungen kommt fie der Althee gleich. Mehrentheils gebraucht man fie doch blos äuferlich zu Umfchlägen, Bähungen, zur Zertheilung des Eiters im Auge (*Ianin*) und zu Klyftiren.

MALVA ARBOREA.

Flores Malvae arboreae. (Alcea rofea *L.*). Stockrofe, wild im Orient, wird in Blumengarten cultivirt.

Die Blüten find zugleich gelinde zufammenziehend und werden in Halsbefchwerden, der Bräune, Gefchwulft der Mandeln, mit Honig und Effig häufig als ein Hausmittel gebraucht.

VERBASCVM.

Folia, Flores Verbafci. (Verbafcum Thapfus *L.*). Wollkraut, wild auf alten Mauern und Ruinen. Man benutzt es nur äufferlich zu Breiumfchlägen und zu Klyftiren.

SAMBVCVS.

Flores Sambuci. (Sambucus nigra *L.*). Flieder, Hollunder, an Zäunen und Hecken in Dörfern.

Die Blüten und Blätter enthalten viel fchleimichte Theile, und werden als erweichende, und fchmerzftillende zertheilende Mittel zu Gurgelwaffern, Bähungen, Breiumfchlägen und Klyftiren gebraucht. Aufferdem benutzt man fie als Thee in Bruftbefchwerden um den Auswurf und die Tranfpiration zu unterhalten, zur Beförderung der Hautausfchläge, in Mafern, zurückgetretenen Blattern u. a.

PRAEPARATE.

1) *Aqua florum Sambuci,* ift krampfftillend und fchweistreibend.

2) *Rob Sambuci,* ift diaphoretifch.

LINVM

LINVM.

Semina Lini (Linum ufitatiffimum *L.*). Leinfaamen, wild im füdlichen Europa.

Die Leinfaamen haben einen widerlich füffen fchleimichten Gefchmak. Man gebraucht fie daher innerlich nicht im Decoct, fondern blos im Aufgus mit heiffem Waffer, und ungequetfcht. 1) in Krankheiten der Urinwege, Brennen des Urins, Steinbefchwerden; als Getränk bey Mercurialcuren, bey unterdrücktem Speichelfluß. 2) in Entzündungen des Darmcanals, Haemorrhoidalbefchwerden, Coliken. 3) im Huften, Catarrhalzufällen, Mafern. 4) bey der eiternden Bräune, gefchwollenem Halfe in Blattern als Gurgelwaffer, oder dafs man den Dampf einziehen läfst. 5) zu erweichenden Klyftiren, im Stuhlzwang u. a. 6) äufferlich als Umfchläge und zu Bähungen. In beyden letzten Fällen läfst man die Saamen vorher zerquetfchen; und mit Hb. Malvae, Verbafci, Oel u. a. kochen.

PRAEPARAT.

Oleum Lini.

Die Hanffaamen *Semina Cannabis* (Cannabis fativa *L.*), werden auf ähnliche Art angewendet.

Auch die Quittenfaamen, *Semina Cydoniorum* (Pyrus Cydonia *L.* Seite 34.).

G 3   *Sem.*

Sem. Pſyllii, (Plantago Pſyllium *L.*), vorzüglich in Augenentzündungen, gegen die Schärfe
der Thränen u. a.

II. Die Gummiarten.

GVMMI ARABICVM.

Mimoſa Nilotica L.   Egyptiſcher Schotendorn, in Egypten und Arabien, von mehrern Gewächſen.

Das arabiſche Gummi wird in gröſſern oder
kleinern unregelmäſſigen und unförmlichen Stücken,
ſo wie ſie aus dem Stamm quillen, zu uns gebracht. Es hat eine bleichgelbe glatte Farbe, und
enthält einen reinen Schleim.   Selten iſt es ächt,
und gewöhnlich wird das G. Senegal dafür verkauft, welches im Grunde eben dieſelben Wirkungen leiſtet. Ein Kennzeichen der Güte des Gummi
iſt, daſs es ſich ganz, ſowohl im warmen als kalten Waſſer auflöst.

In Arabien gebraucht man dieſes Gummi als
Nahrungsmittel.   Ganze Völkerſchaften am Gambia, und die Caravanen leben gröſstentheils davon.
Es enthält eine ſo groſse Menge von Schleim, daſs
eine Unze Gummi 6 Unzen Waſſer zu einem dicken Schleim machen.

Als.

Als Arzneimittel gebraucht man das Gummi
Arab. 1) in allen Fällen wo man Schärfen mildern und ſchmeidigen will: In der Lungenſucht
wenn die Kranken mit einem Kitzel zum Huſten
geplagt ſind als Palliativmittel. *R e i d* (über die
Natur und Heil. der Lungenſucht) empfiehlt eine
Auflöſung von Arab. G. mit Mohnſaamenſyrup. In
der *Heiſerkeit*, nach genoſſenen Giften, nach Beſchwerden bey dem Gebrauch der Spaniſchen Flie-
gentinctur, nach zu heftigem Erbrechen, bey Diarrhoeen u. a. In Krankheiten der Urinwege, beym
Brennen des Urins, der Harnſtrenge, Steinbeſchwerden. 2) zu *Klyſtiren* in der Ruhr, dem Stuhlzwang,
Haemorrhoidalzufällen. 3) um Medicamente mit
Waſſer miſchbar zu machen; z. B. Oele, Balſame,
Harze, Campher, Mercurius: oder Pulver und harzichte Subſtanzen in Pillenform zu bringen.

Man giebt das Gummi 1) in der *bloſſen*
Auflöſung durch warmes Waſſer. 2) in *Emulſion*
in Verbindung mit der Mandelemulſion. Man
ſetzt 2. 3 Dr. bis $\frac{1}{2}$ Unze zu einem Pf. Mandelmilch. 3) in *Tiſanen*; Decoct. hordei perlat.
avenae excorticat. oder dünnen Fleiſchbrühen. In
allen dieſen Auflöſungen dürfen keine Säuren und
keine alcaliſche Salze enthalten ſeyn, weil ſie das
Gummi niederſchlagen.

G 4

PRAEPARAT.

1) *Emulſio arabica.* Ph. Edinb. aus Mandeln und G. Arabic. In Krankheiten der Urinwege, Dyſenterien.

2) *Paſta de Althea* und *Paſta de Liquiritia* enthalten G. arabicum.

GVMMI SENEGAL.

G. Seneca, Seniga, Senegal. (Mimoſa Senegal *L.*). Dreydornichter Schotendorn, auf der Kuſte von Guinea und Senegal.

Das G. Senegal hat mit dem arabiſchen Gummi einerley Kräfte. Die Farbe iſt etwas weislicher, und die Stücke ſind nicht ſo ſchön und glänzend.

GVMMI CERASORVM.

Das Kirſchgummi, aus dem Kirſchbaum. (Prunus Ceraſus *L.*). Iſt ein gutes Subſtitut für beyde Gummiarten.

Es iſt mehr dunkelgelb und weicher. Wenn es rein iſt, läſst es ſich in Waſſer vollkommen auflöſen.

TRAGACANTHA.

Gummi Tragacanthae album und rubrum. (Aſtragalus Tragacantha *L.*). Gummi Tragacanth, in Aſien, Griechenland, den Inſeln des Archipelagus und dem ſüdlichen Europa.

Der Gummi Traganth iſt der Schleim aus den Saamen der Traganthſtaude. Er beſteht aus kleinen langen

langen, oder breiten Stücken, die in verfchiedener
Form gebogen und in einander gewunden find.
Der weiffe Gummi ift der befte, wenn er gut.ift
mufs er milchweis feyn, glänzend, etwas durchfichtig und rein. Die fchlechte Art ift röthlicht,
gelblicht, oder felbft fchwärzlicht. Der Traganth
läfst fich weit fchwerer auflöfen als der arabifche
Gummi, und ift viel zäher und dichter. Er enthält mehr erdhafte Theile und die Zuckerfäure.
Zwey Dr. geben mit 6 Unzen Waffer einen dicken fteifen Schleim. Man gebraucht dies Gummi
felten innerlich. Gewöhnlich 1) in *Klyftiren* mit
Waffer oder Milch aufgelöst in der Ruhr und
Bauchflüffen 2) um Arzneimittel mifchbar zu machen, oder in Pillenform zu bringen. Vorzüglich
um den Campher in Emulfionen aufgelöst zu erhalten. Zur Bereitung der Plenkfchen Mercurial-
Pillen. *Saunders* (über einige Mercurialzuberei-
tungen) hat gefunden dafs das Queckfilber fich
noch leichter mit G. Traganth abreiben läfst als
mit G. arabic. Auch zur Verfertigung der Räu-
cherkerzen, kleiner Kuchen u. a.

PRAEPARATE.

1) *Species Diatragacanthae frigidae.* Aus G.
Tragacantha, Amylum und radix Glyzirrhizae.

G 5 2) *Pul-*

2) *Pulvis e Tragacantha compoſitus* Ph. Edinb.
Aus G. Tragacanth., G. Arab. Amyl. und Zucker.
Beym Kizelhuſten.

III. Die fetten Oele; Olea vnguinoſa, expreſſa, coēta.

OLEVM AMYGDALARVM.

Mandeloel, (amygdalus communis *L.*). Seite 35.
D a r i e s, de Amygdalis et Oleo amararum
aethereo.

Unter allen fetten Oelen iſt das Mandeloel
das angenehmſte von Geſchmak, und wird daher
am häufigſten innerlich benutzt. Wenn es friſch
iſt, ſieht es weisgelblicht aus. Das Oel von den
bittern Mandeln iſt eben ſo ſüs und wohlſchme-
kend als von den ſüſſen. Man prefst es entweder
kalt, oder durch Hülfe der Wärme aus: das kalt
ausgeprefste Oel wird am leichteſten ranzicht
(*Moench*).

Der Gebrauch der Oele war ſonſt ſehr allge-
mein, und man hat ihn mit Recht eingeſchränkt.
Die gewöhnliche Folge iſt daſs dieſe Fette die
Eingeweide erſchlaffen, dann im Magen ranzicht
werden und Sodbrennen, ranzichtes Auffſtoſſen und
Blähungen erregen. In allen Fällen ſind die Pflan-

zen-

zenfchleime viel vorzüglicher, und leiflen alles was die Oele thun, ohne Nachtheil zu erregen. Man kann von dem Mandeloel Gebrauch machen 1) in krampfhaften Zufällen, Steinbefchwerden, bey krampfhaften Coliken. In der Bleycolik empfiehlt *Brambilla* als das wirkfamfte Mittel füffes Mandeloel mit einigen Tropfen von Laudan. Liquidum. An manchen Orten giebt man es noch immer Kindbetterinnen gegen die Krämpfe und Nachwehen. 2) gegen genoffene mineralifche Gifte, Scheidewaffer, Arfenik u. a.

Die Oele werden am unfchädlichften wenn fie auf die Art gegeben werden dafs bald darauf eine Abführung erfolgt. Man kann von 2 Dr. ½ Unze bis zu 1 Unze und darüber alle Stunden im Nothfall nehmen laffen. Die befte Art Oele innerlich anzuwenden, ift als Emulfion mit einem Pflanzenfchleim abgerieben; der Schleim vom Arab. Gummi mifcht das Oel am leichteften : Ein Theil G. Arabic. macht 3. 4 Theile Oel mifchbar, die andern Gummiarten weniger. Der Syrup Altheae, Cydoniorum 3 bis 4 Theile, der Eierdotter 2 Theile und das Oel wird leichter ranzicht. Allein diefe Mifchung hält fich doch nicht, und man kann ohne befondre Wahl irgend einen angenehmen Syrup, oder ein aromatifches Waffer, Citronenfaft, Wein

Wein u. ähnl. nehmen um das Oel wohlſchmekender
zu machen. Auſſerdem gebraucht man das Mandeloel auch zu Klyſtiren, Salben, zu Bähungen,
wiewohl ſeltener.

Durch das Mandeloel werden häufig die feinen deſtillirten Oele verfälſcht: Man kann ſolchen
Betrug leicht entdecken, wenn man etwas Weingeiſt zu dieſen Oelen gieſst, die Oele werden dadurch trübe und milchicht, wenn ſie einen Zuſatz
haben.

Die *Mandelkleye.*

OLEVM OLIVARVM.

Baumoel. (Olea Europaea *L.*), wächſt in Palaeſtina,
Africa wild, und wird im ſudlichen Europa cultivirt.

L e h r diſſ. de Olea Europaea.

P r e ſt a Memoria di Oleo.

Es giebt eine groſſe Menge von Varietäten
unter den Oliven an Farbe ſowohl als Geſchmak;
die gröſſern ſind mehr fleiſchigt und geben weniger Oel, man gebraucht ſie daher zum Einmachen,
die kleinern liefern mehr Oel. Je früher das Oel
aus der friſch abgepflückten Frucht gepreſst wird,
deſto beſſer hält es ſich. Wenn es friſch iſt, muſs
es hellgelb ſeyn und von ſüſſem Geſchmak. In

den

den Gegenden wo es bereitet wird, gebraucht man
es als ein Nahrungsmittel, statt der Butter zur Bereitung der Speisen.

Als Arznei wird das Baumoel nächst dem
Mandeloel innerlich am öftersten angewendet. Es
erschlaft die Theile, schmeidigt sie, und macht die
Schärfen unwirksam. Wenn man es in gröfsrer
Menge nehmen läfst, wirkt es auf den Stuhl, man
hat daher bey habituellen Obstructionen Gebrauch
davon gemacht. Nur verursacht es in solchem
Quanto leicht Erbrechen. *Malacarne* (vom Nutzen des Baumöls in der herumziehenden Gicht),
fand das Oel bey der Gicht die mit heftigen
Schmerzen verbunden war von grossem Nutzen. Die
Kranke nahm vom feinsten Oel Unzenweise, schlief
ruhig darnach da: Opium vergebens gebraucht war,
und es bewirkte eine gallichte Ausleerung mit Erleichterung.

Aeusserlich empfiehlt man das Baumöl vorzugs-
weise in manchen Zufällen. Die ältern Aerzte liefs-
sen es schon in der *Wasfersucht* äusserlich einreiben; und in neuern Zeiten verbindet man es mit
dem Salmiakgeist. (Liniment. volat.) (*Desgernud*
von der Heilung einer Wasfersucht durch den äusserlichen Gebrauch des Baumoels und Salmiakgei-
stes)

ſtes). 2) gegen *rheumatiſche Schmerzen*, in der
Heiſerkeit und Halsbeſchwerden mit Hirſchhorngeiſt vermiſcht. (De *Man* Wahrnehm. über den
Nutzen des mit Baumoel vermiſchten Hirſchhorn-
geiſtes gegen rheumatiſche Schmerzen). 3) gegen
den *Bis der Vipern (Odier)*. Es vermindert die
krampfhaften entzündlichen Zufälle, vielleicht auch
hüllt es das Gift ein und macht es unwirkſam.
Bey dem *Bis toller Thiere* iſt es ebenfalls ein gutes Mittel, in die Wunde gerieben, was verſchie-
dentlich mit gutem Erfolg benutzt worden.

Das Baumoel, wird zuweilen mit Rüboel
(oleum raparum) verfälſcht, oder dadurch ſelbſt
nachgemacht.

OLEVM LINI.

Leinoel. (Linum Vſitatiſſimum *L.*).

Ein ſehr widriges Oel, ſowohl in Anſehung
des Geſchmaks als des Geruchs. Innerlich könnte
man es füglich ganz entbehren.

Man hat das Leinoel in einigen Krankheiten
vorzugsweiſe empfohlen, weil es beſonders krampfſtil-
lend ſeyn ſoll. 1) gegen die *Darmgicht*, Miſerere
(*Gallesky*, Abhandl. vom Miſerere, Lentin). *Brü-
ning* (von der Darmgicht) fand nie davon Linderung,

rung, es erregte allemal Erbrechen, und die Kranken haben es nie nehmen wollen. 2) in der
Bleycolik; *Brambilla* gab es in Verbindung mit
Manna und Honig in der *Colica pictonum.* 3) *Sydenham* und *Bagliv* gebrauchten es in *Brustbe-
schwerden*, im Seitenstich um den Entzündungsreiz
und die Schmerzen zu mildern neben dem Aderlas.
4) bey *innern Blutungen*; aus den Gedärmen, den
Urinwegen, dem Magen. (*Griffiths* von der
Heilungsart der innern Blutflüsse gab es mit Rhabarber und G. Arabic.). Im Bluthusten, Blutungen
aus den Nieren, Mict. Cruentus, bey einem epide-
mischen Rheumatism mit Bluthusten.

Zum äusserlichen Gebrauch pafst es am besten; zu Klystiren, Breyumschlägen, Firnissen.

OLEVM RICINI.

Ol. Palmae liquidum, Palmae Christi. (Ricinus communis *L.*). Castor Oil, Ricinusoel, aus Westindien, Mexico; wird sehr häufig in England bereitet.

*Hungerbyhler de Oleo Ricini; Fuchs de
Oleo Ricini adulterato et vero.*

Das Ricinusoel, wenn es frisch ist, ist dick-
licht, trübe und hat einen fetten etwas pikanten
Geschmak, und einen Violengeruch. Es ist ein rei-
neres

neres Oel als die übrigen ausgeprefsten Oelarten, und aufser den allgemeinen erfchlaffenden und fchmeidigenden Eigenfchaften welche es befitzt, führt es in geringerer Dofe ab als die andern Oelé. Man gebraucht es daher hauptfächlich in Fällen, wo man erfchlaffen, fchmeidigen und zugleich abführen will, und wo die eigentlichen abführenden Mittel einen zu ftarken Reiz verurfachen würden. 1) in Colikfchmerzen, der Bleycolik, dem Ileus, Steinfchmerzen u. a. 2) in Haemorrhoidalzufällen mit einer Neigung zu Verftopfungen. 3) gegen Würmer; es mildert den Wurmreiz und die Krämpfe: fpecififch ift es nicht. Die gewöhnliche Dofis ift $\frac{1}{2}$, 1 Unze als Emulfion: Zwey Unzen bewirken gemeiniglich eine Abführung. Selten ift es ganz ächt.

ÓLEVM ÑVCVM.

Ól. Nucum iuglandum. (Iuglans regia *L.*), Wallnusoel.

Aufser den allgemeinen Kräften der Oele ift dies Oel vorzüglich wurmtreibend.

Aufserdem empfiehlt man es in *Flecken der Hornhaut,* und beym Leucoma (*Rosiers* Journ. de Phyf. T. 16; *Van Wy* Beobachtungen welche den Nutzen des Nusoels bey den Flecken der Augen beftä-

beftätigen. Die Flecken werden gemeiniglich zuerft im Umfange durchfichtig. Bey dem Gebrauch
wird das Nusoel leicht ranzicht, folches Oel wirkt
eben fo gut als ganz frifches. Bey einem totalen
Leucoma ift es nüzlich gewefen.

OLEVM BEHEN.

Oleum Glandium, Balaninum. (Guilandia Moringa *L.*)
Beennusoel; Malabar, Zeilon.

Das Beenoel ift geruch - gefchmak - und farbelos, und wird hauptfächlich zur Bereitung und
Verfälfchung feiner Oele benutzt. Zur Verhütung
der Blatternarben empfiehlt man eine Mifchung aus
Ol. Behen, Oleum tartari per deliq. und Sperma
ceti. Es gehört auch unter die Schönheitsmittel.

OLEVM PAPAVERIS.

Mohnoel. (Papaver fomniferum *L.*).

Das Mohnoel ift von den übrigen ausgeprefsten Oelen im wefentlichen nicht verfchieden, und
befitzt keine betäubende Eigenfchaften.

Auffer diefen, liefern auch die übrigen ölichten Nusarten ein unguinöfes Oel. Einige Umbela-
ten enthalten in den Saamen ein Oel welches an
fich unguinös ift, nur durch die Beymifchung des

H   aetheri-

aetheriſchen Oels in den Hülſen oder der Schaale, halb aetheriſch wird z. B. Sem. Aniſi, Anethi, Foeniculi, Corvi das als Subſtitut der aromatiſchen fetten Oele benutzt werden kann.

IV. Mehlicht ſchleimichte Śaamen, Mehlarten.

Dahin gehören die ſchleimichten Getränke, Tiſanen, erweichenden Gurgelwaſſer aus den Gerſtengraupen (Decoct. Hordei perlat.), der Hafergrüze (aven. excorticat.), die Sagotränke, die dünneren Biere u. m.

V. Süſſe Früchte.

CARICAE.

Caricae pingues. (Ficus Carica *L.*). Feigen, in Aſien, Smyrna, dem Archipelagus, und dem ſüdlichen Europa.

Die Feigen haben eine nährende, erweichende und ſchmeidigende Kraft. Wenn ſie recht reif ſind, ſind ſie mit einem zuckerartigen weiſſen Incruſtat bedeckt. Sie verderben ſehr leicht und werden dann ſäuerlich. Man gebraucht ſie hauptſächlich zu erweichenden ſchmeidigenden Tiſanen beym Huſten, der Heiſerkeit, Harnſtrenge u. m. in

Verbin-

Verbindung mit der Rad. Altheae, Liquiritiae u. a.
oder als Gurgelwaffer mit Milch oder Waffer gekocht bey Gefchwulften der Mandeln, zur Matu-
ration der Gefchwüre am Zahnfleifch u. a.

Die *Rofinen* und *Corinten* werden auf eben
die Art gebraucht.

B. Aus dem Thierreich.

Die thierifchen Fette.

Unter allen thierifchen Fett - und Oelarten
wird allein die *Butter* zuweilen innerlich als Medicin gebraucht: nämlich ftatt der fetten Oele gegen mineralifche Gifte. In den Bleybergwerken
und Schmelzhütten, auch einigen Manufacturen
fchützen fich die Arbeiter gegen die Bleydämpfe
und die Bleycolik durch fettes Butterbrod und fette
Speifen.

Die übrigen Fett - und Talgarten und die
thierifchen Oele dienen blos äufferlich zu Pflaftern
und Salben. Die Gallerte der Thiere werden am
öfterften als Nahrungsmittel gebraucht (Seite 54.).

Dritte

. Dritte Klaſſe.

Auflöſende Mittel; verdünnende Mittel; *Reſoluentia, Attenuantia, Incidentia.*

Die Lehre von den auflöſenden Mitteln iſt eine der ſchwierigſten und verworrenſten in der Materia medica. Sie ſtützt ſich hauptſächlich auf die Lehren der Humoralpathologie, wo bald ein viſcidum glutinoſum, eine ſpiſſitudo atrabilaria, ein Lentor humorum u. m. die Urſache der Krankheiten ſeyn ſollte; ehe man das groſse Principium des Lebens, der Geſundheit und der Krankheiten, die *Irritabilitaet* kannte, und auf die Pathologie anwandte.

Auſſer den *diaetetiſchen Mitteln* giebt es ſehr wenige Medicamente welche in die Säfte ſelbſt übergehen. Viele Arzneimittel haben ſchon gewirkt wenn ſie noch im Magen oder dem Darmkanal ſind, andre wirken ehe ſie ſelbſt einmal dahin kommen. Allein, geſetzt daſs ſie wirklich ins Blut aufgenommen werden, ſo iſt es doch bis jetzt nicht

nicht erwiefen, dafs die Mifchung der Säfte, oder
das Verhältnifs der Beftandtheile gegen einander dadurch eine Veränderung erleidet. Wenigftens find
die Muthmaffungen, welche man *dafür* angiebt,
blos auf Verfuche aufferhalb dem menfchlichen
Körper gegründet, und mehr oder weniger zuverläffig.

Wenn wir auf die Wirkungsart diefer Mittel
acht geben, fo können wir fie gewiffermaffen als
reizende ftimulirende Mittel, und zwar als den erften und fchwächften Grund der ftimulirenden Mittel betrachten. Blos in fo ferne fie diefe Wirkungen äuffern, und auf die feften Theile einwirken,
heben fie die fehlerhafte Circulation der Säfte,
die Verftopfungen, die Stockungen, Verfchleimungen u. a.

Diefe Kräfte aber befitzen nicht alle Mittel
diefer Klaffe in gleichen Graden; man unterfcheidet
fie daher nach ihren Wirkungen: 1) In *kühlend
auflöfende Mittel,* gelinde auflöfende Mittel. Sie
reizen ganz gelinde und unmerklich, erfchlaffen
faft in eben dem Grade als fie ftimuliren. 2) in
erhitzend auflöfende Mittel; diefe reizen, ftimuliren ftärker und wirken kräftiger. Sie erregen gewiffermaffen ein Fieber im Körper.

Was

Was die Anwendung dieser Mittel betrifft, so
ist es unläugbar und durch eine vielfältige Erfahrung bestätigt, daß sie in manchen Krankheiten
mit sehr gutem Erfolg angewendet werden, und
oft beßre Wirkungen leisten, als die starker reizenden Mittel; z. B. in Wasserfuchten, Hautausschlägen u. ähnl. oder in Fällen wo es die Consti-
tution des Körpers nicht zuläst daß man gleich die
wirksamern Mittel anwenden darf, und wo man
gewissermaßen indirecte handlen muß: Allein in
der Absicht wie sie so häufig als eine Frühlingscur
um die Säfte zu verbeßern, und pour refraichir les
entrailles, gebraucht werden, machen sie eine Ein-
schränkung ernstlich nothwendig; und in der Rück-
sicht sind wenige Medicamente für die Gesundheit
so nachtheilig geworden, als die sogenannten sei-
fenartigen Extracte und die Visceralklystire. Ich
weiß viele Beyspiele daß Hypochondristen, und
Personen welche eine sitzende Lebensart führen,
sich durch den Gebrauch dieser Mittel so von Kräften gebracht haben (und dies ist der gewöhnliche
Fall), daß sie selbst ganz aufgelöst wurden.

Ueberhaupt aber erfordern diese Mittel die
Vorsichtigkeitsregel, daß man sie nie anhaltend
und lange fortgesetzt gebrauchen darf, weil dadurch

durch der Nachtheil derselben erhöht und die Kur in die Länge gezogen wird.

Ausserdem bedürfen sie die Unterstützung und Beyhülfe der diaetetischen Mittel mehr als irgend andre, und man hat unleugbar oft die Wirkungen einer bessern Diaet, öfterer Bewegungen u. a. auf Rechnung dieser Mittel geschrieben, und ist dadurch in Schlüssen über Wirkungen verleitet worden welche ihnen im geringsten nicht eigenthümlich sind.

Unter die kühlend auflösenden Mittel rechnet man:

1. das Wasser, besonders Wasser welches viele Luftsäure enthält, Mineralwasser.

2. alle wässrichten Zubereitungen und wässrichten Getränke.

3. die Gewächse welche einen milchichten Saft enthalten (plantae lactescentes) die ausgepressten Säfte und die Extracte derselben (Extracta saponacea).

4. schleimicht süsse Mittel.

5. die Mittelsalze in kleinen Dosen.

Unter

Unter die reizenden Auflöſungsmittel :

1. die bitter ſchleimichten Mittel.

2. die antiſcorbutiſchen Gewächſe (Plantae na-
ſturcinae).

3. die Schleimharze (Gummi reſinae).

4. die natürlichen Balſame.

5. die antimonial Mittel in kleinen Doſen.

6. die chemiſchen Seifen.

7. einige Queckſilber Zubereitungen.

A. Kühlend

A. Kühlend auflöfende Mittel.

I. Waſſer, Mineralwaſſer. (S. 84.).

II. wäſrichte Zubereitungen, wäſrichte Getränke (Seite 67.).

III. Gewächſe welche einen milchichten Saft enthalten.

Leidenfroſt de ſuccis vegetabiïum expreſſis.

TARAXACVM.

Radix, ExtraĦum Taraxaci. (Leontodon Taraxacum *L.*) Löwenzahn, Pfaffenröhrlein; auf Wieſen und an Wegen in Europa.

D e l i u s de Taraxaco in Baldingers Sylloge Vol. V.

Das ganze Gewächs enthält einen bittern milchichten Saft, und gummi reſinöſe Beſtandtheile. Es wirkt als ein gelindes Stimulans, und befördert die Oefnung des Leibes und den Urin.

Man benutzt es vorzüglich in Verhärtungen und Obſtruclionen des Unterleibs; *Hoffmann* hielt es beynahe für ſpecifiſch. 2) in der *Waſſerſucht*, der *Gelbſucht*, der Schwarzſucht (*Tiſſot*), in Haemorrhoidalzufällen. 3) in Zufällen nach Wechſelfiebern, dem Fieberkuchen. 4) in Haufkrankhei-

H 5 ten,

ten, *Baldinger* empfiehlt es besonders in der Krätze. 5) in Auszehrungen.

Man macht von allen Theilen der Pflanze Anwendung: 1) das *junge Kraut* dient als Sallat im Frühling. 2) der *ausgepreßte Saft* (Succus expreſſus) aus dem Kraute täglich zu 1, 3, bis 4 Unzen mit Herb. Cerefolii, Naſturtii aquatic. zu Frühlingscuren. 3) die friſche *Wurzel* im Decoct zu Viſceralklyſtiren.

PRAEPARATE.

1) *Extractum Taraxaci* aquoſum. Es wird auf dreyerley Art bereitet:

1) man läſst die zerſchnittene Wurzel mit Waſſer auskochen, und dann die erhaltene Brühe wieder eindicken — die beſte Art.

2) man läſst die Wurzel zerquetſchen und den Saft auspreſſen, dann mit Waſſer noch einmal auskochen und eindicken.

3) man läſst das Kraut und die Wurzel mit einander gähren, darauf einkochen. Das Extract wird am häufigſten gebraucht zu 1, 2, 3 Dr. als Mixtur oder in Pillen, mit Extr. Graminis, Tartar. tartariſat. Mittelſalzen, G. Ammoniacum, Seife, Sulph. aurat. Antim. Molken, Selterwaſſer u. a.

2) *Aqua Taraxaci per fermentationem parata.*

RADIX

RADIX GRAMINIS.

Triticum Repens L. Queckenwurzel, wächst überall
in Europa als Unkraut.

Die Queckenwurzel hat einen füslichen Geschmak und enthält mehlichte Theile. Man gebraucht sie daher auch zur Fütterung und in Theu-
rungen selbst als ein Nahrungsmittel.

Die Hauptanwendung geschieht 1) von der
getrockneten Wurzel als *Tisane*, allein, oder verbunden mit der Rad. Taraxaci, Honig, der Dulcamara u. a. als ein verdünnendes Mittel, in Ent-
zündungs- und Gallenkrankheiten, Cachexien u. a.
2) von der *frischen Wurzel* den ausgepreßten Saft
zu 2, 3 Unzen.

PRAEPARAT.

Extractum Graminis, in Verhärtungen und
Verstopfungen der Drüsen und der Eingeweide. Es
wirkt wie das Extract. Taraxaci, nur in einem
schwächern Grade, und erfodert einen lange fort-
gesetzten Gebrauch.

SONCHVS.

SONCHVS.

Sonchus Oleraceus L. Gänfediftel, überall auf den Feldern als Unkraut.

Diefe Pflanze enthält ebenfalls einen milchicht bittern Saft, und man kann fie wie die vorbenannten Gewächfe anwenden.

Hieher gehören auch alle junge Kräuter aus der erften Klaffe.

IV. *Schleimicht fuffe Mittel.*

B e h r e n s diff. dulcium natura.

M a r g g r a f chem. Schriften. B. II.

DER HONIG.

Der Honig wird von den Bienen aus den Blüten, den jungen Knofpen und vielleicht auch aus der Rinde der Gewächfe bereitet. Er ift ein wefentliches Salz wie der Zucker. In Anfehung der Güte und Reinigkeit ift er fehr verfchieden. Reiner und guter Honig mufs klar, gleichförmig, und in Waffer ganz auflösbar feyn, oft ift er unrein und mit Mehl oder Sand verfälfcht. Zum medicinifchen Gebrauch mufs man den klarften und reinften Honig nehmen. Alle Reinigungsmittel und Läuterungen verderben die Güte deffelben; Daher

ift

ift auch der *abgefchäumte Honig* (mel defpumatum)
der allerfchlechtefte, und man follte ihn nie ver-
fchreiben.

Viele Pèrfonen können den Honig nicht vertragen. Er geräth leicht in Gährung und verurfacht Blähungen und Befchwerden im Magen weil
er wegen feines geringen Reizes mehr erweicht und
erfchlaft. Wenn man ihn flark gebraucht fo befördert
er den Stuhlgang. Man benutzt ihn hauptfächlich 1)
als Zufatz zu verdünnenden und fchmeidigenden Tifanen und Mixturen in Entzündungsfiebern und alten
Verftopfungen. *Pringle* empfahl ihn als ein Stein-
auflöfendes Mittel befonders gegen Nierenfteine, allein er ift hier ganz unwirkfam. 2) zu Lattwer-
gen. 3) unter reinigende Gurgelwaffer in Halsge-
fchwüren und zu erweichenden Klyftiren.

PRAEPARATE.

1) *Oxymel fimplex.* Die befte Bereitung ift
aus 2 Theilen Honig und 1 Theil Effig mit einander vermifcht, unter antiphlogiftifche Mixturen, auch
zu Gurgelwaffern und Klyftiren.

2) *Oxymel fquilliticum.*

3) *Mel rofarum.*

4) *Mel vinofum.*

5) *Spiritus mellis.*

V. Mit-

V. Mittelſalze.

NITRVM.

Der Salpeter, aus Pflanzenlaugenſalz mit Salpeterſäure
geſättigt. Man findet ihn *natürlich* wo vegetab. und
animaliſche Subſtanzen zuſammengefault ſind, und in
ſalpeterhaltigen Mineralwaſſern.

*Recueil de Mem. et de pieces ſur la Formation et la
fabrication du Salpetre.* 1786.

Der Salpeter wird durch die Kunſt in Salpe-
terſiedereien bereitet. Er ſchieſst in ſechsſeitigen an
den Spitzen ſchräg abgeſtumpften Kryſtallen an,
und hat einen bitterſalzichten kühlenden Geſchmak.

Innerlich kann man den Salpeter ganz entbehren, und er wird durch die *Säuren*, die vegetabiliſchen ſowohl als mineraliſchen, vollkommen erſetzt. Der Hauptnutzen welchen er leiſtet, rührt
wahrſcheinlich von ſeiner kühlenden ſedativen Wirkung auf den Magen; daher wird der Puls ſchwächer und langſamer wenn man ihn in groſsen Gaben nehmen läſst.

Der Salpeter iſt eine gewöhnliche Medizin in
Entzündungsfiebern wenn das Blut eine ſtarke Neigung zum Gerinnen hat, und der Puls voll und
ſtark iſt. Nach den Verſuchen die man angeſtellt
hat,

hat, erfordert jede Unze Blut wenigſtens einen
Scrupel Salpeter um das Coagulum zu verhüten,
was laſſen ſich da innerlich für Wirkungen hoffen?

Dagegen hat er ſehr nachtheilige Eigenſchaften: 1) ſchwächliche, empfindliche Perſonen können den Salpeter gar nicht vertragen, er ſchwächt
die Verdauungswege auſſerordentlich und erregt
Magenkrämpfe. 2) er verurſacht Erbrechen und
ſehr oft Diarrhoeen.

Gemeiniglich wirkt er ſtark auf den Urin,
und man hat ihn daher in Krankheiten der Urinwege, hauptſächlich in Gonorrhoeen benutzt. In
allen ſolchen Fällen ſind die ſpecifiſch diuretiſchen
Mittel, bloſſe ſchleimichte Getränke weit vorzuziehen.

Die beſte und wirkſamſte Art Salpeter anzuwenden iſt *in Pulver,* welches man kurz vorher auflöſen läſst, (*Broklesby*) in dieſer Form kühlt
er am meiſten. Er verurſacht nicht ſo leicht Erbrechen wenn man ihn etwas verſchlagen giebt,
auch wird der Magen nicht ſo ſehr angegriffen
wenn man ihn mit G. Arab. nehmen läſst, oder
ſchleimichte Tiſanen dabey zum Getränk verordnet.
Die gewöhnliche Doſe iſt 1 Scrup. ½, 1 Dr. alle
2 Stunden, *Broklesby* lieſs innerhalb 24 Stunden

den 1, 2 Unzen nehmen. Oft giebt man ihn auch in Mixtur, allein, oder mit Salmiak und abfüh‌renden Salzen verbunden.

Aeuſſerlich gebraucht man den Salpeter: 1) unter *Gurgelwaſſer*, bey der Angina Catarrhal. der relaxatio uvulae u. a. 2) zu *kalten Umſchlä‌gen*, den *Schmuckerſchen* kalten Fomentationen. 3) unter *Klyſtire.* 4) als ein fäulniswidriges Mittel, zum Einſalzen.

PRAEPARATE.

1) *Spiritus Nitri* wird innerlich nicht ge‌braucht.

2) *Spiritus Nitri dulcis.*

3) *Lapides Prunellae* aus Salpeter und Schwe‌fel, ſtatt des blöſſen Salpeters unter Gurgelwaſſer.

4) *Pulvis antiſpaſmodicus ruber* das rothe Halliſche Pulver aus Salpeter, Antimonium und Tart. vitriolat.

SAL ᵢ AMMONIACVM.

Salmiak, aus dem flüchtigen Laugenſalz mit der Salz‌ſaure geſättigt; wird in Siberien, Italien an der Mün‌dung des Veſuvs, in der Solfatara, u. a. natürlich gefunden.

Göttling, Gren in Crells Annalen. Schmid de Sale Ammoniaco. Gott. 1788.

Der Salmiak wird überall in Europa in eig‌nen Fabriken bereitet. Er ſchieſst in nadelförmigen

oder

oder federartigen Cryſtallen an, und hat einen ſte-
chend ſalzichten widrigen Geſchmak.

Die Wirkungen des Salmiaks ſind ſehr verſchieden. Seine Haupteigenſchaften ſind *gelinde reizend*
und auflöſend, wie alle Mittelſalze, allein nach der
Art der Anwendung bewirkt er bisweilen eine Diaphoreſis; oder er wirkt ſtärker auf den Urin, in
gröſſern Doſen erregt er Abführungen und ſelbſt
Erbrechen. Man benutzt ihn daher: 1) als ein
auflöſendes Mittel hauptſächlich in Zufällen wo viel
zäher Schleim im Magen und den erſten Wegen
iſt, in ſogenannten Schleimfiebern, in Verſchleimungen, in Gallenfiebern, in Fehlern der Verdauung, in Verſtopfungen des Unterleibs, in der
Waſſerſucht. 2) in Entzündungsfiebern ſtatt des
Salpeters, und wenn keine Säuren paſſen; in ſchleimichten Bruſtzufällen, in Catarrhalfiebern. 3) in
intermittirenden Fiebern (*Muys*). Man verbindet
ihn noch mit bittern Extracten oder der Chinarinde,
oder man läſst ihn allein mit warmen Getränken
nehmen, vor dem Anfalle, oder nach andern in der
Zwiſchenzeit. *Bagliv* empfahl gegen Quartan-
fieber Salmiak mit Chamillenblumen. In hartnäckigen Fiebern iſt er doch nicht wirkſam genug. *Mc
Causland* rühmt Salmiak mit Opium als ein ſehr
kräftiges Mittel im Anfang der Hitze gegeben.

(Med. Comment. Vol. 8.). Es hebt die unangenehmen Zufälle der Hitze, erregt ſtarken Schweis
und verkürzt den Anfall.

Der Salmiak wirkt nicht ſo leicht auf den
Stuhlgang als die übrigen Mittelſalze, vielmehr
hält er dieſen gelinde an, und daher benutzt man
ihn noch in ſymptomatiſchen Diarrhoeen, Diarrhoeen in faulichten Krankheiten u. a.

Die beſte und angenehmſte Form Salmiak zu
gebrauchen, iſt in *Mixtur.* In Pulver iſt er ſehr
widerlich, und verurſacht leicht Erbrechen. Die
Doſ. iſt 1 Scrup. 1, 2 Dr. alle 2 Stunden.

Aeuſſerlich iſt der Salmiak noch faſt ſchätzba-
rer als ein zertheilendes und ſtärkendes Mittel.

PRAEPARATE.

1) *Flores Salis Ammoniaci.* Durch die Subli-
mation; iſt entbehrlich.

2). *Flor. Sal. Ammoniaci martiales* durch Blut-
ſtein bereitet; enthält etwas Eiſen und iſt auflöſend
und zugleich ſtärkend.

3) *Spiritus Salis Ammoniaci* blos äuſerlich.

4) *Spirit. Salis Ammoniaci ſuccinatus* das bekannte Eau de Luce.

TAR-

TARTARVS TARTARISATVS.

Befteht aus Wejnfteinfäure mit vegetab. Laugenfalz
gefättigt.

Dies Salz fieht weis aus und ift nicht cryftal-
lifirt. Es hat einen unangenehmen Gefchmak. In
geringer Dofis wirkt es als ein auflöfendes Mittel,
in ftärkerer kann man es als ein Abführungsmittel
benutzen.

Man gebraucht es ebenfalls: 1) gegen Verftopfungen des Unterleibs vorzüglich bey zähem
Schleim, und Verfchleimungen überhaupt. 2) in
der Gelbfucht, in Gallenfiebern; *Muzell* empfahl
es zuerft in der Manie. 3) in der Gicht, Podagra, Rheumatifmen, Mangel der monatlichen Reinigung.

Als ein auflöfendes Mittel giebt man es zu
1 Scr. ½, 1 Dr. in Mixtur; mit Extracten, befonders dem Extr. Taraxaci *(Baldinger)* oder mit
Salmiak, mit Chinarinde, Honig, Rhabarber u. a.

TARTARVS SOLVBILIS.

TERRA

TERRA FOLIATA · TARTARI.

Liquor terrae foliatae tartari. Blättrige Weinfteinerde.

Blätterfalz. Aus veget. Laugenfalz mit der Effigfäure gefättigt, fchiefst fchwer in Cryftallen an, und zerfliefst leicht an der Luft.

Das Blätterfalz · ift eins der beften auflöfenden Mittel. Es wirkt hauptfächlich auf den Urin, ohne leicht Abführungen zu erregen. Nach Verfuchen aufferhalb dem menfchlichen Körper löfst es die fchon geronnene coagulable Lymphe und den thierifchen Schleim, leichter und vollkommner auf, als irgend ein andres Mittelfalz *(H a h n e m a n n,* *L e o n h a r d i).*

Es ift ein vortreffliches Mittel in Verftopfungen, Verfchleimungen und zäher Galle. In Verftopfungen der Eingeweide, Verhärtungen der Leber, Gelbfuchten, Wafferfuchten. - Verhaltung der monatlichen Reinigung u. a. Schade nur dafs es fo theur ift. Die gewöhnliche Dof. ift 1 Scrup. 1, 2 Dr. u. m. täglich 4 mal. Entweder nimmt man den an der Luft zerfloffenen Liq. terrae fol.; oder man läfst einen Theil Blätterfalz mit 2 Theilen Waffer auflöfen: In Pulver wird es nie gegeben.

Dies Salz wird gewöhnlich aus dem Bleyzucker bereitet, und kann daher fehr nachtheilig werden

werden wenn es noch mit Bley vereinigt ift. Man
entdeckt dies am leichteften durch die Hahnemann-
fche Weinprobe.

ALCALI VEGETABILE CITRATVM.

Potio Riverii, Hulmii. Aus einem vegetabil. Laugenfalz,
gewöhnlich Sal Abfinth. und der Citronenfäure, oder
einer andern vegetab. Säure.

Auch diefes Mittel erfetzt die Stelle des Salpeters. Es mildert die Hitze in Fiebern, und die
Wallung im Blute; beym fortgefetzten Gebrauch
führt es gelinde ab. Diefe Eigenfchaften beruhen
auf der plötzlichen Wirkung der fixen Luft auf
den Magen welche davon entwickelt wird.

Man benutzt 쟁 ebenfalls bey gallichten Unreinigkeiten, aufferdem beym heftigen Erbrechen,
befchwerlichen Schlingen, gegen Magenkrämpfe
u. a. Die Dos. ift 1 Scrup. $\frac{1}{2}$, 1 Dr.

TARTARVS VITRIOLATVS.

Vitriolifirter Weinftein, aus vegetabilifchem Laugenfalz
mit der Vitriolfäure gefättigt.

Dies Salz hat einen bittern Gefchmak, wie
Bitterfalz, und läfst fich fchwer in Waffer auflöfen. Es laxirt leichter als die andern Salze. Durch
das Glauberfalz ift es gröfstentheils verdrängt.

I 3　　CRY-

CRYSTALLI TARTARI.

Gereinigter Weinſtein, aus vegetabiliſchem Laugenſalz
und der Weinſäure.

Man gebraucht den Weinſtein ebenfalls, als
ein auflöſendes Mittel zu 1 Scrup. 1 Dr. Er iſt
für ſich im Waſſer ſchwer aufzulöſen; man ſetzt
daher um die Auflöſung zu befördern Borax zu.
Durch dieſe Verbindung erhält man ein auflösliches
Salz welches aber ſeine Wirkſamkeit verlohren hat.

PRAEPARAT.

Sal *eſſentiale tartari* die reine Weinſteinſäure.
(*Paeken de Sale acido eſſentiali Tartari.* Gött.
1779.). Dieſes Salz wird in allen Fällen wie der
gereinigte Weinſtein benutzt; es iſt in Waſſer leicht
auflöslich, und weit vorzüglicher; man kann es
auch zu ſäurlichen Getränken in Fiebern ſtatt andrer Säuren anwenden.

Der Cremortartari und die übrigen Mittelſalze
laxiren in geringerer Quantität, und werden daher
nicht als auflöſende Mittel benutzt.

SAL COMMVNE.

Sal *culinare*, das gewöhnliche Salz aus dem min. Laugenſalz und der Salzſäure.

Es giebt drey Hauptarten von Salz: 1) das
gegrabene Salz, Bergſalz, Steinſalz. 2) das See-
Salz

falz, Boyfalz. 3) Brunnenfalz. Das gewöhnliche
Salz fchiefst in würflichten Cryftallen an und hat
einen reinen falzichten Gefchmak; wenn es gut ift
zerfliefst es an der Luft nicht. Wir brauchen das
Salz häufig als ein Gewürz und zur Verdauung der
Speifen. In gröfsrer Menge genoffen führt es ab
und macht Erbrechen, wenn es lange anhaltend gebraucht wird erregt es den Seefcorbut. Es wird
hauptfächlich blos äufferlich benutzt um Klyftire
reizender zu machen, bey Schlagflüffen, Ertrunkenen, Erftickten u. ähnl. oder bey giftigen Wunden
um den Ausfluſs zu befördern. Man läfst auch Er-
trunkene damit reiben um zu excitiren, in oedema-
töfen Gefchwulften u. a.

B. Erhitzend auflöfende Mittel.

I. Bitter fchleimichte Gewächfe.

GENTIANA RVBRA.
Radix gentiannae rubrae. (Gentiana lutea *L.*).
Gelber Enzian, im füdlichen Europa wild, auf den
Alpen.

Diefe Pflanze ift von allen bekannten Gewächfen am bitterften, nach einem langen Gebrauch
wird felbft der Schweis und der Urin bitter darnach. Man macht hauptfächlich von dem Extract

aus

aus der Wurzel Anwendung um den Schleim aufzulöfen, die Verdauungswerkzeuge zu ftärken, und
um die Säure zu heben. In Verftopfungen der
Eingeweide, Wafferfuchten, der Gelbfucht. Es ift
wie alle bittern Mittel zugleich wurmtreibend.

PRAEPARATE.

1) *Extractum Gentianae* rubrae. Am beften
giebt man es in Pillen mit Eifenmitteln, Seife,
Gummiarten, Rhabarber, Ochfengalle u. a. Zu $\frac{1}{2}$,
1 Scrup. 1 Drach. In ftarken Gaben bewirkt es
Abführung.

2) *Effentia Gent. rubr.* mit Brandtwein be-
reitet, ein magenftärkendes Mittel. Die *Tinct.
Stomach. Rob. Whytt*, die *Tinct. amara* und *das
Infuf. amarum* enthalten ebenfalls diefe Wurzel.

TRIFOLIVM FIBRINVM.

Herba Trifolii fibrini. · (Menyanthes trifoliata *L.*).
Fieberklee, in fumpfichten Gegenden.

Gehört ebenfalls unter die bittern Mittel. Man
giebt am beften das Extract in Pillen, das Decoct
oder der Aufgufs ift fehr bitter und wiederlich.

Man macht Gebrauch davon in der Wafferfucht, der Gelbfucht, Verftopfungen der Eingeweide,
alten Hautkrankheiten. Auch in Magenbefchwerden,

den und Feblern der Verdauung. *Boerhaave* gebrauchte fie felbft in podagrifchen Anfällen mit Molken.

PRAEPARATE.

1) *Extrattum Trifol. fibrini*, ein reines bittres Extract. Man verbindet es mit Gummiarten, Seife, Sulphur aurat. antimon., Kermes min. mit andern bittern Extracten, Mittelfalzen u. a. in Pillen oder in Mixtur.

2) *Tinttura Trifol. fibr. fpirituofa*, ift magenftärkend zu ¦, 1 Eslöffel voll. *Elix. balfam. temperat. Hoffm; Elix. vifc. Kleinii.; Tinct.; Stomach. Rob. Whytt.*

CENTAVREVM MINVS.

Herba Centaurei minoris. (Gentiana Centaureum *L.*). Taufendgüldenkraut, an feuchten Gegenden.

Die Bitterkeit ift blos in dem Kraute enthalten. Vormals war diefe Pflanze in Wechfelfiebern fehr berühmt. Man benutzt das Kraut im Aufguſs mit Waſſer oder Wein, und das Extract wie die vorigen.

MARRVBIVM ALBVM.

I 5 Fv-

FVMARIA.

Herba Fumariae. (Fumaria officinalis *L.*). Erdrauch
wächft auf den Gartenfeldern.

Man gebraucht den frifchen Saft (Succus Fumariae expreff.), mit Cerefol. Nafturt. aquat. Taraxac. Cochlear. Molken, Selteferwaffer u. a. oder
das Extract. Fumar. bey Verftopfungen im Unterleibe, der Gelbfucht, bey Hautkrankheiten.

CARDVVS BENEDICTVS.

Herba Cardui Benedicti. (Centaurea benedicta *L.*).
Cardebenedicten.

Man gebraucht fie ebenfalls in Aufgüffen mit
Waffer oder Wein als Magenftärkend. Das Extract,
Cardui Benedict. kömmt mit vorigen überein,

ABSINTHIVM.

Herba, Flores Abfinthii. (Artemifia Abfinthium *L.*).
Wermuth.

Das Kraut diefer Pflanze enthält ein aetherifches Oel von welchem die meifte Wirkung abhängt. Es kömmt mit den übrigen Mitteln diefer
Klaffe überein. Hauptfächlich gebraucht man es
als ein Mittel was die Verdauungswege ftärkt,
und die Säure dämpft. Für Hypochondriften welche beftändig mit Säure und Schwäche des Magens
geplagt

geplagt find. Bey Obfiructionen der Leber, in Wurmzufällen, als Palliativmittel.

PRAEPARATE.

1) *Extractum Abfinthii.*

2) *Infufum Abfinthii aquofum* ift fehr unangenehm. Man hat es vorzüglich bey anfangenden Steinbefchwerden gegen Gries in den Nieren empfohlen um die Erzeugung des Steins zu verhüten.

3) *Infuf. Abfinthii vinofum.* ' Wermuthwein, befördert den Appetit. Statt des Weins infundirt man auch Wermuth mit Bier, dies wird dadurch beraufchend und magenftärkend.

4) *Effentia Abfinthii fimplex* mit Brandtwein ebenfalls ein Stomachicum.

5) *Effentia Abfinthii compofita* mit mehrern Gewürzen.

6) *Oleum deftillatum Abfinthii.* Man tropft es auf Zucker und trinkt es mit Wein.

II. Anti-

II. *Antiscorbutische Gewächse.*

SINAPIS.

Semen finapis. (Sinapis nigra und Sinapis alba *L.*).
Senffaamen, wächft zwifchen dem Getreide.

Die Senffaamen enthalten eine grofse Schärfe welche von dem aetherifchen Oel herrührt. Die rohen Saamen find eins der beften Mittel die Verdauung zu befördern, befonders wenn der Magen verfchleimt ift. Auflerdem in fchleimichten Bruftzufällen, bey der fchleimichten Engbrüftigkeit, Cachexien, Quartanfiebern. Man giebt die Saamen theelöffelweife. Aeuflerlich gebraucht man den Senf als rubefaciens; in der Lähmung der Zunge als Stimulans.

RAD. RAPHANI HORTENS.

RAD. ARMORACIAE

COCHLEARIA.

Cochlearia officinalis L. Löffelkraut, wächft an feuchten Gegenden im nördlichen Europa.

Es ift eins der wirkfamften Mittel im Scorbut, auch in Hautausfchlägen, der fchleimichten Engbrüftigkeit, der Wafferfucht und gegen fcorbutifche Gefchwüre. Diefe Wirkungen rühren von dem

aethe-

aetherischen Oel welches sehr durchdringend riecht (*Crells Journ.* 3 St.).

Man gebraucht den frischen Saft entweder allein oder mit Nasturtium aquaticum, Beccabunga, Molken, oder läfst das frische Kraut mit Molken aufgiessen und auspressen.

PRAEPARATE.

1) *Conserva Cochleariae.* Man gebraucht sie mit Waller als Mixtur statt des frischen Saftes zu 1, 2 Dr.

2) *Spiritus Cochleariae* mit Spiritus vini bereitet, zu Gurgelwaller bey Geschwüren am Zahnfleisch, im Halse mit Honig u. a. vermischt.

RADIX ARI,

Arum maculatum L. Aronwurzel, an feuchten Gegenden in Wäldern und an Bergen.

Die Wurzel ist sehr scharf wenn sie frisch ist und mehlicht; durch das trocknen verliert sie viel von ihrer Wirkfamkeit und mufs daher sehr wohl verwahrt werden. Sie ist ein sehr reizendes und wirksames Mittel bey zähem Schleim, bey schleimichtem Magen, bey schleimichten Brustzufällen. Man giebt sie im Pulver mit Mittelfalzen; oder in Pillen mit Extracten von $\frac{1}{2}$ Scrup. bis 1 Drachm.

PRAE-

PRAEPARATE.

1) *Pulvis Stomachicus Birkmanni* aus Rad. Ari, Pimpinella; Cinam. und Zucker.

- 2) *Pulvis cachecticus Quercetani* aus rad. Ari und Limat. Martis.

3) *Pulvis Ari compoſitus.*

4) *Fecula Ari* die Kleye.

III. Schleimharze, Gummi reſinae.

GVMMI AMMONIACVM.

Ammoniakgummi, Africa, Aethiopien, Egypten, und in einigen Gegenden von Oſtindien.

Es iſt das Harz eines noch unbekannten Gewächſes. Wahrſcheinlich von einer planta umbellata. Es beſteht aus runden Stücken von verſchiedener Gröſſe, welche aus gelblichen, röthlichen und mehr weiſſen Körnern zuſammengeſetzt ſind, Der Geſchmak iſt Anfangs zähe und füſ, nachher bitter und widerlich. Der Geruch knoblauchsartig. Im Waſſer läſst es ſich recht gut auflöſen und giebt dieſem eine milchichte Farbe. Doch erhält ſich ſolche Solut. nicht lange.

Die

Die Kennzeichen der Güte sind, dafs es viele grosse, gelblicht weisse, glänzende Körner hat, und wenn man es auf Kohlen wirft, dafs es mit einer hellen Farbe brennt. Häufig wird es durch Sand, Sägespäne und kleine Stücken Holz verfälscht. Am besten erhält man es wenn man die grossen weislicht gelben glänzenden Körner ausuchen läfst (Gummi Amoniac. elect.).

Als Medicin besitzt das Gummi eine reizende, und zugleich etwas erschlaffende Eigenschaft. Es löst die Säfte auf, und zugleich schmeidigt und involvirt es. Wenn man es in grossen Dosen giebt, so führt es gelinde ab.

Die Hauptanwendung geschieht 1) in Catarrhalzufällen, wo man auflösen, involviren und zugleich stärken will, beym *Stickhusten,* beym *Asthma.* *Floyer* zog es allen andern Mitteln vor, überhaupt bey jedem Husten wo der Magen oder die Luftröhre verschleimt ist; nur darf in allen diesen Fällen kein Fieber zugegen seyn. Gegen das Ende der Pleuritis und Peripneumonie, wenn man den Auswurf befördern will. Selbst bey der Schwindsucht hat man es gebraucht um den Auswurf zu unterhalten, wenn dieser des zähen Schleims wegen in Stocken gekommen. Bey *Blattern* wenn die

die Salivat. ſtockt, und die Bruſt mit zähem Schleim überladen iſt. In allen dieſen Fällen verbindet man es mit Kermes mineralis, Oxymel ſimpl. oder Oxymel ſquiliticum, Acetum Squill. Sulphur aurat. antim. in Pillenform, oder in Solution mit einem deſtillirten Waſſer zu $\frac{1}{2}$, 1 Scrup. $\frac{1}{2}$ Dr. 2) bey *Verſtopfung der Eingeweide* des Unterleibs. Bey Verſtopfung der Drüſen. Bey hectiſchen Fiebern von Drüſenverſtopfung, mit bittern Extracten, Mittelſalzen, Seife. Bey Verſtopfung der monatlichen Reinigung mit G. Myrrhae, Bdellium u. a. Bey der Hypochondrie, wenn dieſe Krankheit in einer materiellen Urſache ihren Grund hat, mit andern Gummiarten und auflöſenden Mitteln. Auch in der Manie. In der Waſſerſucht, mit Squilla verbunden. Man verſchreibt das Gummi Amoniac. nicht in Pulver, weil es wegen des bittern Geſchmaks ſehr widerlich iſt und ſich im Munde anhängt. Am öfterſten giebt man es in *Auflöſung* mit einem Schleim oder Eierdotter abgerieben; oder in *Pillen* mit bittern Extr. Fel tauri, G. Galbanum, Aſa foetida, Myrrha, Sapo venetus, mit Antimonial- und Mercurialmitteln zu 1 Scrup. u. m. Bey einem langen Gebrauch werden die Verdauungskräfte ſehr geſchwächt und der Appetit verliert ſich.

Aeuſ-

Aeufferlich gebraucht man dies Gummi als ein erweichendes und zertheilendes Mittel. Befonders bey fogenannten kalten Abfceffen, bey fcirrhöfen Verhärtungen, zur Zertheilung arthritifcher Knoten. Beym Gliedfchwamm, in der Tinea capitis ftatt der famöfen Pechhaube, bald als Umfchlag mit Effig gekocht; oder in Dämpfen, auch in chronifchen Catarrhen, der Angina fcirrhofa u. a.

PRAEPARATE.

1) *Lat. Gummi Ammoniaci.* Ph. Edinb. et Londinenf. ift eine bloffe Solut. des G. Ammoniac. in Aqua Pulegii und Meliffae.

2) *Effentia Gummi Ammoniaci*, aus G. Ammoniac. in Liq. Nitr. fix. und Spiritus vini rectificat. aufgelöft. Es wird dadurch ftärker auflöfend und erhitzend. Zu 20. 30. 50. Tropfen.

3) *Pilulae de Gummi Ammoniaco* enthalten G. Ammoniac. Crocus, Myrrha, in afthmatifchen Befchwerden, Wafferfuchten, Verhaltung der monatlichen Reinigung zu $\frac{1}{2}$ Scrup. $\frac{1}{2}$ Dr.

4) *Pilulae Scilliticae* aus G. Ammoniac. Squilla, Sapo venet. und Milleped. bey Wafferfuchten.

K   5) *Iula-*

5) *Iulapium de G. Ammoniac.* aus G. Amoniac. in Oxymel Squilliticum aufgelöſt, in Bruſtverſchleimung.

6) *Syrupus G. Ammon.* aus G. Ammon. in Wein aufgelöſt mit Zucker. Beſonders· in Bruſtzufällen, für zärtere und eckle Perſonen.

7) *Empl. de cicuta* c. Ammoniac.

8) *Empl. ex Ammoniaco c. Mercurio.*

GVMMI GALBANVM.

Bubon Galbanum L. Ein Staudengewächs in Aethiopien.

Dieſes Gummi ſieht gelbbraun aus, roſtfarben, und hat einen bittern Geſchmak und durchdringenden Geruch, es iſt ebenfalls mit Unreinigkeiten, Saamen und weiſſen Körnern gemiſcht je mehr weiſſe Körner es enthält, deſto beſſer iſt es. Man gebraucht es ebenfalls um aufzulöſen, in hypochondriſchen und hyſteriſchen Beſchwerden, Verſtopfung der monatlichen Reinigung, der Engbrüſtigkeit, beſonders wenn Krämpfe und Nervenzufälle damit verbunden ſind.

Es wird in Pillen oder in Solution mit andern auflöſenden Mitteln, mit G. Myrrhae, Aſa foetida, Sulphur aurat. Extr. Valerianae u. a. zu $\frac{1}{2}$ Scrup. $\frac{1}{2}$ Dr. gegeben.

GVMMI

GVMMI MYRRHAE.

Iiu glücklichen Arabien und Abyſſinien von einem noch
unbeſtimmten Gewächs.

Die Myrrhe beſteht aus kleinen runden Stücken oder Körnern von ungleicher Gröſſe. Sie hat
eine dunkelrothbraune Farbe, einen bittern Geſchmak und riecht angenehm balſamiſch. Durch
die Deſtillation hat man ein aetheriſches Oel daraus erhalten (*Crell* neueſte Entd. in der Chemie
II. B. chem. Journal IV. B.). Sie iſt ſtärker ſtimu-
lirend und reizend als das G. Ammoniac. allein ſie
wird ſelten gebraucht.

Vormals war die Myrrhe in Lungengeſchwüren
ein wichtiges Mittel, (*Hoffmann*, *Werlhof*,
Weikard). In neuern Zeiten hat man alle
balſamiſche Mittel ohne Unterſchied in der Lungenſucht verworfen weil ſie zu ſehr erhitzen (*Tiſſot*).
Es kömmt hauptſächlich darauf an in welchem Zeitraum der Krankheit die Anwendung geſchieht. So
lange Fieber und Entzündung noch heftig ſind paſst
dieſes Mittel nicht. *Saunders* hat beobachtet daſs
die Myrrhe eines der wirkſamſten Mittel iſt, was
mehr leiſtet als irgend ein andres, und daſs andre
wirkſamer werden in Verbindung mit Myrrhe.

K 2   2) bey

2) in Verſtopfungen, bey der Verhaltung der monatlichen Reinigung. Es vermehrt den Umlauf der Säfte als ein reizendes Mittel.

Aeuſſerlich gebraucht man ſie als *Gurgelwaſ-ſer* bey Geſchwüren im Munde, der bösartigen Bräune. Man vermiſcht ſie nit Chinadecoct., Eſſig u. à. oder läſst den Dampf einziehen. Auch unter Zahnpulver und Zahnopiate um das Zahnfleiſch zu ſtärken. Beym übelriechenden Athem u. a.

Man macht Anwendung von der Myrrhe entweder in Subſtanz: Man läſſt den Kranken beſtändig Myrrhe käuen, und was ſich nicht auflöſt, ausſpeien; oder in Pillen mit Honig, zu 2, 4 Gr. · alle 2 Stunden; oder man gebraucht das *Extractum* Myrrhae aquoſum (*Crell* chem. Journ. 4. B.) zu 10, 15, 20 Gran. ' Dies iſt nicht ſo erhitzend. Man läſst es in Pillen mit Aſa foetida, G. Guaiacum, Seife, bittern Extracten, Limatura Martis nehmen, oder mit Zucker vermiſcht (*Hoffmanns* Myrrhenzucker).

Praeparate. '

1) *Extractum Myrrhae aquoſum.*

2) *Eſſentia Myrrhae* iſt ſehr erhitzend zu 36 bis 50. 60 Tropfen. Man gebraucht ſie äuſſerlich

lich in cariöfen Knochengefchwüren, allein folche balfamifchen fpirituöfen Mittel vermehren die Caries.

., 3) *Oleum Myrrhae per deliq.* aus Myrrhe in hart gekochtem Eiweis aufgelöft. Bey aufgefprungenen Lippen, Bruftwarzen u. a.

4) *Pilulae ex Aloe et Myrrha.*

GVMMI ASAE FOETIDAE.

Ferula afa foetida L. Stinkender Afand, aus Perfien.
Die Pflanze kommt in unfern Gegenden recht gut fort.

P u n d t de afa foetida 1778.

Der Afand quillt aus der Wurzel und den Blättern unten am Stamm als ein milchichter Saft, und erhärtet an der Luft. Der Geruch und Gefchmak ift knoblauchsartig und fehr widerlich. Je frifcher das Gummi ift, defto weiffer ift es, im Alter wird es mehr braun. Es enthält flüchtige Theile und felbft ein aetherifches Oel. Man verfälfcht es durch andre Gummiarten, oder macht es felbft dadurch nach, dafs man andre Harze mit Knoblauchsfaft zufammenreibt und vermifcht. Das Waffer löft blos die Gummitheile auf und Weingeift die refinöfen. Im ftarken Weingeift wird es vollkommen aufgelöft.

K 2   Der

Der Aſand wird ſehr häufig als Gewürz zu Speiſen gebraucht. Als Arznei empfahl ihn *Sydenham* zuerſt vorzüglich. Er iſt ein ſehr kräftiges krampfſtillendes Mittel. Beſonders 1) in *hyſteriſchen und hypochondriſchen Beſchwerden* und in dieſen Fällen leiſtet es mehr als irgend ein andres krampfwidriges Mittel. Hyſteriſche Perſonen kommen ſchon durch den bloſſen Geruch zu ſich. Nur darf kein ſtarkes Fieber und keine Wallung im Blut zugegen ſeyn, auch bey Blutflüſſen paſst er nicht. 2) beym *Aſthma* von zähem Schleim (*Millar*) beſonders bey Kindern, dieſe gewöhnen ſich bald daran. 3) bey ſchwachen Verdauungswerkzeugen in der colica flatulenta, in Krämpfen und Blähungen *(Whytt)*. Im *Podagra* empfiehlt es *Theden* mit G. Guaiacum. 4) als ein Wurmmittel bey Kindern. 5) in der Caries der Knochen *Schmucker* (verm. Schriften B. II.). Man gebraucht am beſten den Aſand in Pillenform, zu 2 Gr. ½, 1 Scrup. mit G. Guaiacum, Moſchus, Kampher, Antim., Mercurialmitteln, Extr. Cicutae Valerianae u. a.

Tinctura aſae foetidae Spirit. wird blos äuſſerlich gebraucht.

Gvmmi

GVMMI OLIBANVM.

Thuris Refina. (Iuniperus Lycia *L.*). Weyrauch.

Der Weyrauch hat einen bittern Gefchmak und riecht nicht fehr angenehm. Man empfiehlt ihn mit Wachs zufammen gefchmolzen als eine balfamifche Fumigation für Schwindfüchtige, und zum Räuchern in der Rachitis u. a. G. *Sandaraca* (Iuniperus communis *L.*). G. *Anime* (Hymenaea Courbaril *L.*) G. *Bdellium*; G. *Sagapenum*; G. *Opoponax* (Paftinaca Opoponax *L.*). G. *Hederae* (Hedera Helix *L.*). G. *Elemi.* G. *Ladanum* (Cyftus Créticus *L.*). G. *Copal.* G. *Mafliches* (Piftacia Lentifcus *L.*). G. *Tacamahaca* (Fagara octandra Iacqu). G. *Caranna.* Werden blos äufferlich gebraucht.

GVMMI BENZOES.

(*Terminalia Benzoes* Lin. fil.). Styrax Benzoe Dryand. in Oftindien, vorzüglich Summatra.

G. Benzoes wird hauptfächlich im Huften und der Engbrüftigkeit, überhaupt in Bruftzufällen empfohlen. Am öfterften wird es als Räuchermittel in der Rachitis, bey paralytifchen Zufällen und in Rheumatifmen äufferlich gebraucht.

PRAE•

Praeparate.

1) *Flores Benzoes*, ein trocknes faures Salz
aus G. Benzoes.

2) *Tinctura* oder *Effentia Benzoes fimplex.*

3) *Tinctura Benzoes compofita* Ph. Lond. *Balfamus Traumaticus.* Ift eine mehr funplificirte
Compofition des Balf. Commendatoris, (Friarsbal-
fam, Jefuits drops, Wadesbalfam), aus Benzoe,
Aloe, Balf. Peruv. und Spirit. vini, wird vorzüglich zur Heilung der Gefchwüre und Wunden gebraucht.

4) *Elixir Paregoricum* oder *Tinctura opii
camphorata* Ph. Lond. im Huften, befonders beym
Kitzelhuften, Keichhuften als Palliativ. Es befteht
aus Benzoe, Opium, Safran, Oleum anifi und Spir.
Sal. Amoniac. zu 5, 10, 20 Tropfen.

IV. Natürliche Balfame.

BALSAMVS PERVVIANVS.

Balfam. Peruv. niger, albus, ficcus. (Myroxylon Perui-
ferum L.). Aus Peru und dem wärmern Theile
von America.

Der Balfam, fo wie er zu uns kömmt, ift faft
wie dünner Honig, röthlich braun oder etwas
fchwärzlich (Balf. peruv. niger). Auf der Zunge
ift

ift er fehr heis und bitter, und riecht angenehm
aromatifch. Er wird aus den Zweigen und Blättern
ausgekocht. Der weiffe Balfam fliefst aus der
Rinde des Stamms und den Aeften von felbft aus,
und wird nie ächt verfchickt. Der trockne Balfam
wird in Kürbisfchaalen verfandt und ift ein gelbes
Harz welches ftark nach Benzoe riecht. Man verfälfcht den Peruv. Balfam faft gewöhnlich mit Co-
paivabalfam, Benzoe, Maftyx, oder andern wohl-
riechenden Harzen. Durch die Deftillation deffelben hat man ein Salz, welches dem Benzoefalz
gleicht erhalten. (*Crell's* Annal. 1 St.).

Der Balfam ift ein fehr erhitzendes und reizendes Mittel, welches völlig entbehrlich ift. Die
ältern Aerzte gebrauchten ihn 1) in *Lungenge-*
fchwüren, allein in den mehrften Fällen vermehren Balfame in diefen Krankheiten das Fieber, den
Huften und die Neigung zu Entzündungen. 2) nach
Diarrhoeen, Dyfenterien und Zufällen von der
Bleycolik um die Theile zu ftärken und die nach-
bleibende Schwäche zu heben. *Sydenham* gab ihn
auf Zucker zu 20. 30, Tropfen täglich dreymal.

Aeufferlich bey Wunden der Flechfen und
Nerven, ift er ebenfalls entbehrlich.

K 5　　　BALSA-

BALSAMVS COPAIVAE.

Copaiva Balſam (Copaifera Balſamum *L.*). ?
Aus Sudamérica, Braſilien, den Antillen.

Der friſche Balſam iſt klar und durchſichtig;
nach und nach wird er blaſsgelb, und wenn er
alt wird, dick wie Honig. Ganz hart und feſt
wie andere Harze wird er nie. Der Geruch des
Balſams iſt angenehm, der Geſchmak bitter und
pikant. Man verfälſcht ihn häufig mit fetten Oelen. In aetheriſchen Oelen und Weingeiſt wird
er aufgelöſt.

Man empfiehlt den Copaivebalſam hauptſächlich gegen innere Geſchwüre, namentlich in Geſchwüren der Harnröhre. *Fuller* hat beobachtet
daſs der Urin darnach bitter wird. Im Nachtrip-
p -, dem weiſſen Fluſs, beym alten Huſten, wo
eine Schwäche und Relaxation die Urſache iſt und
ähnlichen.

Man giebt ihn zu 20, 30 Tropfen mit Zucker oder in Emulſion mit Mandeln abgerieben.
Am beſten iſt es, daſs man ihn gar nicht gebraucht.

BAL-

BALSAMVS TOLVTANVS.

(*Toluifera·Balfamum* L.). Tolubalſam. Aus Tolu im
Spaniſchen Weſtindien.

Der Tolubalſam hat eine gelbbraune etwas
röthliche Farbe; er iſt dick und zähe. Durch das
Alter wird er bröcklicht und hart. Sein Geruch
iſt ſehr angenehm, faſt wie Citronen. Sein Ge-,
ſchmak füslicht, warm und etwas beiſſend auf der
Zunge. Er hat nicht den eckelhaften Nachgeſchmak
den die meiſten Balſame haben und iſt milder als
der Peruv. und Copaivabalſam.

OPOBALSAMVS.

Balſamus Gileadenſis; Syriacus, Balſamus e Mecca.
(Amyris Gileadenſis *L.*). Meccabalſam. Der Baum wächſt
am rothen Meere nahe bey Mecca.

Dieſer Balſam iſt der koſtbarſte von allen Bal-
ſamen und nie ächt zu haben. Im Orient gebraucht
man ihn als Medicin.

BALSAMVS CANADENSIS.

(*Pinus Canadenſis* u. *Pinus Balſamea* L.). Aus Canada in
Nordamerica.

Der Balſam iſt gelblicht und durchſichtig faſt
wie Bernſtein. Er hat einen warmen pikanten Geſchmak und riecht angenehm. Es iſt die beſte
Art von Terpentin.

TERE-

TEREBINTHINA.

Der Terpentin.

Es giebt 4 Arten von Terpentin. 1) *Terebinthina communis.* (Pinus Sylveſtris *L.* Fichte). 2) *Tereb. veneta.* (Pinus Larix *L.* Lerchenbaum). 3) *Tereb. argentoratenſis.* (Pinus Picea *L.* Weistanne). 4) *Tereb. Cypria.* (Piſtacia Terebinthus *L*).

Die erſte iſt die ſchlechteſte und gemeinſte Sorte, dunkel - oder weisbraun von Farbe und dick wie Honig. Die *Tereb. argentoratenſis* iſt nicht ſo zähe, gelblichtbraun und durchſichtig. Der Geruch iſt angenehmer, der Geſchmak bittrer als bey den übrigen Arten, aber am wenigſten ſcharf. *Tereb. veneta* iſt die reinſte Art welche wir erhalten. Er iſt helle, weislicht - oder bleichgelb, von einem ſtarken Geruch und einem bittern, heiſſen unangenehmen Geſchmak. Dieſe Art wird am häufigſten und als Med. allein gebraucht. *Tereb. cypria* hat gemeiniglich die Conſiſtenz von dickem Honig, iſt ſehr zähe und durchſichtig, und gelblich weis oder blaulicht. Er riecht angenehmer als alle Terpenth, Arten und ſchmekt bitter, warm.

Alle Terpenth. Arten wirken durch ihren Reiz auf die feſten Theile, ſie befördern die Oefnung, und treiben zugleich den Urin. Man empfiehlt

pfiehlt fie hauptfächlich *in Verfchleimungen der Urinwege*, wenn diefe Theile erfchlaft find. Der Urin bekommt darnach einen Violengeruch: Auch in *Steinbefchwerden*, um den Sand oder Gries auszuführen macht man zuweilen davon Anwendung, nur dárf in allen diefen Fällen keine Entzündung oder Neigung zu Entzündungen da feyn. Am beften giebt man Terpentin in *Pillen* oder *Bolus* zu 1 Scrup. ¦ 1 Dr., oder in *Mixtur* mit Eierdotter oder G. Arabic. abgerieben.

Aeufferlich gebraucht man ihn zu Salben und Pflaftern.

PRAEPARATE.

1) *Oleum Terebinthinae* das deftillirte Terpentinoel. *Valisneri* (Oper. T. III.), empfahl eine Mifchung aus Terpentinoel und Alcohol gegen Gallenfteine, und in neuern Zeiten *Durande* (Mem. de Dijon 1778. *White* von den Krankheiten der Galle). Aufferdem in hartnäckigen rheumatifchen Befchwerden, befonders dem malo Ifchiadico. Die Dof. ift 12 Tropfen. Auch äufferlich läfst man es bey rheumatifchen Gefchwulften einreiben. *Mönch* (Syft. Lehre v. d. Arzeneimitteln), empfiehlt eine Mifchung aus 2 Theilen Ol. Terebinth. und 1 Th. flüchtiges Laugenfalz als eins der wirkfamften Mittel für erfrorne Glieder.

Glieder. Im ·kalten Brande nach vorhergängigen Scarificationen, rühmt *P l e u k* einen Umſchlag von Ol. Terebinth. als ein wirkſameres Mittel als die Chinarinde. In ſolchen Fällen ſind die Salze, Salpeter, Salmiak ſchon wirkſamer.

2) *Vnguentum digeſtivum* aus Terpentin und Eiergelb zuſammengerieben; um die Eiterung zu unterhalten.

3) *Balſ. Arcaei* beſteht aus Terpentin, G. Elemi, Baumoel und Axung. porcina.

4) *Colophonium.* Das gemeine Harz; iſt das Reſiduum nach der Deſtillation des Ol. Terebinth. Man gebraucht es als ein zertheilendes Mittel bey Geſchwulſten an den Gelenken, heſonders den weiſſen Geſchwulſten am Knie. Auch zum Räuchern bey der Rachitis.

5) *Pix alba,* weiſſes Harz. Iſt blos an der Luft erhärteter Terpentin ; äuſſerlich zu Pflaſtern.

6) *Pix nigra liquida,* Theer. Ein empyreumatiſches Oel welches durch die Deſtillation aus dem trockenen Holze gewonnen wird.

7) *Aqua Picea,* Theerwaſſer. Man läſt 2 Theile Waſſer auf einen Theil Theer gieſſen und nach einigen Tagen abklären. Dies Waſſer iſt durchſichtig, ſchmekt etwas ſäurlich und iſt ſehr erhitzend. (*Berkeley* von dem Gebrauch

des

des Theerwaffers). Vormals hielt man es für ein
Verwahrungsmittel gegen die Blattern. Auch in
Hautkrankheiten,' beym Afthma, in rheumatifchen
Befchwerden und in fcorbutifchen Gefchwüren. Man
läfst es wie ein Mineralwaffer gebrauchen.

8) *Pix folida, atra; gemeines Pech.* Zu der
Pechhaube in der Tinea capitis.

9) *Pix Burgundica.*

V. Antimonialmittel.

ANTIMONIVM.

Antimonium Crudum. (Stibium Striatum *L.*). Das rohe
Spiesglanz, ein unedles Metall welches aus Spiesglanz
und Schwefel befteht.

Das Antimonium ward am Ende des 16. Saec.'
zuerft von *Kunkel* innerlich gebraucht. ·Bis dahin hielt man es für höchft giftig, und benutzte
es allein äufferlich.

Die Antimonialmittel find in voller Dofis heftige reizende Mittel welche fowohl Erbrechen als
Abführung erregen. In kleinern Gaben machen fie
alle Wege frey; fie befördern den Schweis, den
Urin, die Expectoration und bewirken Erbrechen
und Abführung wie man ihre Wirkungen leitet.

Sie

Sie gehören daher unter die Hauptmittel der materia medica. Das *rohe Spiesglanz* iſt ein kräftiges auflöſendes Mittel : 1) in Verſtopfungen
der Drüſen, Scropheln, Verhärtungen der Eingeweide nach Fiebern. 2) in Hautkrankheiten, der
Kräze, dem Herpes u. a. 3) in rheumatiſchen und
arthritiſchen Beſchwerden, hartnäckigen Catarrhen,
bey verſetzter Gichtmaterie (*Loof* Samml. ſ. pr.
Aerzte IX. B.).

Man gebraucht es *in Pulver* oder *in Bolus*
oder *Morſellen.* Am ſicherſten fängt man von
2 Gr. an und ſteigt allmälig. Man muſs bey dem
Gebrauch beſonders verhüten dafs der Magen nicht
mit Säure überladen iſt, weil ſonſt leicht heftige
Coliken, Durchfälle, ſelbſt Erbrechen folgen. Aus
Vorſicht verſetzt man daher Antim. crud. faſt immer mit einem abſorbirenden Mittel, Magneſia,
Krebsſteinen u. a.

PRAEPARAT.

Morſuli Antimoniales Kunkelii aus Antimonium,
Cardamom, Cinamom. Zucker; zu 2 Dr. ½ Unze.
Jede Morſelle wiegt ½ Unze.

TAR-

TARTARVS EMETICVS.

Tartarus Stibiatus. Stibium Tartarisatum *Bergm.*
Brechweinstein, aus dem Metall des Spiesglanzes und der
Weinsteinsäure.

Höpfner von der Bereitung des Brechweinsteins.

Der Brechweinstein wird auf eine vielfache
Art bereitet: aus dem Crocus metallorum, Hepar
antimonii, Vitrum antimonii, Pulv. Algaroth mit
Cremortartari, Tartarus crudus, Cryſtalli tartari
und Tartarus tartariſatus. Der Hauptunterſchied
beſteht darinn: ob er durch Inſpiſſation oder durch
Cryſtalliſation bereitet iſt. Die ſicherſte Bereitung
iſt durch Inſpiſſation.

Man kann den Brechweinſtein in allen Krankheiten ohne Unterſchied anwenden. I. Als ein auflö-
ſendes Mittel giebt man ihn zu $\frac{1}{8}$ oder $\frac{1}{4}$, $\frac{1}{2}$ Gr.
wiederholt, hauptſächlich in gaſtriſchen Krankheiten,
Schleimfiebern, der Waſſerſucht u. a. 1) in *Pulver* mit Zucker, oder 2) in *Solution* von deſtillirten Waſſer, mit bittern Extr.; Mittelſalzen; doch
zerſetzen dieſe leicht den Brechweinſtein, und die
letzten Gaben wirken zu heftig. II. giebt man ihn
gegen das Ende in manchen Krankheiten wo man
die Ausdünſtung oder eine critiſche Eruption befördern will, mit Spiritus Minderer, Rob Sambuci u. a.

L   SVL-

SVLPHVR AVRATVM ANTIMONII.

Goldfarbener Spiesglanzſchwefel. Der ſchwefelichte Theil
: aus dem Spielglanze, welcher noch metalliſche
Theile enthält.

Göttling in Crells n. Entd. 2 B.

Der Spiesglanzſchwefel wird noch öfterer als
der Tartarus emeticus gebraucht. . Er, iſt ſtärker
reizend und erhitzend und paſst daher vorzüglich
1) als ein auflöſendes Mittel in *chroniſchen Krauk-
heiten*, in Verſchleimungen, Verſtopfungen der Ge-
krösdrüſen, bey ſcrophulöſen Zufällen, Verſtopfungen der Eingeweide, in der Waſſerſucht. In Bruſtzufällen, der Engbrüſtigkeit u. a. iſt es eins der
beſten expectorirmittel. 2) in *Hautkrankheiten*,
Rheumatiſmen, der Gicht, Podagra, alten Catarrhen. Er befördert die Ausdünſtung.

Man giebt ihn am beſten 1) in *Pillen* mit
G. Ammoniac. oder Guaiacum, Seife, bittren Extracten, Extr. Cicutae, Merc. dulc., Oxymel ſquil-
litic. zu 1, 2, 3 Gr. Die Kranken vertragen
ihn immer beſſer und in gröſsrer Doſe wenn man
ihn bey vollem Magen nehmen läſst. 2) in *Solution* mit G. Ammoniac.

PRAE-

PRAEPARATE.

1) *Sulphur auratum ontim. liquidum.* (*Gerke* diſſ. de Sulph. aur. liq. in *Baldingers* Sylloge) zu 10, 20 Tropfen. Es darf nicht zu als feyn.

2) *Pulvis alterans Plummeri,* Plummerspulver. Man bedient ſich dieſes Pulvers von 5 bis 10, 15 Gr., oder in Pillen mit bittren Extraćten u. a, (S. 172.).

KERMES MINERALIS.

Mineralkermes, Cartheuſerpulver, wird bey der Bereitung des Spieſglanzſchwefels als Praecipitat erhalten.

Glauber bereitete dieſes Pulver zuerſt. Es ſieht braun aus, und enthält mehr metalliſche Theile als der Spiesglanzſchwefel. Man benutzt es auf eben die Art in Bruſtzufällen, (*Stock* über den Nutzen des min. Kermes in Lungenentz.), in chroniſchen Hautausſchlägen, Verhärtungen der Leber zu ½, 1, 2 Gr. alle 2 Stunden.

VINVM ANTIM. HVXHAMI.

Aus Spiesglanzglas in Spaniſchen Wein aufgelöſt.

Dieſer Wein wirkt als ein ſchweistreibendes Mittel; bey Kindern auch als Brechmittel. Man be-

nutzt

nutzt ihn in *chronischen Hautkrankheiten, Rheumatismen*, der Gicht, alten Catarrhen. In Verstoß
pfungen der Drüsen, Scropheln u. a. Mehrentheils
giebt man ihn allein zu 10, 15, 20 Tropfen und
steigt allmälig, oder 2) in Verbindung mit der
Tinct. Guaiaci, Extr. Aconiti. u. a.

TINCTVRA THEDENII.

Aus Antimonium, Blätterſalz und Weingeiſt digerirt.

Theden n. Bemerk. II. B.

Iſt ebenfalls diaphoretiſch und auflöſend. In
Verſtopfungen der Drüſen, arthritiſchen Schmerzen,
beym verborgenen Krebs? zu 8, 10, 15 Tropfen.

VI. Die chemischen Seifen.

SAPO VVLGARIS.

Die Seife.

Die Seife entſteht aus der Verbindung irgend
einer Fettigkeit mit einem Salze. Es giebt daher
mehrere Arten von Seife, und von verſchiedener
Güte. Die vorzüglichſten ſind, die *venetianiſche*
(Sapo venetus), die *ſpaniſche* (S. alicantin. S. alo-
niens., hispanic.), die *Mandelſeife* (S. amygdaln.);
und die *Cacaoſeife* (S. de Cacao Gravenhorſt). Eine
gute

gute Seife mufs fich in Waffer und Weingeift vollkommen auflöfen. Sie wird durch eine jede Säure
felbft die fchwächften zerfetzt. Auch die Mittelfalze zerfetzen fie, weil die Säure aus dem Salze
fich mit dem Alcali in der Seife vereinigt.

Die Kräfte der Seife hängen hauptfächlich von
dem alcalifchen Salze ab welches mit dem Oel
verbunden ift. Sie ift ein Praeparat welches man
innerlich vollkommen entbehren kann. Ihre Wir?
kungen find ftark reizend und ftimulirend, fie befördert wie alle alcalifchen Salze den Urin, und
dämpft die Säure. Daher empfiehlt man fie 1) in
Verftopfungen der Eingeweide, Verftopfungen der
Drüfen. *Boerhaave* empfahl fie befonders für
Kinder die an Säure leiden mit einem aromatifchen
Waffer aufgelöft. In der Rachitis, Seife mit fel
Tauri. In dem Keichhuften mit G. Ammoniac.
oder Squilla. Auch in, Gelbfucht von Gallen-
fteinen, in der Gicht, dem Podagra, Steinbefchwerden, hier ift fie nicht fehr wirkfam.

Man gebraucht die Seife am beften in *Pillen*
mit andern bittern Mitteln, befonders Ochfengalle,
G. Ammoniac., Squilla, G. Guaiacum. *Stoerk*
gab fie mit Cicuta, *Tiffot* mit Extracten, auch
verbindet man fie mit Merc. dulcis, Sulph. auratum,

L 3   oder

oder 2) mit einem aromatiſchen Waſſer aufgelöſt oder mit Kalkwaſſer. Mittelſalze und Säuren müſſen dabey vermieden werden.

Die Doſis iſt von 5, 10 Gr. zu 1 Scr. ½, 1 bis 3 Drachm. In groſſen Doſen iſt ſie der Geſundheit bisweilen nachtheilig geweſen. Indeſſen haben de *Haen* und *Whytt* Beyſpiele, daſs Perſonen täglich ½, 1 Unze ohne Nachtheil 7, 10 J. läng genommen haben.

Beſonders muſs man damit behutſam ſeyn, 1) wenn der Kranke ſtarkes Fieber hat. 2) wenn er zu Blutflüſſen geneigt iſt, Haemorrhoidalflüſſen u. a. Beym fortgeſetzten Gebrauch ſchwächt ſie die Verdauung ungemein.

Aeuſſerlich gebraucht man die Seife als ein zertheilendes Mittel. In chroniſchen Rheumatiſmen, beym Iſchias äuſſerlich mit Weingeiſt als Catapl. aufgelegt *(Baldinger).* Die *Gichtknoten* hat man ebenfalls dadurch zertheilt. *Van Swieten* empfahl Seife in Milch gekocht als eine Bähung in der Pleuritis, als Rubefaciens. Auſſerdem gebraucht man ſie unter Umſchläge und Salben um Abſceſſe zu maturiren, Als Suppoſitorium bey kleinen Kindern.

PRAE-

PRAEPARATE.

1) Das *Stephenfche lithontripticum:* Aus Kalk-waffer in Verbinduug mit Seife.

2) *Balf. vitae externus.*

3) *Empl. Saponatum.*

4) *Oleum Saponis.*

5) *Balfamus Saponis.*

SAPO ACIDVS.

Die faure Seife.

Macquer (Dictionnaire de Chimie Vol. I.) ift der erfte, welcher durch die Verbindung der mineralifchen Säuren mit Laugenfalz eine wirkliche Seife erhielt. Er empfahl diefes neue Praeparat als ein wirkfames Mittel in Fällen wo man die wahre Seife nicht anwenden kann. (*Cornette* von einer neuen Art die fauren Seifen zu bereiten und von dem Gebrauch derfelben in der Medicin, *Achard, Baumé*).

Nach meinen Verfuchen (Comment. de Oleis. vnguinof.) vermifcht fich das Vitrioloel am genaueften mit dem Oele, und macht die befte Seife. Dies gefchieht am leichteften wenn man das Oel erhitzt. Durch das Alter werden diefe Seifen härter an der Luft aber zerflieffen fie.

L 4　　　　Die

Dieſe Seifen ſind in einem viel ſtärkern Grade reizend und auflöſend als die gemeine Seife. *Cornette* gab bey Verſtopfungen im Unterleibe täglich 2 mal 12 Gran. Auch im Scirrhus in der Bruſt mit gutem Erfolg. Es iſt ein Mittel was noch nicht genug geprüft iſt.

VII. *Einige Queckſilberzubereitungen.*

ARGENTVM VIVVM.

Hydrargyrum virgineum, das rohe Queckſilber, in Spanien, der Pfalz, Crain u. a.

Das Queckſilber in ſeiner rohen Geſtalt äuſſert auf den Körper ganz und gar keine Wirkung. Es giebt Beyſpiele daſs Perſonen nach und nach über 100 Pf. ohne allen Schaden, genoſſen haben; es geht völlig unaufgelöſt durch den Körper.

Unter allen Metallen beſitzt das Queckſilber den höchſten Grad von Theilbarkeit und zugleich eine beträchtliche Schwere; aus dieſer Urſache hat man es in Verſtopfungen, beſonders bey Verſtopfungen der Gedärme vorgeſchlagen und oft benutzt. Es iſt nicht zu läugnen daſs es nicht in einzelnen Fällen geholfen haben ſollte, oft aber iſt eine Entzündung der Eingeweide und Zerreiſſung der Gedärme darnach beobachtet.

Man

Man gebraucht es zu diefer Abficht zu 6, 10,
11 Unzen mit Oelen oder abführenden Mitteln vereinigt.

MERCVRIVS DVLCIS. -

Verfüfstes Queckfilber; aus der Verbindung der Salzfäure
mit dem Queckfilber.

*Hermbftädt in Selle neuen Beyträgen zur Nat.
und Arzneiwiffenfch. 3 Thl.*

Unter allen chemifchen Praeparaten des Queckfilbers ift das verfüfste Queckfilber das gelindefte,
aber es hat die Unbequemlichkeit dafs es am
leichteften von allen den Speichelflufs erregt. Die
Kennzeichen dafs es gehörig bereitet worden, find:
1) dafs es nicht fcharf und äzend ift, 2) es löft
fich in Waffer fchwer auf.

Man gebraucht es unter allen Mercurialprae-
paraten am öfterften als ein *auflöfendes Mittel* 1) in
hartnäckigen Verftopfungen der Eingeweide, Verftopfungen der Leber, der Gekrösdrüfen, Scropheln,
in Quartanfiebern, langwierigen intermitt. Fiebern
und in Verhärtungen aller Art, fowohl äufferlich
eingerieben als innerlich. (*Houlfton* über den
Gebrauch des Queckfilbers). In Verhaltung der monatlichen Reinigung von Schwäche (*Watfon* von
den guten Wirkungen des Calomels in Verftopfun-

L 5   gen

gen). 2) in *Hautkrankheiten* aller Art. 3) in *Waſſerſuchten*, es wirkt ganz vorzüglich auf die lymphatiſchen Gefäſſe (*Lyſon* von Wechſelfiebern und der Waſſerſucht), bey der Kopfwaſſerſucht (*Dobſon* und *Percivall*, Edinb. med. Comment. Vol. V. VI. Lond. med. Obſ. and Inq. T. IV. *Odier* von der Waſſerſucht in den Gehirnhölen). In Zufällen während des Zahnens der Kinder, beſonders bey dem ſchleichenden Fieber mit Verſtopfung empfiehlt *Armſtrong* als eins der wirkſamſten Mittel den Merc. dulcis zu $\frac{1}{4}$, $\frac{1}{2}$, 1. 4 Gr. alle Abend gegeben, und am folgenden Morgen eine Abführung aus der Tinct. Rhei und ähnl. 5) bey *Würmern* beſonders gegen den Wurmſchleim. 6) bey dem *beſchwerlichen Schlingen*, (von *Geuns* vom beſchwerlichen Schlingen, *Brisbane* auserleſne Fälle). 7) bey *wäſrichten* und *langwierigen Augenentzündungen* empfahl es *Cullen* als eins der beſten Mittel. 7) in *Blattern:* nicht als ein Mittel um das Blatterngift zu entkräften, oder ganz zu unterdrücken, ſondern als ein Vorbereitungsmittel, vorzüglich bey ſcrophulöſen Kindern (*Hufeland* über die Blattern) und bey gallichten Unreinigkeiten; auch *während* der Salivation in Blattern macht er den Schleim im Halſe und der Bruſt lockerer, und unterſtützt die Füllung

der

der Blattern. 8) bey arthritifchen und rheumatifchen Zufällen beym Hüftweh, innerlich und äufferlich. 9) in der *Hydrophobie* (*Hach* diff. de
vfu Mercurii dulcis in Hydrophobia 1761). 10)
bey *Tetanus* und *Trifmus*. In Oft- und Weftindien
gebraucht man ihn auch bey innern Entzündungen,
in Entzündungen der Leber, dem Seitenftich,
der Ruhr (*Lind* vom Gebrauch des Queckfilbers
in Entzündungen und der Ruhr) *Hamilton*
Edinb. Med. Comment. 1783, 84., er verträgt fich
mit dem inflammatorifchen Fiebercharacter bey gehöriger Vorficht recht gut. Man bedient fich des
Merc. dulcis 1) in Pulver zu $\frac{1}{2}$, 1, 2 Gr. u. m.
mit Zucker, oder 2) in Pillen mit Sulph. Aurat.
Antim. mit Kampher, Opium oder andern auflöfenden Mitteln, G. Guaiac. G. Ammoniac. Seife, bittern Extr. Cort. Peruv. Unter allen Verbindungen
verhindert der Camph. den Speichelflufs noch am
beften, er pafst aber nicht überall.

)

C A L O M E L.

(Panacea Mercurialis).

Wird auf eben die Art gebraucht. Es ift ein
unficheres Mittel, weil durch die wiederholten Su-
blimationen das verfüfste Queckfilber wieder zum
Theil äzend wird (*Moench*).

AE-

AETHIOPS MINERALIS.

Der mineralische Mohr aus Schwefel und Mercurius vereinigt.

Die Bereitungsart diefes Praeparats ift fehr verfchieden, und das Verhältnifs des Schwefels zu dem Queckfilber ungleich. Es bewirkt ebenfalls leicht Salivation. Man giebt es zu 1, 2, bis 10 Gr. in Hautausfchlägen, Drüfengefchwulften u. a. wie den Merc. dulcis. Es wird felten gebraucht.

AETHIOPS ANTIMONIALIS.

Aus Queckfilber, Spiesglanz und Schwefel.

Huxham empfahl diefe Verbindung zuerft. Es ift ein fehr wirkfames, auflöfendes und fchweistreibendes Mittel, und wirkt nicht fo leicht auf die Speicheldrüfen. Man gebraucht es hauptfächlich in rheumatifchen Zufällen, der Gicht, in Verfchleimungen oder Verftopfungen der Eingeweide; in Hautausfchlägen: *Boerhaave* und *Cotunni* haben es vorzugsweife in Blattern empfohlen.

PVLVIS ET PILVLAE ALTERANTES PLVMERI.

Das Pulver befteht aus 2 Theilen Merc. dulcis und 1 Theil Sulph. aurat. antim. Die Pillen aus Merc. dulc., Sulph. aurat. antim. und Extracten

mit

mit einem Syrup zu Pillen gemacht. In Hautkrankheiten, Verflopfung der Drüfen, alten Rheumatifmen, Scropheln, der Wafferfucht u. a.

PILVLAE AETHIOPICAE, *Ph. Edinb.*

Sie find noch wirkfamer als die Plummerfchen
Pillen, und treiben den Schweis flärker. Man benutzt fie hauptfächlich in Hautkrankheiten.

MERCVRIVS SVBLIMATVS
CORROSIVVS.

Aezender Sublimat aus der Verbindung des Queckfilbers
mit der Salzfäure.

Göttling Almanach für Scheidek. v. J. 1789.

Der Sublimat wird in Holland in eignen Fabriken bereitet, und von da aus verfchickt. Er war
fchon den Arabern bekannt. Im 16. Saec. ward
er als ein Arcanum gegen die Luflfeuche gebraucht,
und in der Folge hat *von Swieten* das meifte
dazu beygetragen, dafs fein Gebrauch fo allgemein
geworden ift.

Von dem verfüfsten Queckfilber unterfcheidet
fich der Sublimat hauptfächlich darinn, dafs er 1)
fo viel Kochfalzfäure enthält, als er nur faffen
kann, 2) er ift in Waffer leicht auflöslich und 3)
eins

eins der fürchterlichsten Gifte. (*Sallin* Bemerk.
über die Wirkungen einiger Gifte). Sonst war er
auch noch mit dem Arsenik verfälscht.

In seinen Wirkungen ist der Sublimat sehr un-
sicher weil das Verhältniß seiner Bestandtheile nicht
gleich ist (*Scopoli* in *Crells* Annalen v. J. 1784).
Häufig erfolgen auch nach der Anwendung Blut-
speyen, Erbrechen, Coliken, Magenkrämpfe und
Auszehrungen (*Girtanner*).

Dagegen besteht seine gute Seite darinn: 1)
daß er gemeiniglich sehr bald hilft wiewohl nicht
anhaltend, 2) daß er nicht so leicht Salivation
erregt, und 3) daß er überhaupt ein sehr beque-
mes Mittel ist, wobey der Kranke sich nicht sehr
in acht zu nehmen braucht.

Bey dem Gebrauch desselben wird es um so
mehr erforderlich daß man mit Vorsicht verfährt.
Bey zarten, schwächlichen Personen paßt er ganz und
gar nicht, auch nicht bey Fehlern in der Brust,
und bey Schwangern. Die Erfahrungen der ange-
sehensten Aerzte sind überhaupt mehr gegen als für
den Gebrauch.

Außer den venerischen Zufällen benutzt man
ihn 1) in *hartnäckigen Hautkrankheiten*, 2) in
bösarti-

bösartigen *scrophulösen Geschwüren* und in *Krebsge-*
schwüren (Iustamond Beschreibung von Heilarten in Krebsgeschwüren). Man giebt ihn von $\frac{1}{16}$,
$\frac{1}{8}$, $\frac{1}{4}$, $\frac{1}{2}$ Gran bis zu einem Gran nach und nach:
1) in *Solution* in Waſſer mit einem Syrup ver-
miſcht, oder um die Auflöſung zu befördern mit
Salmiak. Die *Swietenſche* Solution in Brandtwein iſt ſehr widerlich. Bey empfindlichen Perſonen iſt die Verbindung mit Opium die beſte. 2) in
Pillen. Nach *Hoffmanns* Methode (pilulae
maiores Hoffm.) Sublimat mit Brodkrumen; oder
nach *Baylies* (pil. ſine pari), Sublimat, mit
Opium, Campher und Sal Tartari; oder nach *Ci-*
rillo Sublimat, mit Salmiak, Opium und rad. Sar-
ſaparillae. Bey dem Gebrauch des Sublimats läſst
man am beſten ſchleimichte Getränke, Milch, eine
Taſſe Chocolade und ähnl. nehmen.

Aeuſſerlich iſt eine Auflöſung des Sublimats
bey hartnäckigen Augenentzündungen, Jucken und
Hitze der Augenlieder, und veneriſchen Flecken
der Hornhaut ſehr wirkſam (*Ware* Bemerk. über
die Augenentzündung).

MER-

MERCVRIVS CINEREVS.

Aus Queckſilber in kalter Salpeterſäure aufgelöſt und
mit flüchtigem Laugenſalz niedergeſchlagen.

Dies Praeparat hat eine aſchgraue Farbe und
iſt eins der beſten Mittel in veneriſchen Zufällen,
Hautausſchlägen u. a. Man giebt es von 1, 2 Gr.
bis zu 6 Granen täglich in *Pulver* mit Zucker,
oder in *Pillen* mit G. Guaiac. Kampher, Opium.

MERCVRIVS SOLVBILIS HAHNEMANNI.

Aus dem Queckſilber in Scheidewaſſer aufgelöſt und mit
Kalkwaſſer oder Salmiakgeiſt gefällt.

*Hahnemann, Unterr. über die vener. Krankh. nebſt ei-
nem neuen Queckſilber - Praeparat 1789.*

Nach der erſten Bereitung wird der Nieder-
ſchlag dunkel, ſchwarzgrau, nach der zweiten
weislicht. Er bewirkt ſchwerer als andre Mittel
den Speichelfluſs und läſst ſich ſehr leicht auflöſen.
Man gebraucht ihn zu ½, 1 Gr. und ſteigt täglich um ½ bis 1 Gr. in veneriſchen Zufällen.

MERCVRIVS GVMMOSVS PLENKII.

Aus Queckſilber mit G. arabic. zuſammengerieben.

Dies Mittel gehört unter die entbehrlichen
Queckſilberzubereitungen. Das Queckſilber iſt in
die-

diefer Verbindung blos zertheilt und nicht aufgelöst,
dadurch kommt eine Menge Queckfilber in dem
Körper, welche ganz unwirkfam ift und fo wieder fortgeht. Aufferdem ift die Dofis unficher
und man kann nicht beftimmen wie viel Queckfilber in den Körper gebracht wird. Man gebraucht
dies Praeparat 1) in *Solution* mit Waffer oder
Milch; diefe Form hat den Nachtheil daß das
Queckfilber fich wieder trennt. 2) in *Pillen*; diefe
müffen immer frifch bereitet werden, weil fie
fonft zu hart und trocken find.

PILVLAE MERCVRIAL. *Ph. Edinb.*

Aus gleichen Theilen Queckfilber und Honig mit Brodkrumen zu Pillen gemacht.

MERC. ALCALISATVS.

Aus rohem Queckfilber mit Krebsfteinen oder Bitterfalzerde zufammengerieben.

MERC. TARTARISATVS.

Aus dem rohen Queckfilber und Cremortartari.

MERC. SACCHARATVS.

Aus Queckfilber und Zucker.
Sind ebenfalls entbehrliche Praeparate.

M   AR-

*   *   *

ARSENICVM.

Arſenicum album, rubrum; Auripigmentum. Wird ſowohl im metalliſchen als verkalkten Zuſtande angetroffen,
und aus den meiſten Erzen als ein Nebenprodukt
gewonnen.

Der reine weiſſe Arſenik hat einen ſehr brennenden äzenden Geſchmak, welcher anfangs etwas
ſüslicht ſeyn ſoll. Wenige Grane wirken ſchon
als ein fürchterliches Gift, und man hat in Sectio-
nen ſolcher Vergifteten den Magen und die Gedärme heftig entzündet, widernatürlich aufgetrieben,
und mit Brandflecken überall bedeckt gefunden. In
geringerer Gabe erregt er Zittern der Glieder, Magenkrämpfe, Lähmungen und eine langwierige Aus-.
zehrung. In Flüſſigkeiten entdeckt man den Arſenik am leichteſten durch die *Hahnemanniſche*
flüchtige Schwefelleber; (über die Arſenikvergif-
tung, ihre Hülfe und gerichtliche Ausmittelung).
Wenn man ihn auf Kohlen ſtreut, giebt er einen
Knoblauchsgeruch von ſich, eine Eigenſchaft die
ihn beſonders kenntlich macht. Ohnerachtet aller
fürchterlichen Eigenſchaften iſt der Gebrauch des
‑Arſeniks in bösartigen Geſchwüren ſehr alt; (*Fer-
nelius, Degner*) nur haben ihn die traurigen

Nach-

Nachrichten die man hin und wieder davon findet
in Vergeſſenheit gebracht. In neuern Zeiten iſt er
aufs neue in mehrern Krankheiten empfohlen. Ein
Hauptgrund dieſer bösartigen Wirkungen liegt ohne
Zweifel darinn, daſs man ihn nicht gehörig gebraucht hat, und daſs er in der bloſſen Solution,
worinn man ihn am meiſten anwendete wahrſcheinlich zu ungleich vertheilt geweſen. In den Händen
eines vorſichtigen und erfahrnen Arztes hört der
Arſenik auf ein Gift zu ſeyn, und er kann vielleicht als ein ſehr wirkſames Mittel noch einmal
in Gebrauch kommen. Es kommt überhaupt ſehr
viel darauf an wie der Arſenik in den Körper gebracht wird. Mit Fettigkeiten oder Schleimen vermiſcht ſind viele Grane nicht ſo gefährlich als ein
Gran in der bloſſen Auflöſung mit Waſſer.

Unter den Neuern empfahl *le Febure* den
Arſenik ſowohl innerlich als äuſſerlich, als eins
der wirkſamſten Mittel gegen den *Krebs* (remede
eprouvé pour guerir radicalement le Cancer; *Thilenius, Bernard, Juſtamond, Rönnow*) und
man hat ſeitdem entdeckt, daſs er in mehrern be-
rühmten Arcanis gegen den Krebs, ein Hauptbe-
ſtandtheil iſt. In krebsartigen Geſchwüren bewirkt
er gemeiniglich ſehr bald eine Beſſerung, die aber
nach meinen Erfahrungen bis auf einen gewiſſen

Punct

Punct stille steht, und nicht fortgeht. Vielleicht wirkt er hier blos als ein gelindes Corrosivmittel. 2) *in hartnäckigen Hautausschlägen*, Flechten u. a. *Adair* (Lond. med. Comment. for 83, 84) gab $\frac{1}{8}$ Gran mit Flor. Sulphuris. 3) *in intermittirenden Fiebern*, (*Willan* Lond. med. journ. 1786; *Fowler* med. rapports of the effects of Arsenic in the cure of ague, remitting fevers and periodic headachs). Man fängt an den Arsenik als ein Substitut der theuren Chinarinde zu gebrauchen; und in keiner einzigen Krankheit hat man ihn mit so glücklichem Erfolg gegeben als in dieser: $\frac{1}{2}$ Gran Arsenik nach und nach gegeben hebt das Fieber oft weit zuverlässiger als mehrere Unzen Chinarinde. *Fowler* läfst 64 Gran weissen Arsenik mit gleichen Theilen Pottasche und $\frac{1}{2}$ Pf. destillirtem Wasser langsam im Sandbade kochen bis der Arsenik ganz aufgelöst ist; wenn die Auflösung kalt ist, giefst er ein Loth zusammengesetzten Lavendelgeist hinzu, und so viel Brunnenwasser dafs alles zusammen ein Pfund beträgt. Von dieser Mischung enthalten jede 80 Tropfen $\frac{1}{2}$ Gr. Arsenik, und davon läfst er nun ausser dem Anfall zweymal täglich Kindern von zwey Jahren 2 Tropfen, Erwachsenen 10 bis 12 Tropfen (also kaum $\frac{1}{15}$ Gr.) nehmen. Die Auflösung nennt er *mineralische Solution*. *Morveau* läfst

läfst den Arfenik mit Salpeter zufammenglühen, und bereitet dadurch ein Salz welches die fchädlichen Eigenfchaften des Arfeniks in geringerm Grade befitzt. Es ift kein Zweifel, wenn anders der Arfenik vorzügliche Heilkräfte befitzt, dafs man nicht eine völlig fichere Art ihn anzuwenden ausfindig machen follte.

Statt des innern Gebrauchs läfst man in England auch den Arfenik äufferlich als Salbe in die flache Hand einreiben, befonders in alten Waffer-fuchten, und er wirkt hier als ein kräftiges diure-tifches Mittel. Auf alle Fälle erfordert die Anwen-dung deffelben grofse Vorficht und Behutfamkeit.

Das wirkfamfte Gegenmittel in Fällen der Ver-giftung, ift die *Seife* (*Hahnemann* am angef. Orte). Man läfst 1 Pf. Seife in 4 Pf. Waffer auf-löfen und davon lauwarm alle drey oder 4 Minu-ten eine Taffe trinken. Eine erwachfene Perfon kann von diefer Auflöfung innerhalb 2 Stunden vier Pf. ohne Schaden trinken, ein Kind von 6 bis 8 Jahren ein Pfund, und fo im Verhälmifs. Auf-ferdem Fette, fchleimichte Mittel, Oele, Butter, fette Suppen, Milch, fette oelichte Klyftire, auch Säuren, befonders Effig. Die Schwefelleber welche *Navier* (v. d. Gegengiften) empfahl, wirkt nicht fchnell genug.

M 2   TERRA

TERRA PONDEROSA MVRIATA.

Salzſaure Schwererde, aus der Schwererde mit Salzſäure
geſättigt.

Die Schwererde wirkt beynahe wie der Arſenik, als eins der fürchterlichſten Gifte auf den thieriſchen Körper. Vier Grane ſind gemeiniglich ſchon
für Thiere mittler Gröſſe tödlich.

Vor einiger Zeit iſt dieſes Praeparat zuerſt von
Crawford als eins der wirkſamſten Mittel in
Scropheln und hartnäckigen Hautkrankheiten empfohlen. Er läſst zwey Gran von der Terra
pond. muriata in zwey Unzen deſt. Waſſer auflöſen, und davon täglich einigemale 50, 60 bis 100
Tropfen mit Waſſer nehmen. Aeuſſerlich läſst er
die ſcrophulöſen Verhärtungen und die Hautaus-
ſchläge zugleich damit waſchen. Die Erfahrungen
andrer Aerzte müſſen noch entſcheiden.

Vierte

Vierte Klaffe.

Stärkende Mittel; *Roborantia, Tonica.*

Die Fafern des menfchlichen Körpers beftehen aus einer Reihe von Endtheilchen, welche durch den thierifchen Leim mit einander verbunden find. Nach der verfchiedenen Confiftenz des Leims und dem Verhältnifs diefer Theile, nimmt man nun an, dafs die Fafern des Körpers entweder ihren gehörigen Grad von *Stärke* und *Tonus* befitzen, oder bald weicher und weniger *elaftifch,* bald fpröder, fteifer und härter werden: die Folge davon ift Schwäche des Körpers, und fo entftanden die Krankheiten a Laxitate und Rigiditate fibrarum der Alten. Nach diefen vorausgefetzten Begriffen find ftärkende Mittel alfo: 1) folche welche den Zufammenhang der Fafern vermehren und den zu wäfrichten Zuftand des Leims verbeffern, oder 2) den Körper anfeuchten und die Härte und Steifheit vermindern.

Bey der Beftimmung diefer Lehren hat man unläugbar zu fehr auf die Beftandtheile

der

der thierifchen Fafer welche die Chemie darlegen
kann Rückficht genommen; es war daher natürlich dafs die Erklärung der Wirkungen der ftärkenden Mittel auch zu mechanifch ausfallen
mufte, wie fie unter den Händen des Lohgerbers
wirken.

Weit natürlicher, und auf die Erfcheinungen
in Krankheiten ungleich mehr anwendbar, laffen
fich die Grundurfachen der Stärke oder der Schwäche
der feften Theile aus der eigenthümlichen Kraft
der Muskelfafer, der *Irritabilität*, und dem verfchiedenen Zuftande derfelben ableiten; ein Grund-
principium unfers Körpers, wovon wir noch fo
wenig wiffen, und worauf wir noch weniger bisher Rückficht genommen haben. Dies beweifen
die Verfuche wo man Muskeln durch die Kunft
die Irritabilität benommen hat. So wirken viele
der fürchterlichften Gifte, Contagia, faulichte
Krankheiten und ähnlichen mit plötzlicher Erfchöp-
fung der Lebenskräfte, und äufferfter Schwäche,
weil fie das Lebensprincipium felbft angreifen, die
Irritabilität vermindern oder zerftören, oder fie erhöhen und vielleicht verändern; der materielle Zuftand der Fafern ift nun die Folge diefer Veränderung. Der thierifche Leim fcheint blos das Vehiculum

culum diefes Princips zu feyn, welches man über das Vehiculum ganz vergeffen hat.

Es ist daher wahrfcheinlicher dafs die stärkenden tonifchen Mittel eine vorzügliche Verwandtfchaft mit dem Principio der Irritabilität befitzen, oder vorzüglich auf die Irritabilität wirken. Wir fühlen uns oft augenblicklich durch den Genufs diefer Mittel gestärkt, alle Functionen des Körpers gehen beffer und lebhafter von Statten; — wie wäre dies möglich wenn erst der zu wäfrichte Leim, und die fchlaffe Fafern müften durch den ganzen Körper zufammengegerbt werden? Dies Principium aber wirkt nicht ifolirt, fondern hängt mit der Nervenkraft, und diefe wieder umgekehrt hiemit genau zufammen; und fo wird es begreiflich, wie die äuffern Gegenstände und mannigfaltige Eindrücke unferm Körper in fo kurzen Zwifchenzeiten bald das Gefühl der Stärke geben, bald in Schwäche und Unthätigkeit verfetzen.

Der Zustand der Schwäche ist entweder allgemein, oder nur in einzelnen Theilen. Die Alten hatten für diefe eigne Klaffen von Mitteln, von welchen die *magenstärkenden* Mittel die einzigsten find, welche der Abficht entfprechen.

M 5 Man

Man kann im allgemeinen die Urſachen der Schwäche, ſo vermiſcht ſie in individuellen Fällen auch ſeyn können, auf zwey Hauptklaſſen feſtſetzen: I. Schwäche von einem Verluſt oder Mangel der zum Leben nöthigen Säfte (man könnte ſie Lebensmaterie nennen), z. B. nach ſtarken Blutflüſſen, langwierigen Eiterungen u. ähnl. II. Schwäche der Lebenskräfte, als Urſache oder Folge von Krankheiten. Erſtere erfordert *diaetetiſche* Mittel, oder Nahrungsmittel überhaupt, die letztere die Klaſſe der ſtärkenden Arzneimittel.

Zu dieſen zählt man:

A. aus dem Pflanzenreich.

   1. die reinen bittern Gewächſe (*amara*).

   2. bittre balſamiſche (*amara aromatica*).

   3. die gelinde zuſammenziehenden Gewächſe (*adſtringentia*).

   4. geiſtige gegohrne Mittel (S. 80.).

B. aus dem Thierreich.

   1. die Galle; *Fel tauri.*

C. aus dem Mineralreich.

Die mineraliſchen Arzneimittel welche ein eignes zuſammenziehendes Weſen enthalten (*ſtyptica*).

Alle

Alle diefe Mittel find dem gefunden Körper
überhaupt nachtheilig, wenigftens vermehren fie die
Stärke des gefunden Körpers nicht. In vielen Krankheiten darf man nur mit grofser Vorficht davon
Gebrauch machen. Befonders darf man fie nicht
zu früh anwenden, wenn die Krankheit von einer
materiellen Urfache herrührt, welche ausgeführt
werden mufs. Allein dies erfordert eine genaue
Beurtheilungskraft, und auf der andern Seite ift es
faft noch nachtheiliger wenn fie zu fpät gebraucht
werden, und die Schwäche fchon zu fehr Ueber-
hand genommen hat. Auch bey Verftopfungen in
den Eingeweiden bekommen fie gemeiniglich nicht
fo gut, und man mufs fie daher zuweilen mit andern Mitteln verbinden, oder mit diefen abwech-
feln. Einige diefer Mittel werden durch den langen Gebrauch der Gefundheit noch befonders nachtheilig.

A. Aus

A. Aus dem Pflanzenreich.

I. *Bittre Arzneimittel.*

*Percivall Verſuch mit den zuſammenzie-
henden und bittern Mitteln.* *Hales Statik des
Geblüts.* p. 119.

LIGNVM· QVASSIAE.

Quaſſia amara L. Quaſſienholz, Surinameſcher Bitterholz-
baum; im ſüdlichen America, Suriname, Cayenne,
St. Croix. An Flüſſen.

Rozier.Obſ. ſur la Phyſique. A. 1777. Fevr.

Seit dem Jahre 1756 iſt das Quaſſienholz in
Europa bekannt. Es wird von dem Stamme und
den Aeſten genommen, und hat einen reinen bittern Geſchmak. Das Holz von dem Stamm iſt beſſer als das von den Zweigen; in America gebraucht
man auch die Wurzel, dieſe iſt noch wirkſamer,
allein nie ächt zu haben. Die Quaſſie unterſcheidet
ſich von andern bittern Mitteln hauptſächlich darinn: 1) daſs ſie den Körper nicht ſo ſehr erhitzt.
2) daſs ſie nicht ſo leicht Abführung erregt. 3) daſs
ſie den Magen nicht beſchwert. Sie iſt beſonders
ſchätzbar bey einer *Schwäche der Verdauungswerkzeuge*, bey habituellen Diarrhoeen wegen Schwäche

der

der Gedärme, Coliken, Mangel an Appetit, Magenfchmerzen bey Perfonen welche eine fitzende Lebensart führen *(Tiffot)*, bey Hyfterifchen oder Hypochondriften, in Gichtbefchwerden u. a. Bey einer Säure im Magen. Sie verbeffert die Säure wie alle bittern Mittel.

In vielen Fällen vertritt fie die Stelle der Chinarinde, wenn diefe Befchwerden verurfacht. *Lettfom* hat beobachtet dafs ftarke Trinker gemeiniglich die Chinarinde nicht wohl vertragen, und dafs die Quaffia unter folchen Umftänden wohl bekömmt. (Lond. med. Journal.).

Man gebraucht die Quaffie: 1) im *Decoct* oder Aufgufs mit Waffer, oder man fetzt etwas Wein, oder Aqua cinam, Tinct. Cort. aurant. Aether Vitrioli hinzu um den Gefchmak zu verbeffern. 2) man giebt das Extractum Quaffiae in Pillenform zu 15 Gr. 1 Scrup.

PRAEPARATE.

1) *Extractum ligni Quaffiae aquofum.*

2) *Tinctura Quaffiae.*

CORTEX

CORTEX SIMARVBAE.

(*Quaſſia Simaruba* L.). Simarubenrinde, aus dem ſüdlichen America, Guiana.

Man gebraucht blos die Rinde des Holzes, Sie
iſt geruchlos, zähe und rein bitter. Zuſammenziehend iſt ſie nicht. *Anton von Juſſieu* verſuchte ſie zuerſt in der Ruhr, und *Degner*,
Pringle, *Zimmermann*, *Monro* u. m. haben
ſie ſehr gerühmt. Sie paſst vorzüglich wenn die
Unreinigkeiten ſchon ausgeleert ſind, um die
Schwäche des Darmkanals zu heben, auch in
chroniſchen Durchfällen, (*Baumes* über den Gebrauch der Ipecacuanha und Simaruba in der Ruhr)
bey dem weiſſen Fluſs u. a.

Man verſchreibt ſie am beſten im *Decoſt*,
oder im *Aufguſs* mit Waſſer, oder mit rothem
Wein und Waſſer vermiſcht. Eine Unze wird
mit zwey Pf. Waſſer zur Hälfte eingekocht, und
davon läſst man Eſslöffelweiſe nehmen. Man kann
ſie auch mit Rhabarber verbinden.

Aeuſſerlich benutzt man das Decoct zu Klyſtiren, und zu Injectionen im Fluor albus.

Hicher gehören auch die bittern Extracte
(S. 135.).

II. Bittre

‛II. *Bittre aromatifche Gewächfe.*

CORTEX PERVVIANVS.

Cinchona officinalis L. Chinarinde, Fieberrinde, Kinkina.
Wächft im füdlichen America, Peru, Quito, Loxa.
An Bergen und Flüffen.

Die Chinarinde ward zuerft im Jahr 1638 bekannt. Im Jahr 1640 kam fie durch die Gräfin *del Cinchon* nach Spanien, und 1679 verkaufte fie *Robert Tabor* als ein Geheimnis an König L u d- w i g XIV. von Frankreich. Seit diefer Zeit ift fie allgemein geworden.

Die Rinde hat einen erdichten, bittern, etwas zufammenziehenden Gefchmak der ein Pricklen auf der Zunge verurfacht, und einen nur wenigen Menfchen unangenehmen Geruch. Sie wird von den Aeften fowohl als von dem Stamme genommen und durcheinander in Thierhäuten verfchickt. Von diefen machen die Materialiften eine Auslefe. Gewöhnlich ift fie aufgerollt oder platt, oft runzlicht und bemooft.

Eine gute Rinde mufs 1) äufferlich glatt feyn und inwendig glänzend und braunroth, 2) fie mufs kurz und egal zerbrechen, und 3) eine verhältnifsmäffige Schwere befitzen. Es ift einerley

ob

ob ſie dick - oder dünnſchalicht iſt. Durch die
chemiſche Analyſe hat man erdichte, ſchleimige,
harzichte, eiſenartige und flüchtige Beſtandtheile
darinn entdeckt.

Die Hauptkräfte der Chinarinde ſind ſtimuli-
rend, adſtringirend und antiſeptiſch. Sie iſt in einem höheren Grade ſtärkend, und erhitzt weniger
als irgend ein andres bittres Mittel.

Sie iſt 1) das Hauptmittel gegen *intermitti-
rende Fieber*, und man giebt ſie nunmehr der Erfahrung zu Folge, nach einigen vorhergängigen
Ausleerungen gleich vom Anfange des Fiebers mit
dem beſten Erfolg. (*Cleghorn, Lind, Cullen,
Gregory*). Vorzüglich nothwendig iſt ſie in
Herbſtfiebern und in Quartanfiebern, weil lange anhaltende Fieber Verhärtungen und Verſtopfungen
der Eingeweide verurſachen. In *bösartigen intermittirenden Fiebern* empfahlen ſie vorzüglich *Torti*
und *Sydenham, Hoffmann, Pringle, Se-
nac, Whytt.* In Fiebern mit apoplectiſchen
Zufällen (*Morton*). In dem ſo genannten Tod-
tenfieber (*Werlhof*).

Ferner in allen Krankheiten welche in ihrem
Verlauf etwas *periodiſches* haben. Im periodiſchen
Kopffchmerz (*Morton*). Bey periodiſcher Augen-
entzün-

entzündungen *(Torti)*, periodifchem Wahnfinn
(Willemfe). De *Haen* heilte durch die Rinde
einen Bruftkrebs mit periodif iien Schmerzen.

In *Entzündungsfiebern*, wenn fie die Geftalt
der intermittirenden Fieber annehmen *(Senac)*.
In catarrhalifchen Befchwerden, dem Rheumatifmus.
In der Gicht *(Lifter)*. Im Podagra *(Sydenham)*. 2) in *krampfhaften convulfiven Zufällen*
aller Art, vorzüglich im krampfhaften *Keichhuften*
(Sydenham,, Millar, Brendel, Murray).
Nach vorherigen Ausleerungen im Nervenafthma
(Floyer) in der Epilepfie *(van Swieten, Tiffot, Grainger)*. Im Veitstanz, beym fardoni-
fchen Lachen *(Olivier)*, heftigen Niefen *(Bergius)*. Im Tetanus *(Biffet)*. 3) in fogenannten *Nervenfiebern*, hypochondrifchen und hyfterifchen Zufällen *(Whytt, Tiffot)*. 4) in *auszehrenden Krankheiten*. Bey der Difpofition zur
Schwindfucht ift fie eins der 'beften Mittel; in der
eigentlichen Schwindfucht pafst fie nicht fo lange
noch Entzündung zugegen ift. In der tabes dor-
'fualis *(Tiffot)*, beym weiffen Flufs und andern
Ausleerungen. 5) in allen Fällen wo Schwäche
des Körpers, oder irgend einer Function Urfache
oder Folge von Krankheiten ift; daher beym Anfange der Wafferfucht, bey der Harnruhr, in der

N   Rachi-

Rachitis, in Scropheln, im Scorbut und zur Nachkur in Krankheiten.

Eine vorzügliche Stelle behauptet die China-
rinde auch 6) unter den *antifeptifchen* Mitteln. In
bösartigen Faulfiebern (*Pringle, Monro, Vogel*). Im kalten Brande (*Pringle, Pott,
Schmucker*). In bösaatigen zufammenfließenden
Blattern; in Blutblattern (*Mead*), in brandichten
Blattern (*Hazon*), in der Gürtelkrankheit (*Fordyce*). In der bösartigen Bräune (*Huxham,
Johnfton*). Als Praefervativmittel gegen die
Peft (*Ruffel* hift. ef Aleppo). 7) in *Profluviis*
aller Art. In Blutflüffen (*Mellin*), gegen die
Rückfälle des Blutfpeyens (*Morton, Hoffmann*). In langwierigen Durchfällen (*Klein*),
in der Ruhr (*Monro*).

Aeufferlich ift der Gebrauch der Chinarinde
ebenfalls fehr wichtig. Im kalten Brande, in bösartigen Gefchwüren um die Eiterung zu verbeffern,
in dem Beinfrafs. Auch als Umfchlag gegen po-
dagrifche Schmerzen, - in Augenentzündungen u. a.
Die wirkfamfte Form die Fieberrinde, anzuwenden ift
im *Pulver* zu ¦, 1 Scr. ¦ bis 2 Dr. und darüber.
Man giebt diefes am beften mit Milch angerührt,
und mit etwas Zucker verfüßt (*Mellin*), oder
mit

mit Mandelmilch. Aufferdem 2) in *Infufum* mit kaltem Waffer, oder mit geifligen Mitteln vorzüg-lich mit Rheinwein oder guten rothen Wein. 3) im *Decoct*; dies ift nicht fo wirkfam, weil durch das Kochen zu viel Theile verlohren gehen, und ein grofser Theil noch bey der Colatur zurückbleibt. 4) im *Extract* mit Weingeift, oder mit bloffem Waffer; Extr. de la Garaye, (Sal Corticis Peruviani). Man giebt es in Pillen zu 10 Gr. ½, 1 Dr., mit andern bittern Extracten oder in Pulver. 5) als *Lattwerge.*

Die Kräfte der Chinarinde werden noch durch den Zufatz von mancherley Mitteln fehr vermehrt. So verflärken der Alaun, der Effig, und Spir. Vi-trioli die adftringirende und antifeptifche Kraft; die ftimulirende, nervenflärkende Eigenfchaft wird durch Valeriana, Serpent. virgin., Kampher, Cinamom., Ol. Cajeput und Opium erhöht. Um alle wirkfa-men Theile auszuziehen, macht man einen Zufatz von einigen Granen Sal Tartari (*Lunel* in Roux Journ. de Medec. 1789.), zu jeder Uize.

Man pflegt zuweilen noch mit der Chinarinde Kalkwaffer zu verbinden, dies ift eine unfchickliche und unwirkfame Verbindung (*Irrwing* Verfuche).

Bey dem Gebrauch der Chinarinde entstehen oft allerley Beschwerden, welche überaus lästig sind, und die freye Anwendung derselben oft verhindern. 1) *zuweilen erregt sie Erbrechen*, am meisten wenn man sie in Pulver nehmen läfst. Man kann dies einigermassen verhüten wenn man die Form verändert, am besten bekömmt noch der Aufgufs mit Wein, oder die Tinct. Cort. Peruv. 2) sie *erregt Beschwerden im Magen.* In diesem Falle verbindet man sie am zuträglichsten mit einem aromatischen Mittel, oder mit rothen Wein. 3) sie *verursacht Durchfälle*, dis verhütet man am besten durch den Zusatz von Opium, Laudan. liquid. Sydenh. 4) sie *erregt Verstopfung*, man mufs sie mit Rhabarber und ähnl. verbinden. *Cornette* (Hist. de l'acad. roy. de Medec. A. 1782) empfiehlt besonders den Zusatz von Brechweinstein. Er läfst eine Unze China mit 1 Scrup. Brechweinstein zusammenkochen. Diese Mischung befördert die Oeffnung und den Schweis, ohne Brechen zu erregen.

Aeusserlich gebraucht man die Chinarinde in Klystiren; man hat sie auch zu Fusbädern (*Alexander*), zu Umschlägen (Med. Obf. and Inq. T. II.), zwischen Kleidern (*Pye*) empfohlen.

Unter der grossen Menge von Substituten welche man der Chinarinde an die Seite gesetzt hat,

hat, find der *Cortex Hippocaſtani*, *C. Salicis*, das *Geum urbanum*, *C. Caſcarillae*, *Flores Chamomillae* die wirkſamſten. Als Fiebermittel werden auch die bittren, aromatiſchen Mittel oft als Hausmittel ſtatt der Chinarinde gebraucht.

PRAEPARATE.

1) *Extraĉtum Cort. Peruviani.*

2) *Tinĉtura Cort. Peruv.* Ph. Edinb. und Lond.

3) *Syrupus Cort. Peruv.* aus Chinarinde, Zimmt in rothen Wein eingeweicht und mit Zucker aufgekocht, für Kinder zu ½, 1 Unze.

4) *Elix. Stomach. Rob. Whytt.*

CHINA RVBRA.

Die rothe Chinarinde, von einer noch unbeſtimmten Varietät.

Saunders, Cothenius, Irrwing über die rothe China.

Die rothe Chinarinde beſteht gemeiniglich aus viel gröſſern dickern Stücken, die mehr breit, flach, und weniger zuſammengerollt ſind. Sie iſt viel ſolider und ſchwerer als die gemeine China. Nach allen Verſuchen, welche damit angeſtellt ſind, enthält ſie überhaupt eine gröſsre Menge von reſinöſen Theilen, und ein aetheriſches Oel. Sie iſt

N 3 eben-

ebenfalls bitter und in einem ſtärkern Grade zuſammenziehend. In unſern Gegenden ſcheint ſio keinen Vorzug vor der gewöhnlichen Rinde zu beſitzen, ohne Zweifel iſt dies die Schuld der Mate-
rialiſten.

CINCHONA MONTANA.

Chinchina Piton; Quina Quina Piton   Bergchina, iſt in
Guadeloupe und Martinique einheimiſch.

Mallet Mem. ſur le quinquina de la Martiniqne.
Botan. Magazin von Römer und Uſteri VI. St.

Die Rinde iſt nicht ſo roth als die gemeine
China, mehr graulicht oder braungrau von Farbe,
und ſehr bitter. Sie enthält keine harzichte Theile
wie die China, ſondern blos gummöſe Beſtandtheile
und iſt ganz in Waſſer auflösbar. Ihre Kräfte ſollen ebenfalls vorzüglicher ſeyn, als die der offici-
nellen Chinarinde, auſſerdem beſitzt ſie noch die
Eigenſchaft daſs ſie eine Ausleerung durch Erbrechen und Stuhlgang befördert.

CORTEX DE *St.* LVCIA.
Cinchona Floribunda.

Davidſon Phil. Tranſaſt. 1784.

Dieſe Species iſt im Jahr 1779 zuerſt als
Subſtitut der Chinarinde bekannt geworden. Sie
hat

hat eine hellröthere Rinde als die gewöhnliche China und ift widerlich, eckelhaft bitter. Die Doſis von 4 Gr. erregte nach den Verſuchen von *Pitcairn* im Bartholomaeushoſpital zu London, unausſtehliche Uebelkeit, und die Kranken haben ſie nicht nehmen wollen.

CORTEX DE SANTA FE'.

Iſt gelblicher als die gewöbnliche Chinarinde. Man findet ſie mit der andern China zuſammengepackt.

RADIX CARYOPHYLLATAE.

(*Geum urbanum* L.), Nelkenwurzel, Benedictwurzel, an Hecken und Zäunen in ſchattigen waldichten Gegenden.

Buchhave Obſervat. circa radicem gei vrbani 1781. *Anjou de radice Caryophyllatae. 1783.*

Die Wurzel ſchmekt bitter, zuſammenziehend, und hat einen ſchwachen Nelkengeruch. Durch die Deſtillation hat man ein aetheriſches Oel daraus erhalten. Schon in alten Zeiten war ſie bekannt (*Rajus* Hiſt. plant. T. I.). *Buchhave* brachte ſie wieder in Andenken.

Man empfiehlt ſie 1) in *intermittirenden Fiebern* ſtatt der Chinarinde. In vielen Fällen hat ſie

nichts

nichts geleiſtet. 2) in *Dyſenterien* und alten Diarrhoeen, in der colica flatulenta. 3) in aſthmatiſchen
Zufällen. Sie wird auf eben die Art angewendet
wie die Chinarinde in *Pulver* zu 1 Dr. viermal
täglich, in *Decoct*: *Buchhave* gab ſie auch in
Eſſenz mit Spir. vini digerirt, Eſslöffelweiſo.

GEVM RIVALE.

Rad. Gei paluſtris wächſt häufig in feuchten Gegenden.

Bergius in ſchwed. Abhandl. v. J. 1757.

Wird wie das G. urban. gebraucht.

CORTEX ANGVSTVRAE.

Cortex Auguſtinus. (Brucea antidyſenterica B a n k s). Ur-
ſpründlich aus Africa, Südamerica, St. Trinidad.

E x e r und W i l l i a m s in Lond. med. Journ. T. X.
Heyer Braunſchw. Magaz. V. B. Crells Annalen 1790.

Die Rinde iſt äuſſerlich weislicht, inwendig
bräunlich gelb, ſie bricht kurz und harzicht. Der
Geſchmak iſt durchdringend bitter, gewürzhaft,
und beſitzt eine gewiſſe Schärfe, der Geruch iſt
ſchwach und widerlich.

Sie iſt hauptſächlich in *Bauchflüſſen* und *Ruhren* wirkſam (Bruce Travells) weil ſie gelinde den
Leib

Leib anhält, auch in Fehlern des Magens und der
Verdauungswege (*Brande* Hannov. Magaz. 1790,
15. St.), fie erregt nicht das läftige Magendrücken welches die Chinarinde oft verurfacht.

In intermittirenden Fiebern ift fie nicht fo
kräftig als die Chinarinde. In periodifchen Ohnmachten, Kopf - und Zahnfchmerzen verfuchte fie
Brande mit gutem Erfolg. Man giebt fie 1) in
Pulver zu 10, 15, 20 Gr. allein, oder mit Rhabarber, Magnefia, Krebsaugen; kleine Gaben fcheinen beffer zu bekommen als ftärkere. 2) im *Aufgufs;* man läfst 1 Dr. mit 4 Unz. Waffer aufgieffen, und dies täglich gebrauchen. 3) in *Tinftur;*
Brande liefs 1 Unze mit 16 Unzen Brandtwein
infundiren, zu 1 Dr. 4) in *Extraft. aquof.*,
zu 4 bis 8 Gr.! Bey einer Neigung zu Entzündungen und in Entzündungszufällen bekömmt diefe
Rinde im Allgemeinen nicht.

Cortex Caribaeus (Cinchona Caribaea) gehört unter die Brechmittel.

Cortex

CORTEX HIPPOCASTANI.

(Aeſculus Hippocaſtanum L.). Roſskaſtanie.

Turra Briefe über die Fiebervertreibende Kraft der Roſskaſtanienrinde aus dem Ital. von Buchholz. Weimar 83. *Junghans diſſ. de Cort. Hippocaſtani.*

Die Roſskaſtanienrinde iſt unter allen Subſtituten der Chinarinde eins der vorzüglichſten. Man giebt ſie zu 1 Scr. ½, 1 Dr. u. m.

CORTEX SALICIS.

Weidenrinde. (Salix Pentandra; S. fragilis, S. alba).

Alle Weidenarten haben eine bittre zuſammenziehende Rinde. Man empfiehlt ſie zu 1 Scrup. ½, 1 Dr. ſtatt der Chinarinde.

CORTEX AVRANTIORVM.

Citrus Aurantium *L.* (S. 41.). Pomeranze.

Die Pomeranzen werden hauptſächlich als ein magenſtärkendes Mittel, bey ſchwachen Verdauungskräften benutzt, und ſind daher auch ein Ingredienz aller magenſtärkenden Mittel.

RADIX

RADIX COLVMBO.

Rad. Columbae, Colombae, Columbo. Columbowurzel.
Urſprünglich aus Aſien; Columba, auf der Inſel Ceylon.

*Percivall Bemerkungen über die Columbowurzel
in ſeinen Eſſays* Vol. II. *Joſſe Verſuche mit der Columbowurzel in hiſt. de la Soc. royale de Med. A.* 1779.
p. 243.

Die Wurzel wird in Scheiben zu uns gebracht. Aeuſſerlich iſt ſie mit einer dicken runz-
lichten Rinde bedeckt und dunkelbraun, inwendig
hellgelb. Der Geſchmak iſt etwas ſcharf, der Geruch gewürzhaft. Wenn ſie lange aufbewahrt wird
verliert ſie ihre Bitterkeit und wird leicht faul und
von Würmern angefreſſen.

Sie iſt durch die Verſuche von *Percivall*
vorzüglich berühmt geworden 1) in *Durchfällen*
und der *Ruhr.* In Gallenfiebern mit Mittelſalzen.
In der Cholera. In Diarrhoeen und Erbrechen der
Kinder während dem Zahnen mit Magneſia, Krebsaugen und ähnl. 2) bey ſchwachen Verdauungskräften, Blähungen, mit Gewürzen verbunden, oder
in Weinaufguſs. Bey periodiſchen Uebelkeiten und
Erbrechen, hauptſächlich wenn ſie von Säure herrühren.

Man gebraucht die Wurzel: 1) in *Pulver*
zu 1 Scr. ½ Dr. alle 2, 3 Stunden allein, oder

mit

mit gewürzhaften Mitteln z. B. Cort. Aurant., zuweilen auch mit Rhabarber, Eifenmitteln, abforbirenden Sachen. 2) in *Aufgufs* mit Wein, oder
deftill. Waffer, Aqua Çinamom. Menth. piper;
oder mit Weingeift. Der Aufgufs mit Waffer
verdirbt leicht. Andre bittre Mittel erfetzen die
Stelle derfelben.

MILLEFOLIVM.

Herba Millefolii. Achillea Millefolium *L.* Schaafgarbe,
wächft an den Wegen in Europa überall wild.

*Maumery von den antifpasmodifchen Kräften der
Schaafgarbe. Normand de Soigny von den Wirkungen
der Schaafgarbe in Samml. für pr. A. IV. B.*

Das Kraut riecht fchwach gewürzhaft und hat
einen bittren Gefchmack. Durch die Deftillation
hat man ein aetherifches Oel daraus erhalten. Es ift
gelinde adftringirend und zugleich antifpasmodifch.

Man benutzt es 1) als ein *ftärkendes Mittel*
in Blutflüffen, bei zu ftarkem monathlichem Blutver-
luft, in Haemorrhoidalzufällen, bei zu ftark flieffen-
den Haemorrhoiden, (*Mellin*) felbft im Blutfpeien
von Schwäche. Auch bei habituellen Diarrhoeen,
der colica flatulenta u. a. 2) in *Krämpfen.* Hoffmann empfahl es befonders gegen die Nachwehen

hen nach der Geburt, bey Magenkrämpfen, Coliken. In hyfterifchen Zufällen, in Krämpfen von verhaltener monatl. Reinigung.

Man gebraucht 1) den frifch ausgeprefsten Saft Unzenweife mit Molken. 2) das *trockne Kraut* mit Waffer infundirt als Thee, die gewöhnlichfte Form.

PRAEPARAT.

Extraff. Millefol. aquof. zu 1 Scr. $\frac{1}{2}$ Dr. mit andern bittern Extraéten dem Extr. Valerianae u. a.

ACHILLEA NOBILIS.

In füdlichen Gegenden von Europa wild.

Sie ift ftärker aromatifch. Durch die Cultur verliert fie ihre Kräfte.

CASCARILLA.

Cortex Cafcarillae. (Croton Cafcarilla L.). Cafcarille, im füdlichen America, den Bahamainfeln.

Die Rinde kommt gemeiniglich in kleinen aufgerollten Stücken zu uns; äufferlich ift fie weislicht grau, inwendig braun: Im Bruche ift fie glatt und egal. Sie hat einen gewürzhaften Geruch, und fchmekt bitter gewürzhaft. Erft im vorigen Saec. ward fie in Europa bekannt, als ein fiebervertreivertreibendes Mittel. Zu dieſer Abſicht iſt ſie nicht wirkſam genug, Man gebraucht ſie hin und wieder als ein *ſtärkendes* Mittel, bey einer Schwäche der Verdauungswege, in Dyſenterien. Man giebt ſie 1) in *Pulver*, oder 2) in *Decoſt* wie die Chinarinde zu 1, Scr. $\frac{1}{2}$, 1 Dr. mit Rhabarber und Chinarinde. 3) im *Extraſt* zu $\frac{1}{2}$, 1 Scr. mit andern bittern Extracten.

PRAEPARAT.

Extraſtum Cort. Caſcarillae, iſt magenſtärkend.

III. *Bittre adſtringirende Gewächſe.*

RVBIA TINCTORVM.

Radix rubiae tinſtorum. Färberröthe, Krapp. Im ſüdlichen Europa; wird am Rhein häufig angebaut.

Dieſe Wurzel ward zuerſt als Medicin wegen ihrer Eigenſchaft die Knochen roth zu färben berühmt. Dies thun wahrſcheinlich alle Färbeſtoffe *(Brugnatelli* in Crells chem. Annal. v. J. 1787) ohne Unterſchied. Bey einem anhaltenden Gebrauch wird der Speichel und der Urin ebenfalls roth. Die Beſtandtheile derſelben ſind blos bitter und adſtringirend.

Man hat ſie faſt als ſpecifiſch in Krankheiten der Knochen, namentlich in der *Rachitis* empfohlen

(*Levret,*

(Levret, Gliffon), *Abilgaard* verbindet fie
mit Sal Tartari. *Du Hamel* hat bey Thieren
beobachtet, dafs der Callus in Beinbrüchen darnach
weicher wird: dies rührt wahrfcheinlich daher,
weil die Thiere überhaupt nach diefer Wurzel mager und kränklich werden. In der *Verhaltung der
monatl. Reinigung* ift fie zuweilen mit Erfolg angewendet worden (*Home*); in den meiften
Fällen ift fie doch unwirkfam. Man giebt fie zu
ɟ, 1 Dr. 3, 4 mal täglich in Pulver oder im
Decoct.

GVMMI KINO.

Von einem noch unbekannten Baum im innern Africa.

Das Kinogummi ift eine harte bröckliche
Subftanz von dunkelrother faft fchwärzlicher Farbe.
Es hat keinen Geruch und fchmekt ftark zufammenziehend, im Waffer wird es augelöft. *Fother-
gill* empfahl es zuerft. Man hat es mit groflem
Nutzen in Blutflüffen, befonders in Mutterbluthüf-
fen nach der Niederkunft, im veralteten weiffen
Flufs, und alten Diarrhoeen angewendet. Auch
äufferlich zu Injectionen.

PRAEPARATE.

1) *Pulvis Stypticus* Ph. Edinb. Aus G. Kino
und Alaun; eins der kräftigften adftringirenden
Mittel.

2) *Tinct.*

2) *Tinct. ſpirituoſa G. Kinb.* Eine Unze Gummi giebt mit ſechs Unzen Weingeiſt eine hinreichend ſtarke Tinctur, was ſich nicht auflöſt, kann zu einer wäſrichten Tinctur von vier Unzen benutzt werden. *(Ebeling).*

LIGNVM CAPECHIENSE.

(Haematoxylon Campechianum).

LYTHRVM SALICARIA.

B. Aus dem Thierreich.

FEL TAVRI. Die, Rindergalle.

Richter Exper. circa bilis naturam Erlang. 1788. *Schulz e de bile medicina.* Gott. 1775.

Die Galle iſt gewiſſermaſſen ein natürliches Stomachium, ſie befördert die Verdauung und verbeſſert die ſaure Gährung der Speiſen. Aus dieſen Gründen hat man ſie in die Medicin aufgenommen. Man benutzt ſie hauptſächlich : 1) in *Fehlern der Verdauungswege.* 2) als ein auflöſendes und gelinde ſtärkendes Mittel, bey Verſtopfungen der Eingeweide, in der Waſſerſucht, der Gelbſucht, in Verhärtungen der Drüſen, Verſchleimungen. Sie hat in ihren Wirkungen vor andern bittern Mitteln keine Vorzüge voraus, und iſt vollkommen entbehrlich;

behrlich; um fo mehr da fie in den Apotheken
häufig verdorben und wurmftichig ift. Die Dofis
ift 5 Gr. 1 Scr. u. m. Man verbindet fie mit
Seife, G. Ammoniac., Galbanum, und bittren Extracten in Pillenform.

C. Aus dem Mineralreich.

LIMATVRA MARTIS.

Eifenfeile. (Ferrum felectum L.).

Das Eifen ift unter allen Metallen am meiften in
der Natur verbreitet, und es fcheint felbft ein Beftandtheil der animalifchen und vegetabilifchen Or-
ganifation zu feyn. Die Eigenfchaften welche es
als Medicament äuffert, find adftringirend, ftärkend
und erhitzend.

Man gebraucht die Eifenmittel hauptfächlich bey
einer Schwäche der Verdauungswege und einer Neigung zur Säure: in Cachexien, in der Bleichfucht,
in Fehlern der monatlichen Reinigung, hyfterifchen Zufällen, Scropheln, in der Rachitis u. a. Sie
bekömmt am beften wenn die Kranken von Säure
leiden.

Dagegen paffen die Eifenmittel nicht in Fiebern und Vollblütigkeit, oder bey Perfonen welche
zu Blutflüffen geneigt find, auch bey unreinem Ma-
O   gen

gen find fie nachtheilig. Ein Beweis ihrer Wirkungen ift, wenn die Excremente fchwarz gefärbt
werden; wird fie nicht aufgelöft, fo erregt fie Be-
klommenheit und Beängftigung.

Man verfchreibt die Limatura martis am beften
in *Pulver* wenn der Magen es vertragen kann zu
5, 10, 15, 20 Gr. mit Zucker, oder Chinarinde,
Zimmt. 2) in *Pillen* mit bittern Extracten. 3) in
Weinaufgus oder in *Tinctur.*

PRAEPARATE.

1) *Vinum chalybeatum* Stahlwein. Man läfst
eine Unze Limat. mart. mit 1 Quart. Rheinwein aufgieffen und einige Tage ftehen. Zu 50,
100 Tropfen, oder Efslöffelweife. Zuweilen fetzt
man auch noch bittre gewürzhafte Mittel zu.

2) *Tinctura martis cydoniata*, aus Eifenfeile
in Quittenfaft aufgelöft zu 30, 100 Tropfen, oder
Efslöffelweife.

3) *Tinct. martis pomata* aus Eifenfeile in Ae-
pfelfaft aufgelöft, ift nicht fo angenehm und entbehrlich.

4) *Globuli martiales* aus Eifen mit gereinigtem
Weinftein vermifcht und in Kugeln geformt.

5) *Extractum martis* ift überflüffig.

6) *Aethiops martialis.* Ift blos eine feine limatura martis und überflüffig.

ALVMEN.

ALVMEN.

Der Alaun. Aus Vitriolſäure mit Alaun oder Thonerde verbunden, wird am meiſten aus Alaunſchieſer gewonnen.

Liſtd de Aluminis virtute medica. Goll. *1784.*

Der Alaun beſteht aus groſſen durchſichtigen, achtſeitigen Cryſtallen, welche einen ſüslicht herben und zuſammenziehenden Geſchmak beſitzen. Es giebt zwey Arten von Alaun: 1) den *gemeinen weiſſen* (Alumen commune, glaciale). 2) den *rothen* (Alumen romanum).

Der innere Gebrauch des Alauns iſt ſehr alt, beſonders in Wechſelfiebern. In der jetzigen Praxis benutzt man ihn als ein zuſammenziehendes ſtärkendes Mittel. Er löſt ſich leicht auf, und ſeine Natur wird nicht ſo leicht von den Säften im Darmkanal verändert. In groſſen Doſen führt er ab.

Sehr wirkſam iſt der Alaun bey einer Schwäche der Gedärme, in *Coliken,* der Colica flatulenta von Schwäche, mit Zucker, G. Arabicum oder Opium vermiſcht (*Percivall*). In epidemiſchen Ruhren mit gewürzhaften Mitteln (*Odier*). In der Colica Pictonum (*Grashuys, Leake* von der Heilung hartnäckiger Coliken durch den Alaun). Nach we-

nigen

nigen Gaben fühlt der Kranke schon Erleichterung.
In Erschlaffung und Schwäche der Urinwege u. a.

Man gebraucht ihn 1) in *Pulver*, zu ½,
1 Scr. mit Zucker, Gewürzen, G. arabic, Chinarinde und Opium. 2) in *Bolus* mit G. arabic. und
einem Syrup.

Aeusserlich benutzt man den Alaun als ein adstringirendes blutstillendes und äzendes Mittel.

PRAEPARATE.

1) *Serum lactis aluminosum.* Ein sehr wirksames, adstringirendes und stärkendes Mittel. In
bösartigen Blattern, während der Eiterung, in Blattern mit Petechien, beym weissen Fluss, dem frey-
willigen Saamenfluss, im Blutspeien von Lungen-
schwäche statt des gewöhnlichen Getränks.

2) *Alumen saccharatum,* aus Alaun, weissem
Vitriol, Zucker und Bleyweis; blos äusserlich.

3) *Alumen ustum* ebenfalls blos äusserlich als
Aetzmittel.

Fünfte

Fünfte Klaffe.

Reizende Mittel; *Excitantia, Stimulantia, Analeptica.*

Ohnerachtet so mancher medicinischer und psychologischer Unterfuchungen über die Natur der Lebensgeifter, den Mechanifmus der Nerven, und Nervenkrankheiten, ift diefe Lehre doch noch am allerwenigften aufgeklärt, und es laffen fich darüber nichts weiter als nur Muthmaffungen angeben.

Wenn wir auf die Eigenfchaften der reizenden Arzneimittel acht geben, fo wird es wahrfcheinlich dafs fie auf eben die Art wirken als die ftärkenden Mittel, nur in einem viel höhern Grade und viel fchneller, faft gewaltfam. Ihre Wirkungen find daher auch nicht fo anhaltend und ausdaurend, als der ftärkenden Mittel. Bey einem längern Gebrauch werden fie felbft nachtheilig, weil fie die Lebenskräfte erschöpfen.

Die Reize (Stimuli), welche auf unfern Körper wirken, find im Allgemeinen zweyfacher Art:

1) fie

1) ſie wirken durch die Sinnorgane wie z. B. Licht, Schall, die verſchiedenen Gerüche u. a. Dieſe ſind unkörperlich. Die Einwirkung der Sinne iſt für die Muſkelfaſern ein Reiz der ſie zur Zuſammenziehung bringt. Oder 2) ſie wirken unmittelbar auf die Lebenskräfte, Irritabilität und Senſibilität ſelbſt. Dieſe Reize ſind körperlich, und begreifen die Klaſſe der reizenden Arzneimittel, die chemiſchen und mechaniſchen Reize.

Es iſt auſſer Zweifel daſs die reizenden Arzneimittel vorzüglich im Stande ſind, die Wirkungen der Lebenskräfte zu vermehren, oder durch ihre Gegenwirkung vielleicht auch zu verändern. Wie aber dieſes geſchieht, läſst ſich bey der Unvollkommenheit der Kenntniſs der Lebenskräfte nicht beſtimmen. Wir ſind genöthigt bey den Reſultaten ſtehen zu bleiben, welche die gewöhnlichen Erſcheinungen des Lebens geben.

Einige haben ſich Mühe gegeben die Wirkungen dieſer Mittel überhaupt *mechaniſch* zu erklären, durch die Geſtalt ihrer Theilchen, und die Aċtion derſelben auf die Muſkelfaſer. Dieſe Korpuſcularlehre hat zu mannigfaltigen Irrungen und unerwieſenen Erklärungen Anlaſs gegeben.

Im

Im Gegenſatze ſcheint es wahrſcheinlich, daſs
dieſe Mittel vielmehr durch die Zerſetzung ihrer Beſtandtheile im Körper, und durch *Mittheilung*
eines Princips wirken, wodurch die Lebenskräfte
unmittelbar erſetzt werden. Was dies aber ſey,
getraue ich mir nicht zu beſtimmen.

Die Mittel ſelbſt ſind:

A. aus dem Pflanzenreich.

1. alle gewürzhaften Mittel welche ein aetheriſches Oel enthalten, (Aromatica), die Gewürze, aetheriſchen Oele, Oelzucker, Balſame, deſtillirte Waſſer.

2. gegohrne Getränke, wo die geiſtigen
Theile entwickelt ſind, abgezogene Geiſter.

3. concentrirte vegetabiliſche Säuren, concentrirter Eſſig, oder Säuren die mit gewürzhaften Mitteln infundirt ſind.

B. aus dem Thierreich.

Die volatilen alkaliſchen Salze, die alkaliſchen
Geiſter, die empyreumatiſchen Oele.

C. aus dem Mineralreich.

Die verſüſsten mineraliſchen Säuren.

Ein ſehr wirkſames Mittel dieſer Klaſſe iſt
auch die *Elektricität.*

Bey

Bey dem Gebrauch diefer Mittel ift es erforderlich, dafs ein Mangel der Lebenskräfte wirklich da ift. Es mufs keine materielle Urfache im
Körper feyn, wodurch diefer Mangel nur fchein-,
bar wird: z. B. Unreinigkeiten in den erften We-,
gen, Vollblütigkeit u. a. welche die Lebenskräfte
blos unterdrücken. Diefe Mittel wirken äufferlich
fowohl als innerlich.

A. Aus dem Pflanzenreich.

I. Gewürzhafte Mittel.

CINAMOMVM.

Cortex Cinamonii. (Laurus Cinamomum *L.*). Zimmt,
Canehl, auf den Infeln Ceylon, Borneo,
Summatra, Martinique, Java.

Thunberg, in Schwed. Abhandl. v. J. 1780.

Die gewöhnliche Canehlrinde ift die inpre
Rinde des Stamms. Sie fieht roftfarben aus, und
wenn fie gut ift, mufs fie etwas biegfam und
dünne feyn, und einen füslichten Gefchmak auf der
Zunge erregen. Häufig ift fie mit Stücken von
der Caffienrinde, Laurus Caffia vermifcht.

Als

Als Arznei gebraucht man Zimmt mehrentheils blos als Zufatz zu andern Medicamenten z. B: zur Chinarinde, um des angenehmen Gefchmaks wegen, oder um diefer einen höhern Grad von Wirkung zu geben, von 1 Gr. bis ½ Scr.

PRAEPARATE.

1) *Oleum Cinamomi diftillat.* wird aus Ceylon und Batavia gebracht. Es fieht gelblicht aus und fällt in Waffer zu Boden. Man gebraucht es als Elaeofaccharum. Ein Tröpfen macht fchon eine Unzo Zucker fehr angenehm. In krampfhaften Zufällen von zurückgetretener Gicht u. a. Es ift eins der ftärkften reizenden Mittel.

2) *Aqua Cinamomi cum vino* und *fine vino.* Gewöhnlich wird es aus der Caffienrinde bereitet. Man gebraucht es zu Mixturen zum Wohlfchmak.

3) *Tinctura Cinamomi* aus Zimmt mit Wein-geift macerirt. Ein fehr fchätzbares Mittel in Mutterblutflüffen (van *Swieten, Plenk*). Sie erregt keine Wallung.

CASSIA.

CASSIA.

Cortex Caſſiae Flores. (Laurus Caſſia *L.*). Mutterzimmt.

  In Summatra, Java, Malabar, Martiniquo.

Die Caſſienrinde hat einen ſtarken Geſchmak und nicht ſo angenehmen Geruch. Sie iſt mehr hellroth als der Zimmt, dicker und ſchleimicht, im Bruche glatt und egal. Die *Flores Caſſiae* ſind ein gutes Subſtitut des Zimmt, weil ſie wohlfeiler ſind.

CANELLA ALBA.

Winterania Canella *L.* Der weiſſe Zimmt, auf den Weſtindiſchen Inſeln, Jamaica, Carolina.

Er ſieht hellgrau oder gelblicht aus und iſt im Bruch weis. Auch die Stücke ſind gröſſer als vom Zimmt. Der Geſchmak iſt ſcharf bitter, gewürzhaft, und nicht ſo angenehm als der wahre Zimmt.

CORTEX WINTERANVS.

Winters-Rinde. Drimys Winteri.

Der Baum ward 1567. von Capt. Winter auf den Magellaniſchen Inſeln zuerſt bemerkt. Man hat die Rinde ſonſt für einerley mit der Canella alba gehalten. Sie bricht in viel gröſsren Stücke, und an Farbe ſowohl als an Geſchmak iſt ſie mehr dem

Zimmt

Zimmt ähnlich. Man erhält sie selten ächt, und gewöhnlich wird die Canella alba dafür verkauft.

CARDAMOMVM.

Semen Cardamomi. (Amomum Cardamomum L.). Cardamom, aus Malabar, Zeilon, Syrjen und Egypten.

Man unterscheidet drey Arten von Cardamom. 1) *Cardamomum majus,* von schwachem, gewürzhaften Geruch und Geschmak. 2) *Cardamom. rotundum* oder *medium*; diese hat einen stärkern Geruch und Geschmak. 3) *Cardam. minus,* die beste Art; sie hat einen sehr angenehmen Geruch und pikanten Geschmak, und wird daher am öftersten gebraucht. In der Medicin benutzt man dieses Gewürz um den Geschmak zu verbessern und die Kräfte zu vermehren, statt des Zimmts.

ZINGIBER.

Radix Zingiberis, (Amomum Zingiber L.). Ingber. Auf der Insel Java, in Ost- und Westindien, Jamaica, Bengalen, Malabar; in sumpfichten Gegenden.

Der Ingber hat einen gewürzhaften, bittern, und sehr brennenden Geschmak, der Geruch ist angenehm. Er wird am öftersten in der Oeconomie gebraucht.

PRAE·

PRAEPARAT.

Conditum Zingiberis der eingemachte Ingber.
wird aus Indien zu uns gebracht, und iſt ein ſehr
ſchätzbares Magenmittel.

AMOMVM GRANVM PARADISI *L.*

AMOMVM CVRCVMA (*Jacq.*).

AMOMVM ZEDOARIA (*Bergii*).

CARYOPHYLLVS AROMATICVS.

Eugnia Caryophyllata *Thunb.* Nelken. In Oſtindien,
Amboina, auf einem dürren meiſt verbrannten Boden.

Thunberg Diſſ. de Caryophyllis aromaticis.

Die Nelken (Caryophylli aromatici) ſind die
unreifen Kelche mit den Blumenblättern. Sie ſind
eins der ſchönſten Gewürze, von bittrem faſt bren-
nendem Geſchmak. Man gebraucht ſie ebenfalls
des Wohlſchmaks Willen, und um den Reiz zu
vermehren. *Fructus anthophylli* ſind die Früchte.

PRAEPARAT.

Oleum Caryophyllorum; das Nelkenöhl ſinkt im
Waſſer zu Boden und iſt ſehr hizig. Man ge-
braucht es in Zahnſchmerzen und der Lähmung der
Zunge mit Zucker zu 5, 10 Tropfen.

NVX

NVX MOSCHATA.

Myriſtica Moſchata Thunb. • Auf den Molukkiſchen Inſeln,
Iſle de France.

Thunberg de Myriſtica. Vpſal. 1788.•

Die Früchte des Moſchatennuſbaums ſind mit
einer bittern Schale umgeben (wie die Wallnüſle),
unter dieſer findet man ein dunkelrothes netzförmi-
ges Gewebe, welches durch das Trocknen gelb
wird, die ſogenannte Muſcatblüthe. Die Nüſſe ſind
der Kern der Frucht.

Man hat die Moſchatennüſſe in Diarrhoeen
und Dyſenterien als ein erwärmendes aromatiſches
Mittel empfohlen. Sie ſind eins der beſten Mittel um den Geſchmak der Rhabarberpulver zu verbeſſern.

PRAEPARATE.

1) *Oleum Nucis Moſchat. expreſſ.* Aeuſſerlich
in Diarrhoeen und Coliken.

2) *Nux Moſchata Condita.* Aus Indien.

PIPER.

Piper nigrum. Der Pfeffer, aus Oſtindien, Malabar,
Java, Sumatra.

Es giebt zwey Arten von Pfeffer, *ſchwarzen*
und *weiſſen.* Der ſchwarze iſt der unreife Pfeffer

wel-

welcher abgefallen und getrocknet iſt. Der weiſſe
iſt der reife Pfeffer von welchem die Hülſen abge-
macht ſind. Die Schärfe des Pfeffers liegt in ſeinen harzichten Theilen und dem aetheriſchen Oel.
Man gebraucht ihn als Gewürz in der Oeconomie
zur Verdauung der Speiſen. Die rohen Körner empfiehlt *Unzer* in Verſchleimung des Magens zu
6. 12. Stück nüchtern genommen.

PIPER LONGVM.

PIPER CVBEBA.

PIPER HISPANICVM.

Piper Indicum. (Capſicum annuum *L.*). Indiſcher, Spa-
niſcher Pfeffer, aus Braſilien, Mexico, Barbados.

Die Frucht iſt anfangs grün und wird nachher orangeroth. Der Geſchmak iſt ſehr bitter und
brennend, und wird auch durch das Trocknen nicht
vermindert. *Bergius* gebrauchte die Saamen in
Wechſelfiebern in Pulver zu zwey Gran, mit Lorbeeren vermiſcht. In manchen Gegenden iſt ein
Aufguſs von Spaniſchem Pfeffer ein Hausmittel gegen kalte Fieber. *Adair* gab einen Aufguſs mit
rectificirtem Weingeiſt in der Angina maligna als
ein Excitirmittel. Er lieſs ½ Unze mit 1 Pfund
Weingeiſt infundiren, und davon 1-3 Dr. mit Waſſer nehmen.

Der

Der Cayennepfeffer kömmt von einer Varietät.

GALANGA.

Radix Galangae. (Maranta Galanga *L.*). Aus Oſtindien.

Die Wurzel iſt ſehr erhizend, ſcharf und aro‑
matiſch. *Plenk* empfiehlt ſie als eins der beſten
Mittel gegen die Lähmung der Zunge.

CAMPHORA.

Der Kampher. (Laurus Camphora *L.*).   Auf der Inſel
Java, Summatra, Borneo, und an mehreren Orten in
Oſtindien, von mehrern Gewächſen.

*Kämpfer Amoenit. academ.   Koſtgarten diff. de
Camphora. Gott. 1785.*

Der Kampher wird auf eine doppelte Art er‑
halten :   1) als ein Harz, wie er von ſelbſt aus
dem Baum flieſst. 2) durch das Auskochen aus
dem Holze und der Wurzel, und nachherige Sub‑
limation.   In dieſer Form wird er verſchickt
(Camphora cruda).   So aber iſt er noch ſehr un‑
rein; und muſs erſt wiederholt ſublimirt werden,
ehe man ihn als Medicin gebrauchen kann.   Dies
geſchieht in eignen Kampherraffinerien, hauptſächlich
in Holland.

Nach ſeinen Beſtandtheilen iſt der Kampher
ein durch Zuckerſäure verdicktes aetheriſches Oel;

Koſt‑

Koſegarten erhielt daraus die· Zuckerſäure. Faſt alle aetheriſchen Oele kommen, wenn ſie alt werden, dem Kampher ſehr nahe.　Von Geſchmak iſt der· Kampher bitter und widerlich, und kühlend auf der Zunge; beym Anfühlen gewiſſermaſſen fettig; und ſein Geruch ſpecifik. Er iſt ſehr leicht, flüchtig und brennbar.　Er löſt ſich in Oelen, in Säuren und Weingeiſt vollkommen auf.

Seine Eigenſchaften als Medicin ſind ſtark reizend und erhitzend.　Er wirkt· mehr auf den Schweiſs als auf den Puls, dieſer wird erſt nach und nach vermehrt.　Man· gebraucht ihn in mehrern, ſowohl chroniſchen als acuten Krankheiten wo die Lebenskräfte erſchöpft ſind.　Seine Wirkungen erfolgen ſchnell weil er ſo volatil iſt, allein ſie ſind auch nicht anhaltend.　Nur dürfen keine Unreinigkeiten oder Vollblütigkeit da ſeyn.

1) In febribus nervoſis lentis; wo er als ein excitirendes Mittel wirkt, welches zugleich die Schweiſſe befördert (*Selle* Beyträge zur Natur- und Arzneiwiſſenſchaft), in der Epilepſie (*Tiſſot,* *Locher, Cullen, Werlhof*). Beym Wahnſinn (*Schönheide* Beobachtungen von der Tobſucht. *Locher* obſ. practicae circa luem veneream epilepſiam et maniam). In der Melancholie *Willemſe*

(Willemſe von einer Melancholie welche durch
den Gebrauch des Kamphers geheilt wurde). Auch
im Delirio in hizigen Fiebern iſt er ſehr wirkſam.
2) In *bösartigen Fiebern*, beym Faulfieber wenn
die Kräfte ſinken und der Puls ſchwach wird, die
Haut trocken und pergamentartig, und krampfhafte
Zufälle entſtehen; in ſaulichten oder brandichten
Blattern, innerlich und äuſſerlich *(Hoffmann*
Nachricht von einer guten Heilart der Kinderblat-
tern). 3) In *Zufällen von zurückgetretenen Krank-
heitsſtoffen,* bey zurückgetriebenen Hautausſchlägen,
in Blattern, Malern u. a. *Roſenſtein* bediente
ſich des Kamphers um die Anſteckung des Blattern-
giftes zu verhindern mit Queckſilber verbunden.
Dieſe Erfahrungen ſind nicht beſtätigt. 4) in *Zufällen von unterdrückter Ausdünſtung.* In der Pleuritis ſpuria innerlich und äuſſerlich. *Muſgrave*
(von der Lungenſucht) gebrauchte ihn in der
Schwindſucht welche von unterdrückter Tranſpira-
tion entſtanden war, mit Salpeter verbunden. In
Rheumatiſmen, beſonders äuſſerlich eingerieben, und
innerlich ſo dafs er Schweifs erregt.

Auſſer dieſem, iſt der Kampher eins der beſten
Mittel, um die Salivation nach Mercurialmitteln zu
mildern; wahrſcheinlich in ſo ferne die Ausdün-

ſtung

stung des Queckfilbers durch die Haut befördert
wird. Auch bey dem Gebrauch der Canthariden
soll er die Wirkung auf die Harnwege vermindern.
Man verbindet ihn daher gewöhnlich mit blafeu-
phaftern. In beyden Fällen ist er sehr oft unwirksam.

Innerlich gebraucht man den Kampher 1) als
Pulver von 1 Gran zu 4, 6 Gr. mit Zucker,
oder mit Salpeter. In kleinen Dofen bekömmt er
besser als' in grossen. 2) man läfst ihn mit Pflan-
zenschleimen, G. Arabic., Tragacanth, Eiergelb,
Mandeln, Liquor anodynus Hoffm., Essig u. a.
zusammenreiben. Ausserdem benutzt man ihn als
Zusatz zu vielen andern Arzneien.

Aeusserlich ist der Kampher ein zertheilendes
Mittel, wegen feiner flüchtigen Theile: zur Zertheilung rheumatischer Entzündungen, in paralytischen Beschwerden u. a.

PRAEPARATE.

1) *Mixtura fimplex camphorata*, ein Hausmittel in Catarrhalbeschwerden zu 20, 30 Tropfen.

2) *Acetum camphoratum.* Jede Unze enthält
6 Gr. Kampher.

3) *Spi-*

3) *Spiritus vini camphoratus,* Kampherfpiritus.
Ein Mittel was fehr viel Schaden anrichtet. Am
beften benutzt man es in Contufionen, Verrenkun-
gen, paralytifchen Zufällen, bey einer Taubheit der
Glieder, auch in leichten Entzündungen, Infectenfti-
chen u. ähnl.

4) *Linimentum faponis,* Seifenfpiritus, aus
Weingeift, Kampher und Seife.

5) *Oleum camphorae.*

6) *Vnguentum album camphoratum,* aus Bleyweis, Kampher und Axungia porcina. Bleyweisfalbe.
Im Gegenfatz von Vng. album fimplex.

Baccae lavri.

Laurus nobilis *L.* Lorbeer. In Afien, Griechenland,
den Wäldern von Italien, Spanien, dem füdlichen
Frankreich.

Das Gewächs ift in allen feinen Theilen gewürzhaft. Die *Lorbeeren* (baccae lauri), find
fchwarz, bitter, gewürzhaft. Sie werden häufig
mit Brandtwein infundirt zur Magenftärkung. Die
Lorbeerblätter werden blos in der Oeconomie
gebraucht. Vormals benutzte man fie zu Bädern.

Praeparate.

1) *Oleum laurinum.*

P 2   2) Em-

2) *Emplaftrum de baccis lauri.*

3) Die *Jafferfche Kräzfalbe.* Enthält Lorbeeren.

CORTEX CVLILABAN.

Laurus Culilaban L. Auf den Molukkifchen Infeln,
Amboina.

In Holland deftillirt man aus der Culilaban-
rinde ein aetherifches Oel welches dem Nelkenoel
gleich ift. *Fuun* (Bemerkungen von der Behandlung der Gicht und der Wirkfamkeit des Culila-
banoels in Harlemmer Abhandl. II Thl.) liefs es
in der Gicht einreiben. Ein jedes andres aetherifches Oel würde wahrfcheinlich daffelbe leiften.

LIGNVM SASSAFRAS.

(*Laurus Saffafras* L.).

Ift ein Ingredienz der Holztränke.

FABA PICHVRIM.

(*Laurus Pichurim* L.).

OLEVM

OLEVM CAIEPVT.

Cajeputoel (Melaleuca Leucodendron *L.*). In Oftindien
auf den Molukkifchen Infeln, Banda.

Adami diff. de Oleo Cajeput. *Thunberg von
dem Nutzen und Gebrauch des Olei Cajeput, in den
Schwed. Abhandl. vom J. 1781.*

Das Oel wird aus den Blättern des Baums deftillirt und nur in fehr geringer Menge erhalten.
Es hat gewöhnlich eine grasgrüne Farbe, ift dünne
und flüffig, und brennt wenn man es anzündet
ganz rein, ohne dafs das geringfte zurückbleibt. Es
ift gewiffermaffen ein flüffiger Kampher. *Hell-
wig* (in *Crells* chem. Annal. 2. B.) glaubt dafs
die Farbe von den kupfernen Deftillationsgefäffen
herrührt, und dafs das reine Oel wahrfcheinlich
ganz weis ift. Man verfälfcht es auf vielfache Art,
vorzüglich mit-andern deftillirten Oelen, oder mit
Harzen. Der Geruch des gewöhnlichen Oels ift wie
Kampher, dem etwas Terpentinoel beygemifcht ift.

Das Oel ift fehr erhizend. Es wirkt fchnell,
allein nicht anhaltend; auch in diefen Eigenfchaften
ift es dem Kampher gleich. Man empfiehlt es:
1) als ein *krampfftillendes Mittel*, in hyfterifchen
Zufällen, in der Starrfucht, dem Veitstanz, in der
Lähmung der Zunge auf Zucker getropft, 2) als

Car-

Carminativmittel in Blähungsbeſchwerden, der Colica ſlatulema u. a. Die Doſ. iſt 2, 4, 12 Tropfen in Wein mit etwas Zucker. Man benutzt es
auch ſtatt andrer gewürzhaften Mittel um den Geſchmak der Rhabarber u. a. zu verbeſſern.

Aeuſſerlich iſt es ein wirkſames Mittel gegen
rheumatiſche Schmerzen in die Theile eingerieben;
ſeibſt in der Gichtſund im Podagra verſchaft es groſſe
Linderung, ohne Nachtheil (*Thunberg*) zu erregen.
In Augenentzündungen läſst man ein Läppchen mit
einigen Tropfen befeuchtet während der Nacht über
.das Auge hängen. Auch gegen Kopfweh, beſonders dem nervichten Kopfweh in die Schläfe gerieben, und als Riechmittel iſt es erleichternd. Im
verſchloſſenen Gefäs kann man es lange ohne zu
verderben aufbewahren.

* **CROCVS.**

(*Crocus officinalis* L.). Safran. Aus dem Orient, wird
in Deutſchland bey Wien, in Schleſien, Böhmen,
England, u. a. angebaut.

Der Safran iſt blos das Stigma der Crocus-
pflanze, woran aber gemeiniglich noch ein guter
Theil vom Piſtillo ſitzt. Er hat einen eignen betäubenden Geruch und einen gewürzhaften bitterlichen Geſchmak.

Sehr häufig verfälfcht man ihn mit den Blättern der Calendula, des carthamus tinctorius, und
noch öfterer mit den groben Fibern von Rindfleifch.
Diefen Betrug entdeckt man aus der verfchiedenen
Geftalt und Farbe der Fafern, dem fchwächern
Geruch des Safrans, und durch die Infufion welche nicht fo ftark gelb gefärbt wird. Der Safran
ift ein fehr erhizendes Mittel, doch enthält er nur
fehr wenig aetherifches Oel (*Daehne*). Er hei-
tert auf und erregt in groffen Dofen Munterkeit,
felbft in widernatürlichen Graden; man hat fardo-
nifches Lachen und andre Zufälle einer erzwunge-
nen Frölichkeit darnach beobachtet.

In neuern Zeiten hat er fehr viel von feinem
Anfehen verlohren (*Alexanders* Verf.). Man
gebrauchte ihn fonft in hyfterifchen Zufällen, und
zur Beförderung der monatl. Reinigung. *Henry
Cullen* verordnete in hyfterifchen Zufällen täglich
½ Unze ohne Befferung.

Aeufferlich gebrauchte man Safran als ein zertheilendes Mittel in Quetfchungen, Augenentzündungen u. a. Er ift auch in manchen Pflaftern
und Compofitionen enthalten.

PRAE-

PRAEPARATE.

1) *Tinctura croci*, durch die Digeftion mit Weingeift. Ift antifpasmodifch und erhizend. Man gebraucht fie zu 30, 40 Tropfen.

2) *Syrupus croci*. Aus Safran mit Waffer und Zucker eingekocht. Ein gelindes Anodynum. Man gebraucht ihn für kleine Kinder theelöffelweife als ein befänftigendes Mittel. Auch als Zufatz zu Opiaten: Laud. liq. Sydenh., Tinct. Thebaica.

SERPENTARIA.

Radix Serpentariae Virginianae. (Ariftolochia Serpentaria *L.*). In Virginien, Carolina u. a. Gegenden von America.

Die Wurzel ward gegen das Ende des 17ten Saec. zuerft in Europa bekannt. Sie befteht aus einer Menge Fafern welche aus einem kleinen Knopf hervorkommen, von bräunlicher Farbe und einem Valerianaartigen Geruch und Gefchmak. Sie gehört ebenfalls unter die erhizenden Mittel; fie befördert den Schweis und ift gelinde krampffiillend.

Vormals war fie in intermittirenden Fiebern fehr berühmt (*Sydenham, Lyfon, Werlhof*), und man gab fie ganz allein oder in Verbindung mit der Chinarinde. Am fchätzbarften ift fie:

1) wenn

1) wenn die Fieberparoxyfmen fich nicht mit Schweiffen endigen um die Ausdünftung zu befördern, und die Kraft der China in hartnäckigen Fiebern zu verftärken. 2) in Nervenfiebern um die Unthätigkeit der Lebenskräfte zu heben (*Damiani* adverfaria de Febr. nervof. lentis), und die Diaphorefis gelinde zu unterftützen. 3) in faulichten Krankheiten, befonders in dem Zeitpunkt wenn die Kräfte finken, und krampfhafte Zufälle eintreten mit Kampher. 4) in Ausfchlagskrankheiten. *Pringle, Huxham* und *Tiffot* empfahlen fie im Friefel, Petechien u. a. um die Hautausdünftung gelinde zu unterhalten. 5) in gallicht faulen Krankheiten und mehrern andern chronifchen Zufällen um die Kräfte zu heben, und die Krankheitsftoffe durch die Ausdünftung gelinde aus dem Körper zu treiben. In allen diefen Fällen mufs die materielle Urfache erft vorher ausgeführt werden, und man mufs dabey auf die erften Wege Rückficht nehmen.

Aeufferlich hat man Serpentaria in der brandichten Bräune mit Waffer eingeweicht als Gurgelwaffer empfohlen.

Man gebraucht fie gewöhnlich in *Pulver* zu 1 Scr. ½ Dr. mit Chinarinde, Valeriana, Kampher, zuweilen auch Salmiak und andern Mittelfalzen.

P 5

2) in

2) im Aufgufs mit Waffer oder Wein. Im Decoct ist sie unwirkfam, weil durch das Kochen
alle Kräfte verlohren gehen.

RADIX CONTRAIERVAE.

(Dorftenia Contrajerva *L.*).

MENTHA PIPERITA.

Herba Menthae piperitae. Pfeffermunze, wächft in England wild, wird in Garten cultivirt.

Das Kraut hat einen ftärkern Geruch als die
Mentha crifpa, der Gefchmak ift brenuend, beynahe
kampherartig.

Man gebraucht das Kraut als Theeaufgufs:
1) als ein Carminativmittel in der colica flatulenta,
in krampfhaften Zufällen der Gedärme. 2) um
die Ausdünftung zu befördern in der Gicht und
Podagra.

PRAEPARATE.

1) *Aqua menthae piperitae.* Ift fehr erhizend.
Gleich nach dem Gebrauch verbreitet fich eine allgemeine Wärme über den Körper. Man benutzt
es als Vehiculum der excitirenden Medicamente.
Bey einer Schwäche der Gedärme, fehlerhaften Verdauung, Blähungen, hyfterifchen Befchwerden. Auch
als

als Antemeticum wenn das Erbrechen blos krampf-
haft ift, und von zu groffer Reizbarkeit des Magens fortdauert.

2) *Oleum menthae deftillatum* mit Zucker als
Elaeofaccharum in Coliken und Blähungszufällen.
Aeufferlich empfiehlt es *Plenk* zur Vertheilung
der Milchgefchwulfte, eingerieben.

MENTHA CRISPA.

Herba menthae crifpae. Kraufemünze; in Siberien wild,
wird in Garten cultivirt.

Ihre Wirkungen kommen mit der Pfeffer-
münze überein, nur in einem fchwächern Grade.

PRAEPARATE.
Aqua; Oleum menthae crifpae.

MENTHA PVLEGIVM.

MELISSA.

Meliffa officinalis L. Gartenmeliffe, im füdlichen Europa
in gebürgichten Gegenden, wird in Garten angebaut.

Sie hat einen angenehmen Citronengeruch.
Man benutzt die Blätter im Aufgufs als ein gelindes Schweistreibendes Mittel, in rheumatifchen und
podagrifchen Befchwerden, hyfterifchen Zufällen,
trockner Fieberhize u. a.

PRAE-

PRAEPARATE.

1) *Aqua meliffae.*

2) *Oleum meliffae.* Diefe Pflanze giebt unter allen Gewächfen diefer Klaffe das wenigfte aetherifche Oel.

FOENICVLVM.

Herba, Semina, Radix foeniculi. (Anethum foeniculum *L*). Fenchel. In Frankreich, der Schweiz und dem füdlichen Europa wild.

Das ganze Gewächs ift gewürzhaft. Man gebraucht die Saamen, die Wurzel und das Kraut im Aufgufs als Thee, als ein Carminativmittel, in Zufällen von Blähungen, Säure, u. a., oder mit Milch abgekocht zum Getränk für Säugende um die Milch zu vermehren (*Rofenftein, Bergius*).

PRAEPARATE.

1) *Aqua foeniculi.*

2) *Oleum foeniculi;* mit Zucker, als ein Carminativmittel, auch unter abführenden Mitteln des Wohlfchmaks wegen, und um den Reiz zu vermehren.

ANETHVM GRAVEOLENS.

LAVEN-

LAVENDVLA.

Flores Lavendulae. (Lavendula Spica *L.*). Lavendel, wächſt in Italien, Spanien und dem ſudlichen Frankreich wild.

Die Blüten müſſen früher eingeſammlet wer-den, ehe ſie völlig aufblühen. Man benutzt ſie blos äuſſerlich zu Kräuterküſſen, Räucherpulver u. a.

PRAEPARATE.

1) *Oleum Lavendulae.* Ein angenehmes Riech-mittel gegen Schwindel und Ohnmachten. Zum Wohlgeruch unter Salben.

2) *Spiritus Lavendulae* aus Weingeiſt mit La-vendeloel gemiſcht (Eau de lavande). Als Riech-mittel. Aeuſſerlich in paralytiſchen Zufällen, als ein zertheilendes Mittel bey leichten Entzündungen, Froſtbeulen, Inſectenſtichen u. a.

HYSSOPVS.

Hyſſopus officinalis L. Iſop, wild in Sibirien, in ber-gichten Gegenden von Oeſterreich.

Man empfiehlt dies Gewächs beſonders in ſchleimichten Bruſtzufällen, als Thee. Es ſchmekt unangenehm bitter.

PRAE-

PRAEPARAT.

Aqua Hyſſopi, unter Mixturen in Bruſtzufällen, Verſchleimungen u. a.

THYMVS VVLGARIS.

Thymian, wächſt in Spanien, Italien und Frankreich wild, und wird in allen Küchengärten cultivirt.

Die Pflanze hat einen ſtarken Geruch und einen ſehr gewürzhaft beiſſenden Geſchmak.

PRAEPARAT.

Oleum Thymi wird hin und wieder gegen Zahnſchmerzen gebraucht.

THYMVS SERPILLVM.

Quendel, wächſt an Bergen, überall in Europa.

Iſt ſchwächer als der Thymian.

PRAEPARAT.

Spiritus ſerpilli mit Weingeiſt abgezogen. Aeuſſerlich als ein zertheilendes Mittel in Quetſchungen, Entzündungen, paralytiſchen Beſchwerden. Auch in Ohnmachten läſst man es äuſſerlich einreiben und auflegen.

SATVREIA HORTENSIS.

SALVIA.

SALVIA.

Herba Salviae. (Salvia officinalis *L.*). Salvey, im füdlichen Europa.

Das Kraut ift aromatifch und der Gefchmak etwas adftringirend bitter. Es ift gelinde ftimulirend und reizend, Man empfiehlt es daher: 1) in Magenbefchwerden, gegen Blähungen, in der colica flatulenta, gegen den trocknen Durft in Fiebern u. a. im Aufgus als Thee, wozu man noch etwas Citronenfaft fetzen kann. 2) Aufferdem empfahl *van Swieten* noch die Salvei gegen die Nachtfchweiffe im Aufgus mit Waffer oder Spiritus. In diefer Abficht kann man noch mit Nutzen den Vitriolgeift zufetzen. 3) zu Gurgelwaffer in der Catarrhalbräune und Entzündung der Mandeln, Mundgefchwüren, fcorbutifchem Zahnfleifch, mit Effig, oder Honig, Salzen u. a. Gegen die Schwämmchen läfst man die Zunge mit den bloffen Blättern reinigen oder mit dem faturirten Aufgus beftreichen.

ROSMARINVS OFFICINALIS.

Rosmarin, in Spanien, Italien, Frankreich und der Schweiz.

Das Kraut hat einen ftarken Geruch und einen fcharfen kampherartigen Gefchmak. Die Blüten heiffen pleonaftifch Flores anthos.

PRAE-

PRAEPARATE.

1) *Oleum Rorismarini.* Iſt ſehr durchdringend; Man gebraucht es äuſſerlich in Colikſchmerzen und hyſteriſchen Krämpfen zum Einreiben.

2) *Aqua reginae Hungariae.* Durch die Deſtillation der Blumen mit Weingeiſt. Als Riechmittel, und in paralytiſchen Zufällen äuſſerlich.

ORIGANVM VVLGARE.

ORIGANVM MAIORANA.

Majoran.

Man empfiehlt das Kraut als Thee in Bruſtbeſchwerden, beſonders in aſthmatiſchen und Catarrhalzufällen.

PRAEPARATE.

1) *Oleum Majoranae.*

2) *Balſamus Majoranae.* Aeuſſerlich zum Einreiben. Bey dem Schnupfen kleiner Kinder an die Naſe geſtrichen.

LIGVSTICVM LEVISTICVM.

ANGELICA ARCHANGELICA.

Cv-

CVMINVM.

Cuminum Cyminum *L.* Römifcher Kümmel, wild in
Egypten, Aethiopien, Sicilien, der Infel Malta u. a.

Man gebraucht den Kümmel als ein Gewürz
in der Oeconomie.

PRAEPARATE.

1) *Oleum Cumini* äufferlich gegen Coliken,
Blähungen.

4) *Emplaftrum de Cumino.*

CARVM CARVI.

Gemeiner Kümmel, Wiefenkümmel,

CORIANDRVM SATIVVM.

PHELLANDRIVM AQVATICVM.

Lange vom Wafferfenchel.

ARNICA.

Radix, Flores, Summitates Arnicae. (Arnicà montana *L*).
Wolverlei, Fallkraut; in Deutfchland in gebirgichten
Gegenden.

Collin Heilkräfte des Wolverlei Breslau. 1777.
Aaskow von der Wirkung der Blumen von Wolverlei
in Samml. für pr. Aerzte. B. III.

Man hat die Arnica anfangs in fehr vielen
Krankheiten empfohlen, wogegen fie nach wieder-

Q   hol-

holt n Erfahrungen nichts leistet', und noch jetzt fehlen genaue Versuche. Sie ist ein sehr reizendes, hiziges Mittel welches bisweilen Erbrechen, in andern Fällen Schweis und vermehrten Abfiuss des Urins erregt. Die Blumen sind gemeiniglich stärker reizend, die Wurzel hingegen erregt leichter Erbrechen. *Aaskow* fand die Blumen wirksam: 1) in *paralytischen Zufällen, Lähmungen*; allein auch hier sind andre Mittel zu Hülfe genommen; gegen den schwarzen Staar *(Collin)*. 2) in *Wechselfiebern;* wahrscheinlich rührte die Besserung von dem Erbrechen welches sie erregte. In vielen andern Fällen waren die Blumen völlig unkräftig. *Bergius* fand das Kraut sowohl als die Wurzel in Wechselfiebern unwirksam. 3) in *Ruhren* und *Diarrhoeen (Collin)*, nach andern Versuchen war sie schädlich. 4) in *Entzündungskrankheiten*, dem Seitenstich, nach vorhergängigem Aderlass, auch in Rheumatismen. 5) gegen *innerliche Schmerzen* nach einem Fall, Stofs u. a.: wahrscheinlich wirkt sie als ein schweistreibendes zertheilendes Mittel.

Man gebraucht sie am häufigsten: 1) im *Aufgus* mit warmen Wasser, oder mit Bier, Wein. 2) in *Decoct.* 3) in *Pulver*, doch seltener, zu 5 Gr. ½ Scr.

Aeusserlich hat man das Kraut auch in Bädern gegen paralytische Zufälle empfohlen.

II. Ge

II. Gegohrne, abgezogene Getränke.

SPIRITVS VINI.

Weingeiſt (S. 83.).

Man nimmt gemeiniglich die Benennung Weingeiſt im Allgemeinen, und verſteht da unter alle ſpirituöſe Feuchtigkeiten, welche durch die Gährung und die Deſtillation erhalten werden. Die gemeinſte Sorſe von Weingeiſt iſt der Brandtewein. Zu mediciniſchen Abſichten gebraucht man den rectificirten Weingeiſt (Spir. vini rectificatus).

Man beſtimmt am beſten die Güte des Weingeiſts durch die Vergleichung des Gewichts deſſelben mit Waſſer. Die andern Proben mit Schiespulver oder mit Baumwolle ſind nicht zureichend. Wenn man ihn von einer Höhe fallen läſt, muſs er während dem Fallen verfliegen.

Sehr ſelten wird der Weingeiſt allein benutzt, dagegen 1) zur Bereitung der Eſſenzen, Tincturen, Liqueurs und abgezogener Geiſter. 2) zur Bereitung der alcaliſchen Tincturen. 3) zur Verſüſſung mineraliſcher Säuren.

Aeuſſerlich gebraucht man ihn als ein fäulniswidriges, zuſammenziehendes und zertheilendes Mittel.

DER WEIN. (S. 80.).

Q 2 *III. Con-*

III. Concentrirte vegetabiliſche Säuren.

ACETVM CONCENTRATVM.

Man verſtärkt den Eſſig entweder nach *We‑ ſtendorffcher* Methode, oder nach *Lowiz* daſs man ihn bis auf einen gewiſſen Grad einfrieren läſst, und dann deſtillirt.

Der Eſſig hat etwas ſehr Erquickendes, er iſt ſtärkend und excitirend. *Sauvages* empfahl ihn als eins der beſten Mittel gegen alle Arten von mephitiſchen Dämpfen, im Kopffchmerz von Koh‑ lendampf u. a. In Ohnmachten iſt er eins der vorzüglichſten Riechmittel. *Mönch* ſchlägt die Verbindung mit Tartarus Vitriolatus vor, als ein Riechmittel welches nicht ſo leicht verfliegt.

PRAEPARATE.

Die *aceta medicata*; aus Eſſig mit aromati‑ ſchen Kräutern digerirt, z. B. acetum rutae, la‑ vendulae, roſarum u. a.

NAPHTHA ACETI *Weſtendorfii.*

B. Aus

B. Aus dem Thierreich.

I. *Die flüchtigen alkalifchen Salze.*

Die flüchtigen alkalifchen Salze find in allen drey Reichen der Natur, nur in thierifchen Subftanzen in gröfster Menge enthalten. Aus diefen wird es durch 2 Wege abgefchieden: durch Hülfe des Feuers und durch die Fäulnifs. Unter allen aber wird es aus dem Salmiak am beften und am reinften gewonnen; dann aus dem Hirfel.horn und den thierifchen Subftanzen überhaupt. Der Unterfchied diefer Laugenfalze beruht blos auf dem noch anklebenden empyreumatifchen Oel. Rectificirt, find alle vollkommen einander gleich.

SAL VOLATILE CORNV CERVI.

SAL VOLATILE SALIS AMMONIACI.

Beyde find völlig gleich.

Das Salz fieht weis aus und riecht ftark. In Waffer und Weingeift wird es aufgelöft. Innerlich ift es ein ftark reizendes Mittel, es vermehrt den Kreislauf des Bluts, treibt den Schweis und den Urin.

Man benutzt es hauptfächlich 1) als ein *Excitirmittel* in Krankheiten wenn die Lebenskräfte

Q 3.   gefun-

gefunken ſind, in bösartigen Fiebern, in Schlag-
flüiſen, der apoplexia nervoſa, Schlaffuchten; iu
Nervenzufällen, Lähmungen. 2) als ein *fchweistreibendes Mittel* bey zurückgetretenen Materien, Blattern, Maſern u. a., in der Gicht und dem Podagra. In allen Fällen wo Entzündung zugegen iſt,
muſs es mit groſſer Behutſamkeit gebraucht werden,
Cullen bediente ſich deſſelben in Wechſelfiebern
zur Zeit des Froſtes, um den Anfall zu verkürzen.

Lemery, de *le Boe* und neuerlich *Pey-
rilhe* empfahien es in veneriſchen Krankheiten
(neues Mittel wider das veneriſche Uebel aus dem
Thierreich 1787) in Verbindung mit Holztränken
und Bädern; es iſt doch aber unwirkſam befunden.

Man giebt es zu 2, 5, 10 Gr. mit Kampher,
Moſchus, der Confectio cardiaca u. ähnl. immer
aber in flüſſiger Geſtalt.

Aeuſſerlich gebraucht man es als ein excitirendes Mittel um lebloſe Perſonen wieder zu ſich
zu bringen. Als Riechmittel bey Erſtickten, Ertrunkenen, in Schlaffuchten.

PRAEPARATE.

1) *Spiritus cornu cervi* Hirſchhorngeiſt. Aus
dem flüchtigen Hirſchhorngeiſt (oder Laugenſalz),

in

in Waſſer aufgelöſt. Es iſt ein heftig reizendes
Mittel. Man giebt es mit Waſſer verdünnt zu 5,
15, 30 Tropfen.

2) *Spiritus Salis Ammoniaci cum calce viva.*
Das äzende flüſlige Laugenſalz (*Alcali Fluor des le
Sage:* Experiences avec l'alcali volatil; *Martinet
Exper.*), *le Sage* empfahl ihn vorzüglich gegen
den Bis giftiger Thiere, Vipern, tollen Hunden;
weil er glaubte, daſs das Gift dadurch in der
Wunde neutraliſirt werde. Nach eben dieſer un-
richtigen Theorie ſoll es auch in der Ruhr wirken,
um die ſaure Schärfe zu neutraliſiren, in Verbrennungen, Zahnſchmerzen u. a. In Ohnmachten bey
erſtikten und ertrunkenen Perſonen, innerlich zu
1 Dr. aus eben der Urſache. Nach wiederholten
Verſuchen half es nicht. *Odier* ſchlug es in der
Kopfwaſſerſucht vor, allein ohne Erfahrung.

Aeuſſerlich iſt es am wirkſamſten als ein Riechmittel, und zur Zertheilung der Geſchwulſte.

3) *Spiritus Mindereri* aus dem flüchtigen Laugenſalz mit Eſſig geſättigt (Eſſigſalmiak). Durch
den Zuſatz des Eſſigs hat dies Mittel viel von den
ſtark reizenden Wirkungen der bloſſen alcaliſchen
Salze verlohren. Es iſt mehr gelinde excitirend,
ſchweistreibend, und lindert die Krämpfe. Man
darf es nicht auf eine lange Zeit bereiten laſſen,

weil

weil es ſich leicht trennt. Am gewöhnlichſten wird
es als ein ſchweistreibendes Mittel benutzt.

4) *Liquor Cornu cervi ſuccinatus,*

5) *Linimentum volatile.*

Hieher gehören auch die *Spiritus oleoſi* aus
der Verbindung der alkaliſchen Geiſter mit aetheriſchen Oelen: z. B. Sal volat. oleoſum Sylvii; Spiritus ſalis ammoniaci aromaticus, foetidus, oleo-
ſus u. a.

II. *Empyreumatiſche Oele.*

OLEVM ANIMALE DIPPELII.

Dippels Thieroel, wird durch die Deſtillation von dem
Oleo cornu cervi foetid. abgeſchieden.

Das Thieroel hat einen unangenehmen durchdringenden Geruch und Geſchmak. Wenn es friſch
iſt, iſt es weis und farbelos, von der Luft wird
es dicklich und gelber. Daher bewahrt man es in
ganz kleinen Gläſern deren Oeffnung verſiegelt wird.
Es iſt nächſt dem Aether die feinſte und leichteſte
Flüſſigkeit. Von Eſſig und Weingeiſt wird es aufgelöſt.

Innerlich benutzt man es beſonders: 1) in
krampfhaften Zufällen; wenn es auch nicht die
Zufälle ganz hebt, ſo werden dieſe oft gemildert
oder verzögert. Am wirkſamſten iſt es doch in

leich-

leichten Nervenzufällen, im Veitstanz, hyfterifchen Anfällen und ähnl. *Cartheufer* und *Werlhof* fanden es in hartnäckigen Epilepfien von Nutzen. 2) in Wechfelfiebern kurz vor dem Anfall *(Hal ler.)* ungleich wirkfamer ift in diefer Abficht das Opium. 3) *gegen Würmer.*

Ueberhaupt wird es felten gebraucht, weil es fo leicht die erfte empyreumatifche Befchaffenheit wieder annimmt. Die Dof. ift von 5, 15 bis 50 Tropfen mit Zucker, oder Waffer, Wein, Liquor anodynus.

Aeufferlich ift es ebenfalls zertheilend.

* • •

OLEVM ASPHALTI.

Bergpechoel. Ein empyreumatifches Oel, welches durch die Deftillation aus dem Bergpech (Bitumen Afphaltum) erhalten wird.

Courcelles von dem Nutzen des Bergpechoels.

Courcelles empfahl das Oel in langwierigen Gefchwüren, befonders in Lungengefchwüren, in der Schwindfucht, und in Blattern während der Eiterung. *Leuthner* und *Lentin* haben einzelne Erfahrungen; diefe find nicht weiter beftätigt. So lange irgend Entzündung zugegen ift, ift dies Mittel immer nachtheilig, weil es ftark erhitzt und

Q 5 reizt.

reizt. Man giebt es zu 10, 14 Tropfen. *Mel-lin* empfiehlt das Bergpech ſelbſt in Subſtanz zu 15 Gran mit Milchzucker.

C. Aus dem Mineralreich.

Die verſüſsten mineraliſchen Säuren (Spiritus dulcificati).

SPIRITVS VITRIOLI DVLCIS.

Liquor anodynus mineralis Hoffm.

Alle verſuſsten Säuren haben einen ſtark durchdringenden Geſchmak und Geruch. Sie befördern den Umlauf der Säfte, die Abſonderung des Urins und des Schweiſſes, und verbreiten eine allgemeine Wärme über den Körper. Der Nutzen iſt daher ſehr ausgebreitet.

Der Liquor anodynus iſt beſonders ſchätzbar: 1) in Krämpfen der Gedärme, Colikſchmerzen, Zufällen von Blähungen, hyſteriſchen Anfällen, krampfhaftem Kopfweh. 2) als Zuſatz zu Medicamenten um ihre Wirkung zu vermehren, und damit der Magen nicht davon beſchwert wird: z. B. zur Valeriana, Rhabarber, Chinarinde. Die Doſis iſt von 20, 30 bis 100 Tropfen und darüber.

NAPH-

NAPHTHA VITRIOLI.

Aether Vitrioli.

Ein fehr durchdringendes, reizendes und krampfftillendes Mittel. Man benutzt es hauptfächlich in
hyfterifchen Befchwerden, Krämpfen der erften
Wege, krampfhaftem Kopfweh, krampfhafter Engbrüftigkeit, bey Erftickten und Ertrunkenen; auch
in Lähmungen innerlich und äufferlich. Am beften
läfst man es auf Zucker nehmen zu 10, 15, 20,
50 Tropfen.

SPIRITVS NITRI DVLCIS.

Wird auf eben die Art gebraucht: in hyfterifchen und krampfhaften Zufällen überhaupt, und
als ein gelindes fchweistreibendes Mittel zu 15,
20, 60 Tropfen auf Zucker oder mit einem angenehmen Syrup.

———————

Sechfte

Sechste Klaffe.

Krampfftillende; beräubende Mittel. *Antifpafmodica; anodyna; narcotica; fedativa.*

Man verfteht unter *Krampf* eine jede Zufammenziehung in den Mufkeln, welche ohne, oder wider unfern Willen gefchieht. Sie ift entweder anhaltend, oder fie wechfelt mit Erfchlaffungen ab; in diefem letzten Falle heifst fie *Zuckung* oder *Convulfion.*

Die Urfache diefer Zufammenziehung liegt in einem widernatürlichen Reize; deffen Wirkungen entweder unmittelbar auf die reizbaren Fafern, oder durch die Action des Nervenfyftems erfolgen.

Die Klaffe der krampfftillenden Mittel ift daher fehr mannigfaltig, und oft ganz einander entgegengefetzt. Unftreitig find die beften krampfftillenden Mittel die, welche die Urfache des Krampfes heben: allein oft findet die Anwendung derfelben nicht Statt, oder die Zufälle find zu dringend. In folchen Fällen nimmt man 1) Mittel zu Hülfe, welche die Urfache zwar nicht heben, aber fie unwirkfam machen; die Reize einhüllen

und

und einwickeln. 2) Mittel welche einen Gegenreiz bewirken, oder 3) Mittel welche unmittelbar
die Reizbarkeit fchwächen.

Die *krampfflillenden* und *betäubenden Mittel*
fcheinen blos dem Grade nach von einander verfchieden zu feyn. Nach Verfuchen die man angeftellt hat, wirken die betäubenden Mittel *ganz allein auf die Irritabilität*, die Reizbarkeit wird
darnach durch das ganze Syftem geftümpft, und
die Mufkeln felbft erleiden eine materielle Veränderung, hingegen die Nerven welche damit in Berührung gebracht waren, werden im geringften
nicht afficirt, und die Mufkelbewegung nicht verändert. Die betäubenden Mittel fcheinen alfo nicht
wie man gewöhnlich annimmt, auf die Nerven,
oder durch die Nerven zu wirken; fondern urfprünglich auf die Mufkelfafern, indem fie diefen
ihre Irritabilität nehmen, und dadurch die Einwirkung und die Reaction des Nervenfyftems gewiffermaffen aufheben. Die Antifpafmodica hingegen
find ihrer Natur nach, mehr *excitirende*, *ftimulirende* Mittel, welche von dem *anodynen Principio*
eine gewiffe *Beymifchung* haben. Die einzelnen
Mittel diefer Klaffe befitzen daher manche Eigenthümlichkeiten.

A. Krampf.

A. Krampfftillende Mittel (*Antifpas-modica*).

I. Aus dem Pflanzenreich.

VALERIANA.

Radix Valerianae fulveftris oder minoris. (Valeriana offi-cinalis *L.*). Baldrian, wächft überall in Europa wild.

Drefky de Valeriana et eius vfu medico.

Es giebt 2 Varietäten von Valeriana; die eine mit breiten glänzenden Blättern, welche im Feuchten wächft; die andre mit kleinen Blättern in bergichten Gegenden, diefe hat einen ftärkern Geruch, und mufs allein zum medicinifchen Gebrauch genommen werden. Oft wird fie auch mit der Valeriana dioica verfälfcht, und daraus laffen fich die verfchiedenen Wirkungen und Zeugniffe der Aerzte erklären.

Die Wurzel der Valeriana min. befteht aus bräunlichen Zafern von penetrantem Geruch und fcharfem bitterlichem Gefchmak. Ihre Wirkungen find erhitzend und krampfftillend, und fie ift befonders wirkfam, wenn die Urfache der Krämpfe nicht von materiellen Fehlern herrührt.

Man

Man empfihlt fie befonders in *krampfhaften Zufällen* aller Art. In der Epilepfie gebrauchte fie *Fabius Columna* zuerft, und feit diefer Zeit fchätzt man fie als eins der wichtigften antifpasmo-difchen Mittel: man darf fich indeffen nicht immer darauf verlaffen. Im Veitstanz, in hyfterifchen Zu-fallen, Coliken; in Zufällen von Würmern; in der Amaurofis *(Plenk)* und Augenfchwäche. Aeuf-ferlich unter krampffftillende Klyftire.

Man läfst fie 1) in *Pulver* nehmen zu 1 Scr. ½ Dr. zwey - dreymal täglich mit Zimmt, Macis, Oleum Cajeput, Mofchus. 2) im *Aufgus* mit Wein, oder Waffer, Bier, (*Vicat*) mit der Serpentaria verbunden. 3) im *Decoct* im verfchloffenen Gefäs.

PRAEPARATE.

1) *Extractum Valerianae aquofum.* Wenn es gehörig bereitet worden, hat es einen ftarken Ge-ruch und Gefchmak, zu 10, 15 Gr. drey - vier-mal täglich. Man kann es mit Kampher, Liquor anodynus u. a. verbinden.

2) *Tinctura Valerianae volatilis* Ph. Edinb. Zu 60, 80 Tropfen oder theelöffelweife, mit Li-quor Cornu cervi fuccinatus; ift krampffftillend.

3) *Tinct. Valerianae fimplex.*

VALE-

VALERIANA PHV.

Ift gröffer, und hat einen bittern mehr unangenehmen Gefchmak als die vorige.

VALERIANA CELTICA.

Auf den Alpen, Italien und gebirgichten Gegenden von Deutfchland.

Sie hat einen fcharfen, bittern, gewürzhaften Geruch; man hat diefem Gewächs noch ftärkere Kräfte zugefchrieben als der Valeriana off. *Carminati* fand in feinen Verfuchen immer die Valeriana officin. am wirkfamften.

GVMMI ASAE FOETIDAE (S. 149.).

GVMMI GALBANVM (S. 146.).

CHAMOMILLA.

Flores Chamomillae. (Matricaria Chamomilla *L.*).
Chamillen, wächft häufig an Feldern.

Baldinger diff. de Floribus Chamomillae.   *Carl vires Chamomillae. Goett. 1775.*

Die Blumen haben einen ftarken Geruch und bittern Gefchmak. Sie find krampfftillend und zugleich auflöfend; und daher gebraucht man fie in vielen chronifchen und acuten Krankheiten: befonders

1) in

1) in *krampfhaften Zufällen*, hyſteriſchen Anfällen, bey heſtigen Nachwehen, in der monatlichen Reinigung wenn der Abgang mit krampfhaften Zufällen verbunden iſt. In allen Arten von Colikſchmerzen, in der Ruhr, in Anfällen der Gicht und Podagra; ſie verſchafft, wenn ſie auch nicht die Krankheit hebt, wenigſtens Erleichterung. 2) in *intermittirenden Fiebern* als ein Subſtitut der Chinarinde (S. 197.). 3) benutzt man ſie in unterſchiedenen Krankheiten, um die Wirkungen andrer Mittel zu erhöhen.

Am gewöhnlichſten gebraucht man die Chamillenblumen: 1) im *Aufgus* als Thee. 2) in *Decoct* mit Valeriana, Flor. Sambuci, Gentiana. 3) in *Pulver* mit der Chinarinde zu ½, 1, 2 Dr.

Aeuſſerlich benutzt man ſie zu Bähungen, Umſchlägen, Klyſtiren und Fusbädern.

PRAEPARATE.

1) *Aqua Florum Chamomillae* zu allen krampflindernden Mixturen.

2) *Extractum Chamomillae* zu 1 Scr. ½ Dr. in einem aromatiſchen Waſſer aufgelöſt.

3) *Oleum Chamomillae coctum* leiſtet nichts mehr als Baumoel.

R   MATRI-

MATRICARIA PARTHENIVM.

Mutterkraut, wächft an Hecken häufig.

Sie ift fchwächer als die Chamille.

CHAMOMILLA ROMANA.

Flores Chamomillae romanae. (Anthemis nobilis *L.*).

Römifche Chamille, im fudlichen Europa.

Sie hat einen viel ftärkern und angenehmern Geruch und enthält auch mehr actherifches Oel. Man gebraucht fie wie die Chamille als Thee-aufgus (*Pringle, Monro*).

RVTA GRAVEOLENS.

CARDAMINE PRATENSIS.

Baker in London Med. Tranfad. T. I. Greding verm. Schriften.

ANAGALLIS ARVENSIS.

PAEONIA OFFICINALIS.

II. Aus dem Thierreiche.

CASTOREVM.

Bibergeil, (Caftor Fiber), in America, Hudfons Bay und dem nördlichen Europa, Rufsland, Pohlen, Preuffen, an den Ufern der Fluffe und Teiche.

Das Cafloreum wird von weiblichen und männlichen Thieren erhalten. Es wird in läng-
lichten

lichen Beuteln abgefondert, welche mit einer zähen beynahe lederartigen Haut umgeben find, und die Geftalt von Teftikeln haben. Ihre Lage ift zwifchen dem Nabel und dem After. Die Subftanz felbft ift fchwärzlich, zähe, fettartig, mit vielen dünnen Häuten durchwebt, und hat einen betäubenden Geruch, und einen bittern ekelhaften Gefchmak. Ehe es verfchickt wird, wird es gewafchen, geräuchert und ausgedörrt, und fehr oft ift es mit Bley und Steinen vermifcht. Die Wirkungen des Caftorcum fcheinen mehr reizend, krampfftillend zu feyn, und mit dem ftinkenden G. Arten der Afa foetida u. a. überein zu kommen. Man gebraucht es in hyfterifchen und hypochondrifchen Anfällen (Vapeurs) welche mit Blähungen vereint find, in der colica flatulenta und ähnlichen Krankheiten, welche von Krämpfen im Unterleibe unterhalten werden. In der Epilepfie gebrauchte es *Thouvenel* mit Erfolg in groffen Dofen. Gewöhnlich giebt man es zu 1, 2, 4, 6 Granen mit Valeriana in Pulver. *Thouvenel* liefs es zu ½ Dr. ½ Unze in der Epilepfie nehmen.

Aeufferlich benutzt man es als Riechmittel bey hyfterifchem Kopfweh.

PRAEPARATE.

1) *Eſſentia Caſtorei* aus Caſtor. und Weingeiſt zu 30 Tropfen, allein, oder mit Liq. anodyn. min. Hoffm. Liq. C. C. ſuccinatus. Laudan. liquid.

2) Die *Axungia Caſtorei* hat die Conſiſtenz einer Salbe und einen ſchwachen Geruch nach Caſtoreum. Iſt entbehrlich.

MOSCHVS.

(Moſchus Moſchiferus *L.*). Biſam, in der Tartarei, Sibirien und China.

Reinick de Moſcho naturali et artefaďo. Ienae 1784.

Man erhält den Moſchus von dem männlichen und weiblichen Thier aus einem beſondern Beutel hinter dem Nabel. Es iſt eine ſchmierige, dunkelbraune, körnichte Subſtanz, welche wie geronnenes Blut ausſieht, von bitterm Geſchmak und ſtarkem durchdringendem Geruch. Gewöhnlich iſt er mit Blut, Benzoe, Bleyſtücken, Aſphalt vermiſcht. Alle dieſe Verfälſchungen ſind ſchwer zu entdecken. Die gewöhnliche Probe, ob er ächt iſt, beſteht darinn, daſs man ihn auf ein glühendes Blech ſtreut und abbrennen läſst. Je mehr Theile nachbleiben deſto ſtärker iſt die Verfälſchung. Einige glauben daſs aller Biſam eine bloſe Compoſition ſey. *Stöller* hat

hat ſelbſt einen künſtlichen Moſch s vor·geſchlagen
Beobachtungen und Erfahrungen. Gotha. 1777.).

Die Wirkungen des Moſchus ſind krampfſtil-
lend, erhitzend, er treibt die Säfte nach der
Haut. Man bedient ſich ſeiner 1) in *fieberhaften*
K·ankheiten wenn krampfhafte Zufälle, Schluchſen,
Sehnenhüpfen entſtehen. 2) in *krampfhaften con-*
vulſiven Krankheiten. In der Epilepſie, im ſardoniſchen Lachen (*Roböl* vom Nutzen des Moſchus
in einem hartnäckigen ſardoniſchen Lachen). Im
Trismus der Kinder. Im Tetanus. In Nervenfiebern. Beym Keichhuſten mit Convulſionen (*Ber-*
ger), in der Kopfwaſſerſucht wo Convulſionen
entſtanden. 3) in *Zufällen von zurückgetretenen*
Ausſchlägen, der Kräze, in Blattern wenn ſie zu-
rücktreten. *Huxham* und *Roſenſtein* empfahlen ihn um den Ausbruch der Blattern zu befördern. In der Epilepſie und Manie von zurückgetretenen Ausſchlägen.

Wenn der Moſchus wirken ſoll, darf er nicht
in zu kleinen Doſen gebraucht werden. Unter
4 Gran darf man nie verſchreiben, ſonſt leiſtet er
gar nichts. Für Erwachſene 8, 10, 15 Gr. 1 Scr.
Wall (Philoſ. Tranſact. Nr. 474.) hat beobachtet,
daſs der Moſchus in der Doſis von 10 Gran und
aufwärts, eine gelinde Diaphoreſis bewirkt, ohne

den

den Körper zu erhitzen, dafs er die Schmerzen
lindert, und dafs die Kranken gemeiniglich darnach
in Schlaf verfallen, wodurch fie fehr erleichtert
werden. *Gregory* gab in hartnäckigen Nervenzufällen ; Dr. auf einmal.

Man giebt ihn 1) in *Pulver* mit Zucker,
und Kampher, Valeriana vermifcht. 2) in *Pillen*
oder *Bohus* mit Opium, Afa foetida. 3) in *Mixtur.* Man läfst ihn mit Schleimen, oder Zucker,
und Liquor anodynus zufammenreiben, und mit
Waffer mifchbar machen. Aufgelöft wird er von
keiner einzigen Flüffigkeit.

PRAEPARAT.

Julapium e Mofcho.

III. Aus dem Mineralreich.

FLORES ZINCI.

Zinkblumen, Zinkkalk.

Roböl Verfucht mit den Zinkblumen.

Die Zinkblumen haben weder Geruch noch
Gefchmak. Ihre Wirkungen find krampfftillend,
und zugleich wurmtreibend. Zufolge diefer beyden
Eigenfchaften find fie in der Kinderpraxis fehr
wichtig.

Man

Man benutzt fie als ein Hauptmittel gegen convulfive Zufälle, zumal bey Kindern. In Zuckungen von Würmern, in den epileptifchen Zuckungen während der Blatternkrankheit *(Hufeland)*, Zuckungen nach zurückgetriebenen Ausfchlägen, beym Hydrocephalus, in hyfterifchen Zufällen, in Zuckungen während der Schwangerfchaft. Im Keichhuften *(Theden)*.

Im Anfange und in zu ftarken Dofen, erregen fie leicht Erbrechen oder Würgen, dies hört in der Folge auf. Man giebt fie von 1, 2, 6 Gr. 1 Scr. mit Zucker abgerieben, oder mit Milch und Thee, auch aufs Butterbrod. In der Epilepfie mit Cuprum Ammoniacum, in intermittirenden Fiebern mit der Chinarinde.

Man hat beobachtet, dafs Zink durch Säuren zerlegt und mit Laugenfalz niedergefchlagen, noch ungleich wirkfamer ift als die Zinkblumen *(Duncan* Med. Comment. 1788.).

Aeufferlich find die Zinkblumen gelinde austrocknend.

R 4   SAL

SAL SVCCINI.

Bernsteinsalz. (Succinum ele&ricum *L.*). Ein flüchtiges
saures Salz , welches durch die trockne Destillation
aus dem Bernstein abgeschieden wird.

Das Bernsteinsalz sieht weis aus, und hat einen sauren Geschmak. Es ist oft mit Salmiak,
Weinstein und flüchtigem Laugensalz verfälscht.
Die Wirkungen desselben sind erhizend, schweistreibend und krampfstillend.

Man giebt es zu 5, 10 Gr. mit Zucker abgerieben in Lähmungen, hysterischen Anfällen u. a.

OLEVM SVCCINI.

Bernsteinoel , durch die Destillation aus dem Bernstein.

Ein sehr hitziges, reizendes Mittel; *la Motte*
empfahl es gegen die Ohnmachten der Gebärenden.
Auch im *Tetanus* hat man es mit Erfolg angewendet zu 5, 10, 15 Tropfen. Aeusserlich zum Einreiben in paralytischen Zufällen.

LIQVOR CORNV CERVI SVCCINATVS.

Aus Bernsteinsalz mit Hirschhorngeist gesättigt.

Man benutzt diesen Liquor in krampfhaften
Zufällen überhaupt. Er ist krampfstillend , befördert den Schweis und den Urin; besonders wirksam

ſam iſt er in Zuſällen von zurückgetretenen Ausſchlagskrankheiten, vom Schreck u. a. Auch in
der Gicht, Rheumatiſmen, dem Podagra. Die Doſ.
iſt von 20, 30, bis 100 Tropſen mit Liquor
anodynus, der Tinctura Thebaica, mit Kampher
u. ähnl. Man gebraucht ihn auch als Zuſatz zu
andern Nervenmitteln,

CVPRVM AMMONIACVM.

Kupferſalmiak.

Weizenbreyer de cupro medicato. Erf. 1783.

Alle Kupferpraeparate ohne Unterſchied ſind
ſehr heftig reizende Mittel. Sie erregen heftiges
Erbrechen und Abführung; in ganz geringer Doſis
ſind ſie antiſpaſmodiſch.

Die innere Anwendung des Kupfers iſt ſehr
alt. *Aretaeus* empfahl ſchon den Gebrauch deſſelben in der Epilepſie, *Weisman* Kupferkalk
mit dem flüchtigen Laugenſalz, *Boerhaave* eine
Kupfertinctur in der Waſſerſucht u. m. In neuern
Zeiten iſt beſonders der Kupferſalmiak von *Cullen*
und *Duncan* wieder in Gebrauch gebracht. *Duncan* rühmt dies Praeparat als eins der beſten Mittel gegen die Epilepſie; beſonders wenn eine allgemeine Schwäche und Schlaffheit vorhanden iſt,

R 5   und

und ich habe selbst in Edinburg davon gute Wirkung gesehen. Am besten verbindet man es mit Zinkblumen, zuweilen auch mit Magnesia. Man fängt von $\frac{1}{4}$, $\frac{1}{2}$ Gran an und steigt allmälig. (*Bland* von dem Nutzen des Kupferſalmiaks in der Epilepſie in Samml. für pr. Aerzte B. XI.). Im Veitstanz iſt er ebenfalls von Nutzen geweſen (*Walker* von dem Nutzen des Kupferſalmiaks im Veitstanz), auch in hartnäckigen krampfartigen Krankheiten der Eingeweide (*Storr* von dem Nutzen des Kupferſalmiaks in Samml. für pr. A. B. XI.). Im Anfange erregt er ſehr oft Erbrechen, dies kann in dieſen Krankheiten bisweilen von groſſem Nutzen ſeyn, zugleich aber macht es die Vorſicht nothwendig behutſam zu verfahren.

PRAEPARAT.

1) *Pilulae e cupro Ph. Edinb.* aus Kupferſalmiak und Brodkrumen mit Salmiakgeiſt zu Pillen gemacht. Jede Pille enthält $\frac{1}{2}$ Gr. Kupferſalmiak.

B. Betäu-

B. Betäubende Mittel (*Narcotica*).

Blos aus dem Pflanzenreich.

OPIVM.

Opium crudum. (Papaver fomniferum *L.*). Mohnſaft
In Egypten, Perſien, Oſtindien.

*Wirtenſohn Abh. vom Mehnſaft mit Anmerk. von
Fehr. Siebold commentatio de effectibus Opii.*

Opium ʼnennt man den eingetrockneten Saft
der Mohnpflanze. Es giebt davon dreyerley Arten:
1) aus den *unreifen Saamenkapſeln*; (lacryma opii).
Nach vorhergängigem Einritzen fliefst der milchichte
Saft aus, und erhärtet an der Luft. 2) aus den
Saamenkapſeln welche eingekocht und ausgeprefst
werden (opium thebaicum), die reinſte und beſte
Art welche wir erhalten. 3) aus allen Theilen der
Pflanze welche man einkocht und ausprefst (Me-
conium).

Das Opium, wie wir es gewöhnlich erhalten,
iſt eine gummicht harzigte Maſſe von braunrother
Farbe, einem ſtarken widerlichen Geruch, und
ſcharfen Geſchmak. Sehr ſelten iſt es ganz rein
und unverfälſcht, und man findet am häufigſten
Sandklumpen, oder ſchwarze dunkle Streifen vom
Süsholz-

Süsholzsaft (succus liquirit. infpiffat.) darunter. Je mehr es ins dunkelbraune fällt defto fchlechter ift es.

Man hat vielfältig das Opium chemifch behandelt (Cartheufer, Neumann, Beaumé, Buquet, Leigh). Diefem zufolge ift es eine zufammengefetzte Gummirefinöfe Subftanz, welche wenig aetherifches Oel und wefentliches Salz, hingegen ein flüchtiges Principium enthält, welches am meiften den refinöfen Theilen anklebt. Es ift in Weingeift leichter als in Waffer auflösbar; das Waffer nimmt nicht alle Beftandtheile auf, und diefe find darinn ungleich vertheilt.

Die Wirkungen welche das Opium auf den thierifchen Körper äuffert, find fpecififch. 1) Es fchwächt und zerftört die Reizbarkeit durch den ganzen Körper. 2) es vermindert den Pulsfchlag, den motus periftalticus, die Se- und Excretionen, ausgenommen den Schweis; diefes gefchieht aber auf eine Art, welche von den übrigen fchweistreibenden Mitteln ganz verfchieden ift. 3) es erregt Schlaf. In groffen Dofen wirkt das Opium als ein narcotifches Gift.

Man hat beobachtet, dafs die Wirkungen des Opium in zwey verfchiedene Zeiträume fallen, nämlich dafs es zuerft excitirt, und dann nachher

erft

erft die fedativen Kräfte äuffert. - Diefes ift allerdings gegründet. Die Urfache aber liegt gröfstentheils wohl in der Art das Opium anzuwenden, weil es gewöhnlich in fpirituöfen Mitteln aufgelöft gegeben wird, oder auch vielleicht in der zu geringen Dofis, welche die Irritabilität nur in einem unbedeutenden Grade fchwächt, und dafs der Körper fich bemüht das Gleichgewicht wieder herzuftellen.

Die Anwendung des Opium ift aufferordentlich mannigfaltig: 1) in *allen Krankheiten wo ein zu heftiger Reiz auf den Körper wirkt*, oder der Körper felbft zu reizbar und empfindlich ift z. B. nach fchweren Verletzungen, bei Wunden, in fchmerzhaften Krankheiten, Steinbefchwerden, venerifchen Zufällen, dem kalten Brande. 2) in *krampfhaften Zufällen* wenn fie von keiner materiellen Urfache herrühren. In der Epilepfie, im Tetanus und Kinnbackenzwang, gegen Convulfionen, in der Hydrophobie, der Starrfucht, Schlaffucht, in foporöfen Wechfelfiebern; in Coliken, der Bleycolik, in Dyfenterien. In einzelnen krampfhaften Zufällen, gegen die Schmerzen während der monatlichen Reinigung, im krampfhaften Huften; in Zufällen bey Blattern, Mäfern, in der Schlaflofigkeit. 3) in *Entzündungskrankheiten* wenn die Urfache

des

des Reizes und der Entzündung durch Opium gehoben werden kann. In Entzündungen von zurückgetretenen Hautausſchlägen, von unterdrückter Tran-
ſpiration, oder von zu ſtarker Aćtion und Bewegung der Theile. Selbſt locale Entzündungen ſchlieſ-
ſen den behutſamen Gebrauch des Opiums nicht aus.

4) Um *zu ſtarke Excretionen anzuhalten.* In Diarrhoeen, gegen Nachtſchweiſſe, bey heftigem Erbrechen, der Cholera, in Blutflüſſen u. a.

Die Wirkungen des Opium in individuellen
Fällen ſind höchſt verſchieden, und ſie beruhen
faſt bey keinem einzigen Mittel ſo ſehr auf die
körperliche Conſtitution. Einige rathen Opium in
kleinen Gaben, und lieber öfterer zu geben; andre
in voller Doſe auf einmal. Dies erfordert groſſe
Beurtheilungskraft. In allen Fällen wo man durch
Opium beſänftigen und beruhigen will, muſs man
es nothwendig in voller Doſe auf einmal geben,
weil man bey kleinen Gaben ganz den Endzweck
verfehlt, und entgegengeſetzte Wirkungen erzeugt.
Ueberhaupt gilt auch die Regel daſs man Opium
ſo früh giebt als möglich, weil es immer leichter
iſt ſchmerzhaften Zufällen vorzubeugen, als wenn
ſie ſchon entſtanden ſind, ſie zu heben.

Die Doſis worinn man Opium anwendet, iſt
von 1, 2 bis 5 Gran, in Subſtanz (Opium pu-
riſs.).

riff.). Mehrentheils dauert die Wirkung einer
Dofe acht Stunden lang. Wenn man gerade zu
beruhigen oder Schmerzen ſtillen will, giebt man
es am beſten ohne allen Zuſatz: auſſerdem aber
nach Verſchiedenheit der Krankheiten in Verbindung mit Mercurialmitteln, der Chinarinde, Kampher, Moſchus, Squilla, mit abführenden Mitteln,
fetten Oelen u. m. Ein wirkſames Mittel, gewiſſermaſſen als Corrector des Opiums iſt der Caſſe.
Er ſchwächt ſeine narcotiſchen Eigenſchaften, ohne
die lindernde Kraft aufzuheben. Wenn Opium in
zu groſſer Menge genommen iſt, ſind die beſten
Gegenmittel: Brechmittel, vegetabiliſche Säuren, und
excitirende Mittel, alcaliſche Salze u. a., äuſſerlich
Blaſenpflaſter. Auch in groſſen Gaben wird Opium
nicht leicht tödtlich, weil es gemeiniglich früher
Erbrechen erregt. Ganz anders verhalten ſich die
Wirkungen deſſelben bey den Morgenländern
(*Reinegg* in Blumenbachs med. Bibl. 2 B. 2 St.).

Aeuſſerlich benutzt man Opium ebenfalls als
ein Mittel welches die Reizbarkeit mindert und
Schmerzen ſtillt. In heftigen krampfhaften Kopfſchmerzen in die Schläfen eingerieben (*de la Crude*
vom äuſſerlichen Gebrauch des Opiums, Journ. de
Medec. T. 36), in Augenentzündungen (*Ware*
über die Augenentz.), gegen Zahnſchmerzen, unter

Inje-

Injectionen in der Gonorrhoe, unter Blaſenpflaſter
(*Acrell*), gegen das ſchwammichte Fleiſch in
Geſchwüren unter Umſchläge. In Klyſtiren ge-
gen krampfhaſte Zufälle des Darmkanals u. m

* , PRAEPARATE.

1) *Extractum opii aquoſum* zu 2, 4, 6 Gran
in Solution, oder in Pillen. Es iſt ſchwächer als
das rohe Opium.

2) *Tinctura Thebaica* Pharm. Edinb. Eine
Auflöſung des Mohnſafts in Aqua Cinam. ſpirituoſa.
Das beſte Praeparat von Opium, welches alle wirk-
ſamen Theile aufgelöſt enthält, zu 10, 20, 40 Tro-
pfen. Auch mit andern krampfſtillenden Mitteln
Liquor anodynus, Liq. cornu cervi ſuccinat. mit
Kampher.

3) *Laudanum liquidum Sydenhami;* aus Opium,
Saſran, Zimmt und Nelken mit ſpaniſchem Wein
digerirt. Eine erhitzende, unzweckmäſſige Verbindung.

4) *Tinctura opii* Ph. Edinb. Aus Opium mit
Weingeiſt digerirt.

5) *Syrupus Diacodion* aus den Mohnköpfen
ehe die Saamen reif werden. Ein gelindes beruhi-
gendes Mittel; zu 2, 3 Dr. ½, 1 Unze. Auch
als Zuſatz zu Mixturen.

6). *Maſſa*

6) *Maſſa pilular. de Cynogloſſo.*

7) *Pilulae de Styrace.*

8) *Theriaca Andromachi.*

Auſſer dieſen enthalten noch eine Menge pharmac. Zubereitungen Opium z. B. *Dovers* Pulver, *Pulvis ſudorificus* Ph. Edinb. *Confectio opiata* Ph. Lond. *Elix. Paregoricum* Ph. Edinb. *Balſam. anodyn.* Ph. Edinb. u. m.

CICVTA.

Herba Cicutae, Extractum. (Conium Maculatum *L.*). Schierling; an Graben und Dörfern in ſchattigten Oertern und ungebauten Stellen.

Stärk librllus de Cicuta.

Die Schierlingspflanze hat mit mehreren Umbellaten eine groſſe Aehnlichkeit, beſonders mit dem Chaerophyllum, Aethuſa Cynapium, und der Peterſilie.

Ihre Eigenſchaften ſind betäubend, ſchmerzlindernd und zertheilend. Sie iſt ein wirkſames Mittel, welches aber mit mehrern andern das Schickſal gehabt hat, daſs ſie in ſo mancherley Zufällen hat helfen ſollen, wo ſeine Kräfte nicht zureichen.

PRAEPARATE.

1) *Extractum Cicutae* oder *Conii Maculati* aus dem eingedickten Saft. Dies Praeparat wird am

S   öfter-

öfterſten gebraucht. Es iſt in leichten Verhärtungen der Drüſen und ſcrophulöſen Zufällen am ˏwirkſam-ſten. In alten Verſtopfungen, verhärteten Bruſtdrü-ſen, dem verborgenen Krebs und ähnl. darf man nicht viel davon hoffen. Bisweilen iſt es im Keich-huſten mit Nutzen angewendet. *(Butter* vom Keichhuſten), gegen den Geſichtsſchmerz *(Fother-gill).* In cariöſen Knochengeſchwüren, beſonders von Scropheln, in Krebsgeſchwüren *(Juſtamond* von der Heilung in Krebsgeſchwüren). In manchen Fällen verſchaft es Erleichterung wenn es auch gleich nicht die Krankheit hebt.

Man gebraucht es am öfterſten in *Pillen* von 1 Gran bis 1 Scr. ½, 1 Dr. u. m. *Butter* rech-net auf jedes Jahr des Alters 1 Gran; mit bittern Extracten, Mercur. dulcis, Sulphur auratum antim. G. Ammoniac., Aſa foetida, Caſtoreum u. ähnl.

2) in *Mixtur.*

Aeuſſerlich benutzt man auch das Extract auf-gelöſt als Verband in Geſchwüren, und das Kraut (Herba cicutae) zu Umſchlägen, Fomentationen, Bädern.

2) *Emplaſtrum cicutae.*

CICVTA

CICVTA VIROSA.

Cicuta aquatica. Wafferfchierling, Parzenkraut; in Teichen und Gräben.

Wepfer Hift. Cicutae aquaticae.

Eins der fürchterlichften Pflanzengifte.

BELLADONNA.

Herba, Radix Belladonnae. (Atropa Belladonna *L.*). Tollkirfche, Wolfskirfche, in Teutfchland, der Schweiz, England; in waldichten Gegenden.

Münch von der Belladonna. Gott. 1785.

Die alten Aerzte gebrauchten die Blätter und die Wurzel der Belladonna äufferlich als ein fchmerzftillendes und zertheilendes Mittel. Nachher verordneten fie *Degner* und *Greding* innerlich gegen den Krebs und fcirrhöfe Verhärtungen. Hin und wieder war fie auf dem Lande gegen den tollen Hundsbifs ein Hausmittel. In neuern Zeiten ift fie durch *Münch* erft recht berühmt geworden.

Sie ift eins der wirkfamften Mittel: 1) *gegen den tollen Hundsbifs*, in der Hydrophobie als Praefervativmittel fowohl als Heilungsmittel. Die Wurzel ift kräftiger als die Blätter. 2) in *Verhärtungen*, im Scirrhus der Gebärmutter *(Evers)*, in der Cardialgie von Verhärtungen im Magen, in

Ver-

Verhärtungen der Brüſte. 3) *in hartnäckigen Ner-*
venzufällen, in der Epilepſie *(Greding),* im
Veitstanz, in Lähmungen, in der Amaurofis, in
der Manie *(Evers).* Auch in der Peſt *(Lange*
Allgem. Lit. Zeitung v. J. 1788. 10 St.).

Bey dem Gebrauch bemerkt man gemeiniglich
eine läſtige Trockenheit im Munde und ein Funkeln vor den Augen. War die Dofe zu ſtark,
heftige Schwindel und eine kurzdaurende Blindheit.
Sie befördert auch den Schweis und den Urin.

Man giebt ſie Kindern in Pulver von 1 bis
5 Gran; Erwachfenen von 5 bis 16 Gran mit Zucker, oder mit Rhabarber.

Die Beeren haben mit den Kirfchen groſſe
Aehnlichkeit, und ſind ſehr fchädlich. Der Saft
derfelben welcher ins Auge fprützte, erregte in kur-
zer Zeit Blindheit *(Daries* de Belladonna, und die
Blätter auf die Schläfen gelegt eine Erweiterung
der Pupille und Unbeweglichkeit des Augapfels.
Gesner empfahl den Saft der Beeren mit Zucker
zu einem Syrup gemacht als ein Schmerzlinderndes
Mittel. Auch die Wurzel läfst man in Ungarn mit
Milch kochen und gegen die Gicht gebrauchen.

HYOS-

HYOSCYAMVS.

Bilfenkraut. (Hyofcyamus niger *L.)*. An Wegen
und Dörfern.

Störk Libellus de Hyofcyamo.

Die Anwendung diefer Pflanze ift ebenfalls
fehr alt. *Störk* brachte fie aufs neue wieder in
Andenken. Sie ift betäubend und erregt bey dem
Gebrauch leicht eine Aengftlichkeit und Dunkelheit
vor den Augen, in vielen Fällen heftige Excretionen (*Greding*), Durchfälle, Speichelflus, ftarken Abgang des Urins u. a.

PRAEPARATE.

1) *Extraßtum Hyofcyami* aus dem ausgeprefsten Safte. Die Erfahrungen der Aerzte find fehr
verfchieden. *Störk* empfahl es in hyfterifchen
Zuckungen, in Nervenzufällen überhaupt (*Whytt*),
in alten rheumatifchen und arthritifchen Schmerzen.
Plenk gegen den Kinnbackenzwang, in der Manie, Epilepfie, Herzklopfen; beym Staar mit Merc.
dulc. (*Allione*). *Collin* hauptfächlich gegen
Zuckungen. Andre aber, befonders *Greding* haben diefe vortheilhaften Wirkungen nicht beobachtet. Man giebt es von 1 Gr. bis 15. 20 Gran.
Collin gab es bis ½ Dr. täglich in *Pillen* mit Mofchus, Merc. dulc. oder in *Tropfen* in Aqua Cinam. Spir. u. a. aufgelöft.

S 3   2) *Vn-*

2) *Vnguentum de Hyoſcyamo*, iſt lindernd.

3) *Oleum de Hyoſcyamo*, ein bloſſes unguinö-
ſes Oel.

4) *Emplaſtrum de Hyoſcyamo.*

Aeuſſerlich gebraucht man das Kraut zu Umſchlägen, als ein ſchmerzſtillendes, zertheilendes
Mittel. Die Saamen zum Räuchern gegen Zahnſchmerzen, ein unſicheres Mittel.

HYOSCYAMVS ALBVS.

Das weiſſe Bilſenkraut, in den ſüdlichen Gegenden von
Europa.

Beſitzt ähnliche Eigenſchaften.

STRAMMONIVM.

Herba Strammonii. (Datura Strammonium *L.*).
Stechapfel, an ungebauten Oertern und an den Ufern
der Fluſſe.

*Wedenberg Diſſ. de Strammonie in Baldingere
Sylloge.*

Die ganze Pflanze iſt eins der ſtärkſten narcotiſchen Gifte, und erregt gewöhnlich Zufälle des
Wahnſinns. *Störk* machte zuerſt Gebrauch davon
im Extract.

PRAE-

PRAEPARAT.

Extractum Strammonii aus dem ausgepreßten Saft der frischen Blätter. Es ist in vielen Fällen mit gutem Erfolg *in der Manie* angewendet. *Störk* heilte zwey Wahnsinnige dadurch. *Allione* gab es mit Kampher verbunden mit Nutzen. *Grandidier* (*Mönchs* Lehre von den Arzneimitteln), heilte dadurch eine Tobsucht von Einbildung, da viele andre Mittel vergebens gebraucht waren. 2) *in der Epilepsie. Odhelius* (Schwed. Abhandl. v. J. 1766.) heilte damit acht Epileptische vollkommen, und fünf andre wurden erleichtert. *Störk, Bergius* waren ebenfalls glücklich damit. *Greding* hingegen richtete nichts damit aus.

Man gebraucht das Extract von $\frac{7}{2}$, 1 Gr. bis 5 Gran mit Kampher, bittern Extract. in Pillen.

LACTVCA VIROSA.

Collin Lactucae sylvestr. contra hydropem viros. Viennae 1780.

In diesen Versuchen ist nach *Winterl* (Index horti botanic. Peslin. 1788.) die Lactuca scariola *L.* mit der L. virosa verwechselt. Die Erfahrungen sind also unzuverlässig.

LEDVM

LEDVM PALVSTRE.

Wilder Rosmarin, Poft, in fumpfichten Gegenden.
Weftring de Ledo paluftri. Vpfal. 1775.

LAVROCERASVS.

Folia Laurocerafi, Aqua Laurocerafi. (Prunus Laurocerafus *L.*). Kirfchlorbeer, wächft im füdlichen Europa
wild.

Langrifh a Courfe of Exper. with the Laurocerafus.
Fontana über das Viperngift. Berlin 1787. p. 314.

Das Kirfchlorbeerwaffer wird durch die Deftillation mit Waffer aus den Blättern erhalten. Es
fchmeckt angenehm bitter. Unter allen narcotifchen
Giften ift es das ftärkfte, und tödtet faft augenblicklich mit Verluft aller Reizbarkeit. Diefe Eigenfchaften rühren von den oelichten Theilen.

Man empfiehlt das Kirfchlorbeerwaffer vorzüglich gegen alte verhärtete Gefchwulfte. *Langrifh*
verfuchte es gegen Wahnfinn und heilte dadurch
die Krankheit. Die Dofis ift von 30 - 60 Tropfen
drey - viermal täglich, fie erfordert groffe Vorficht.

RHO-

RHODODENDRON.

Stipites, Folia Rhododendri. (Rhododendron Chryfan-
thum *Pall.*). Sibirifche Schneerofe, wächft auf den
kälteften Felfenfpitzen der Sibirifchen Schneegebirge, in
Taurien am Fluffe Jenifei, kömmt in England recht
gut fort.

*K o e l p i n Bemerkungen über den Gebrauch der Sibi-
rifchen Schneerofe. Z a h n Diff. de Rhododendro Chryf.
Ienae 1783.*

Die Blätter und zarten Zweige der Sibirifchen
Schneerofe haben einen herben zufammenziehend-
bittern Gefchmak. Sie find betäubend und wirken
auf den Schweis und den Urin. Gewöhnlich verurfachen fie einen läftigen Durft und eine unangenehme Empfindung in dem leidenden Theil.

G m e l i n (Reife nach Sibirien) ift der Erfte
welcher fie gegen rheumatifche Zufälle empfohlen
hat, nacher *P a l l a s* und *K ö l p i n* in Deutfchland.
G r u n e r fand fie ebenfalls im Podagra und Lähmungen der Füfle wirkfam; *S t r c k* gegen Anfälle
der Gicht. *Z a h n* verfuchte fie gegen Nieren-
fchmerzen, und fie verdient der uva urfi an die
Seite gefetzt zu werden.

Am häufigften gebraucht man fie im *Aufgufs:*
¼ Unze mit 10 Unzen Waffer aufgegoffen, und
läfst davon täglich zwey - dreymal eine halbe Taffe
nehmen. *Strak* gab fie in Pillen.

Ƅ 5 Siebte

Siebte Klaffe.

Fäulniswidrige Mittel. *Antiputre-dinofa; Antifeptica.*

In der Lehre von den fäulniswidrigen Mitteln herrfcht eine groffe Unbeftimmtheit. Der Grund davon liegt theils darinn, weil man vormals viele Krankheiten für faulicht hielt, die es nach richtigern Erfahrungen nicht find; theils weil man die Wirkungen diefer Mittel aufferhalb dem thierifchen Körper mit den innerlichen faft durchgehends zufammengemilcht hat.

Es giebt zwey Hauptklaffen von fäulniswidrigen Mitteln, welche man forgfältig unterfcheiden mufs. 1) folche welche aufferhalb dem thierifchen Körper die Fäulnis verhüten, oder wenn fie fchon entftanden ift verbeffern. Dahin gehören alle Mittel zum Einfalzen, Einpöckeln und Einbalfamiren, z. B. die Mittelfalze, die alcalifchen Salze, der Terpentingeift, der Weingeift, verfchiedene Gummiarten, der Honig u. m. 2) Mittel welche innerlich genommen, der Fäulnis widerftehen follen.

Die

Die Fäulnis der Säfte ist eine unausbleibliche
Folge wenn die Lebenskräfte zu wirken aufhören.
So lange die Lebensverrichtungen ununterbrochen
und gehörig von Statten gehen, kann keine Fäulnis entstehen. Auch der Grad der Fäulnis steht mit
den Lebenskräften im genauen Verhältnis. Was
für eine chemische Veränderung die Säfte dabey
erleiden, und worinn diese eigentlich besteht, dies
ist mehr eine Vermuthung als eine wirklich erwie-
sene Erfahrung: Ein Beyspiel davon ist der Scorbut.

Es ist wahrscheinlich, dass die innerlichen
fäulniswidrigen Mittel, größtentheils in so ferne
diese Eigenschaften besitzen, als sie auf die Lebenskräfte wirken, diese reizen, erheben und stärken.
Wenn es wirklich Mittel giebt, welche innerlich
die faule Materie in sich nehmen, oder verändern
und verbessern, so sind die Säuren die einzigsten.

Diese Behauptung ist von den Erscheinungen
in faulichten Krankheiten, und den Wirkungen der
Mittel entlehnt. Die Hauptsymptome faulichter
Krankheiten sind *äusserste Schwäche, krampfhafte
Zufälle* und *Colliquationen*; diesen zufolge werden
in faulichten Krankheiten Mittel angewendet, welche an sich ganz von einander verschieden, und
im eigentlichen Sinne nicht antiseptisch sind: wie
1) *eigentliche excitirende Mittel* (S. 215.), der
Kampher,

Kampher, die volatilen Salze, die Arnica, Serpentaria, der Wein, die aetherifchen Oele u. a. 2) *Antifpasmodica:* Valeriana, Mofchus, Flor. Chamomillae u. m. 3) *Stärkende, bittre aromatifche und zufammenziehende Mittel* (S. 186.): der Cortex Peruvian., Cort. Quercus, Salicis, die Quaffia, der Alaun, die mineralifchen und vegetabilifchen Säuren, das kalte Waffer, kalte Luft u. ähnl.

Die Klaffe der fäulniswidrigen Mittel ift daher gröfstentheils aus den reizenden, antifpasmodifchen und ftärkenden Mitteln zufammengefetzt.

Es ift nicht zu läugnen, dafs verfchiedene von diefen Mitteln aufferhalb dem menfchlichen Körper die Fäulnis verbeffern und abhalten, die Säfte gerinnen machen, und der Gährung widerftehen, allein es ift nicht erwiefen, dafs fie innerlich eben diefe Wirkungen äuffern, wenigftens find die andern Eigenfchaften weit mehr hervorftechend. Aufferdem gelangen fie auch nicht fo unverändert in die Säfte dafs man diefes annehmen könnte.

1. Allge-

I. Allgemeine Säure.

ACIDVM AEREVM.

Die *Luftsäure* oder die *fixe Luft.*

Swenske de rite determinanda aeris fixi in corpus humanum salutari efficacia. Gott. 1783.

Die fixe Luft ist in vegetabilischen, animalischen und mineralischen Subftanzen enthalten, und wird daraus entwickelt. Am häufigsten findet man sie in unterirdischen Höhlen, verschlossenen Gewölben, in kalkartigen Steinen, alcalischen Erden und Salzen, gährenden Subftanzen, Mineralwassern u. a. Sie ist zum Athemholen untauglich, Lichter löschen in ihr aus, und alle warmblütigen Geschöpfe werden sehr schnell dadurch getödtet.

In die Medicin ist sie besonders als ein *fäulniswidriges* Mittel eingeführt, weil man sie für das ursprüngliche und wesentliche Verbindungsmittel thierischer Subftanzen hielt, welches durch die Fäulnis entbunden würde; diesen Verluft hofte man nun so directe wieder zu erfetzen! Man empfahl sie daher: 1) in *Faulfiebern*, 2) in der *Lungenfucht* und Geschwüren der Lunge (*Percivall, Hulme, Dobson*), dafs man den Dampf von gährenden Subftanzen einziehen läfst. *Selle* hingegen beobachtete

achtete darnach, wie es wohl nicht anders feyn konnte, groffe Beklemmung auf der Bruft und An-fälle vom Blutfpeien (Beyträge). Ferner in Ge-fchwüren der Urinwege. 3) *gegen äufre, befonders krebshafte Gefchwüre; Juft amond* (von Heilarten in Krebsgefchwüren) liefs Stundenlang fixe Luft an die Gefchwüre gehen, und alle atmofphärifche Luft ausfchlieffen, ohne Erfolg. Zu Injectionen ge-gen krebshafte Gefchwüre der Gebärmutter. 4) ge-gen zu flarkes Erbrechen und Sodbrennen. 5) hat man fie auch gegen *den Stein,* in Gichtfchmerzen und Podagra empfohlen. 6) in Haemorrhoidalzu-fällen, Wafferfuchten, Wurmbefchwerden u. a.

Man gebraucht fie innerlich entweder 1) in *Mineralwaffer* wie die *Säurlinge,* oder Sauerbrun-nen ; fie find angenehm, pikant und erfrifchend, und die meiften der fixen Luft zugefchriebenen Ei-genfchaften rühren wohl vorzüglich von dem Waf-fer her. 2) nach *Huhnefcher Methode:* dafs man eine Auflöfung von Sal Tartari mit verdünntem Vitriolgeift nach einander nehmen läfst. 3) als *Potio Riverii:* aus Sal' Tart. oder Abfinthii mit Ci-tronenfaft oder Effig genommen. . Aeufferlich appli-cirt man fie 1) mittelft eines in Gährung gefetz-ten Breyumfchlages, oder 2) man läfst die Luft

aus

aus Kreide oder Pottafche und ähnl. durch eine
Säure entwickeln und an den Theil gehen.

* Der *Malztrank*; vorzüglich gegen den Scorbut.

Das ·SAUERKRAUT.· (S. 10.).

II. Aus dem Pflanzenreich.

ACETVM.

Der rohe Effig, wird aus allen füslichen, füslichtfchleimi-
gen, und fäuerlichen Fruchtfäften durch die Gährung
erhalten.

Der Effig ift die Hauptfäure aller Vegetabilien,
worinn alle fich verwandeln. Durch die Gährung
erhält er eine mehr geiftige Natur, und wird flüch-
tiger, durchdringender und angenehm. Zuweilen
wird er durch Vitriolfäure oder fcharfe Pflanzen-
theile verfälfcht.

Innerlich gebraucht, wirkt der Effig als ein reizendes zufammenziehendes Mittel, er befördert gelinde die Tranfpiration, den Urin, und als Zufatz
zu Speifen die Verdauung. Man benutzt ihn daher
1) in *faulichten Krankheiten*, faulichten Gallenfiebern, bösartigen Blattern. Er ift angenehmer aber
nicht fo kräftig als die Mineralfäuren. 2) im *Scorbut*. 3) in Entzündungsfiebern. 4) gegen die Wir-
kun-

kungen betäubender Pflanzengifte, mephitifcher Dämpfe, bey Erflickten. 5) als Zufatz zu Gurgel-waffer, in der bösartigen Bräune und faulichten Gefchwüren im Munde. 6) in Klyftiren als ein reizendes Mittel, in apoplectifchen Zufällen, hart-näckigen Verftopfungen. 7) zum Einathmen in Lungenentzündungen u. a. Aeufferlich um die Luft in Krankenzimmern zu verbeffern. Zur Stillung leichter Blutungen. Zur Zertheilung harter Ge-fchwulfte. *Plenk* hat beobachtet, dafs durch er-wärmten Effig Knorpel wieder erweicht werden. Als Riechmittel befonders den concentrirten Effig (S. 244.).

Zum innerlicken Gebrauch vermifcht man den Effig mit bloffem Waffer, oder mit Tifanen und andern Getränken. Aufferdem läfst man ihn mit vielen andern Mitteln verfetzen: z. B. mit Honig, mit Kampher, der Chinarinde u. a.

Hieher gehören auch die fauren Fruchtfäfte: der Citronenfaft, Johannisbeerenfaft, Kirfchenfaft, Berberizenfaft, Apfelfaft u. a.

III. Aus

III. Aus dem Mineralreich.

ACIDVM VITRIOLI.

Phlegma, Spiritus, Oleum Vitrioli; Vitriolfäure, Vitriolgeift, wird vorzüglich aus dem Vitriol und Schwefel abgefchieden.

Die Vitriolfäure ift unter den mineralifchen Säuren die angenehmfte, und eins der vorzüglich-ften fäulniswidrigen Mittel. Sie paft nicht in je-dem Zeitraume faulichter Krankheiten, fondern hauptfächlich gegen die Hitze und Wallung des Bluts, und die Colliquation der Säfte. Man nimmt gemeiniglich an, dafs fie die Kraft befitzt das Blut zu verdicken. Es ift fchwer zu begreifen, wie die ganze Maffe der Säfte, wenn fie wirklich aufge-löft ift, durch die wenige Vitrioltäure die man an-wendet verdickt werden kann: Vielmehr ift es wahr-fcheinlich, dafs im Zuftande der Colliquation die feften Theile und die Gefäffe fo fehr erfchlaft find, dafs die Flüffigkeiten leichter widernatürlich durchfchwitzen, und dafs die Vitriolfäure blos als ein adftringirendes, ftärkendes Mittel wirkt.

Man benutzt·fie daher: 1) in Faulfiebern, in Fleckfiebern, in bösartigen Blattern, in der bran-dichten Bräune, der Peft, in Gallenkrankheiten. 2) bey groffen Eiterungen und Gefchwüren. 3) im

Blut-

Blutſpeien und Bluthuſten, in der anfangenden Schwindſucht, beſonders wenn Erſchlaſtung der Lunge die Urſache iſt. 4) in Hautkrankheiten, der Kräze u. a. Aeuſſerlich gebraucht man ſie gegen Geſchwüre, beſonders ſcorbutiſche und krebshaſte Geſchwüre, in der Kräze; auch unter Gurgelwaſſer gegen die bösartige Bräune, die Schwämmchen der Kinder u. a.

Zum innerlichen Gebrauch läſst man am be-ſten die Vitriolſäure aus einem Theil Vitrioloel und 3 bis 4 Theilen Waſſer bereiten, dies giebt eine gute wirkſame Säure oder Vitriolgeiſt. Man läſst ſie entweder ſo blos unter das gewöhnliche Ge-tränk miſchen, ſo ſtark es der Kranke vertragen kann, oder noch mit einem angenehmen Syrup vermiſcht. Nach Beſchaffenheit der Krankheit läſst man innerhalb 24 Stunden ½, 1 Unze Vitriolſäure-nehmen.

Bey dem Gebrauch entſtehen zuweilen ſehr un-angenehme Zufälle: 1) anhaltende Diarrhoeen, und 2) ein beſtändiger Reiz zum Huſten, um welcher willen die Anwendung oft unterbrochen, und ſelbſt unmöglich wird. Auch müſſen bey dem Gebrauch derſelben die erſten Wege beſtändig rein ſeyn.

PRAE-

PRAEPARATE.

1) *Elixir acidum Halleri;* aus gleichen Theilen concentrirter Vitriolfäure und höchft rectificirtem Weingeift. Es befitzt eben die Eigenfchaften als die Vitriolfäure, nur ift es viel angenehmer und greift den Magen nicht fo ftark an. Durch den Zufatz des Weingeiftes wird es ftärker erhitzend und gelinde krampfftillend.

Man empfiehlt es 1) als ein allgemeines ftärkendes Mittel in der Lungenfucht im letzten Zeitraum, (*Reid* von der Heilung der Lungenfucht), es mäffigt die Hitze und die Schweiffe; fo lange die Entzündung noch heftig ift vermehrt es die Zufälle. 2) in hyfterifchen Zufällen, in der Epilepfie, im Veitstanz (*Weikard*). 3) bey zu ftarker monatlichen Reinigung ; gegen die pollutio diurna (*Wichmann*). 4) in der Gicht und in Hautkrankheiten. Man giebt es von 10 bis 20, 25 Tropfen mit Waffer oder einem angenehmen Syrup vermifcht.

2) *Elixir Acidum Dippelii* aus fechs Theilen Weingeift zu einem Theile der Vitriolfäure, und mit Cochenille roth gefärbt.

SPIRI-

SPIRITVS SALIS.

Der Salzgeiſt.

Dieſe Säure iſt nicht ſo angenehm als die Vitriolſäure; in ihrer Wirkung aber, nach *Hahnemann*, noch der Vitriolſäure vorzuziehen.

Die *Salpeterſäure* iſt noch unangenehmer und wird innerlich nicht gebraucht.

Der ALAUN (S. 211.).

In dieſe Klaſſe gehören auch noch die mit *Säure überladenen Mittelſalze;* beſonders das Sal eſſentiale Tartari (S. 134.), und ähnl.

IV. Aus dem Thierreich.

SVCCVS GASTRICVS.

Der Magenſaft fleiſchfreſſender Thiere.

Jurine, Carminati, Senebier Beobachtungen über den Gebrauch des Magenſafts.

Achte

Achte Klaſſe.

Brechmittel; *Emetica.*

Ein Erbrechen kann durch ſehr verſchiedene Mittel, und auf eine verſchiedene Weiſe erregt werden. Am kräftigſten geſchicht dies durch die eigentlichen Brechen machenden Subſtanzen, vermöge eines beſondern Reizes auf den Magen.

Die Wirkungen der Brechmittel beruhen 1) *auf die Ausleerung;* indem die Contenta des Magens, des Zwölffingerdarms und eines Theils des leeren Darms dadurch ausgeführt werden, und daſs ſie oft auch noch auf den Stuhlgang wirken. 2) *auf die Erſchütterung des ganzen Körpers;* und ſie befördern auf dieſe Art die Circulation des Bluts und der Säfte, die Se - und Excretionen, und bewirken einen Gegenreiz im Körper. Dieſer Erfolg iſt in vielen Fällen oft wichtiger als die Ausleerung ſelbſt. Auſſerdem ſind ſie 3) noch ſehr wirkſame Mittel *um die Thätigkeit der kleinen Gefäſſe auf der Oberfläche des Körpers rege zu machen,* weil zwiſchen dem Magen und den Gefäſſen

T 3   der

der Haut ein beſonderer Zuſammenhang Statt findet; daher ſind ſie gegen den Krampf der äuſſer-
ſten Enden der Gefäſſe in Fiebern, und in Hautkrankheiten von groſſem Nutzen. Ueberhaupt ſind
die Anzeigen zu Brechmitteln ſehr mannigfaltig.

Die Anwendung der Brechmittel geſchieht entweder in voller Doſe, ſo daſs ſie gerade zu Erbrechen erregen, oder in kleinen Gaben daſs ſie blos
Ekel und Uebelkeit verurſachen. Zuweilen gebraucht man ſie auch in Verbindung mit abführenden Mitteln, daſs ſie beyde Ausleerungen zugleich
bewirken.

Gemeiniglich beurtheilt man die guten Wirkungen, und die Nothwendigkeit des Erbrechens
nach dem äuſſern Anſehen, oder dem Geſchmak
der weggebrochenen Stoffe. In vielen Fällen kann
man dieſe wohl als die Urſache der Zufälle anſehen wodurch das Brechmittel nothwendig gemacht
wurde; oft aber ſind ſie blos als Wirkung zu betrachten. Daher verſchaffen auch oft wiederholte
Brechmittel unter ſolchen Umſtänden nicht nur
keine Erleichterung, ſondern verſchlimmern ſelbſt
die Zufälle, indem ſie eine Erſchlaffung des Magens zurücklaſſen.

Auſſerdem erfordern dieſe Mittel in der Anwendung in individuellen Fällen groſſe Behutſamkeit:

, keit: hauptſächlich 1) bey Perſonen die ſehr cor-
pulent, oder zu apoplectiſchen Zufällen oder Blutflüſſen geneigt ſind. 2) wenn die Kranken Fehler
in der Bruſt oder im Magen ſelbſt haben. 3) wenn
ſie mit Brüchen behaftet. 4) wenn ſie ſchwer
zum Erbrechen zu bringen ſind. 5) während der
Schwangerſchaft. 6) bey hartnäckigen Verſtopfungen des Leibes. In vielen Fällen iſt es am ſicherſten, wenn man vor dem Gebrauch der Brechmittel erſt auflöſende Mittel nehmen läſst. Es wäre
denn daſs die Zufälle dieſe Verzögerung nicht zu-
lieſſen. Auch die Wahl der Brechmittel iſt keine
gleichgültige Sache, und nicht alle ſind in ihren
Wirkungen gleich.

I. Brechmittel aus dem Pflanzenreich.

IPECACVANHA.

Radix Ipecacuanhae. (Pſychotria emetica?). Brechwurzel,
Ruhrwurzel, aus dem ſpaniſchen America, Mexico,
Peru, Braſilien.

*Laſſone und Cornette über die Eigenſchaften und
Beſtandtheile der Ipecacuanha.*

Die Brechwurzel ward im Jahr 1649 durch
Piſo zuerſt bekannt. *Grenier* führte ſie 1686

in

In Frankreich ein; 1690 ward ſie zuerſt in Deutſchland verſucht; und zu ihrer Verbreitung haben
Leibnitz und *Wedel* vieles beygetragen.

In Anſehung der Farbe giebt es drey Arten;
die *aſchfarbene* oder peruvianiſche, die *braune* von
Braſilien, und die *weiſſe*. Die ächte Brechwurzel
iſt knotig, gewunden, ohne Geruch, und von bitterm etwas ſcharfem Geſchmak. Sie beſteht aus
dem rindichten 'Theil und der Markſubſtanz, und
enthält gummichte und reſinöſe Beſtandtheile.

Als *Brechmittel* paſt ſie vorzüglich: 1) für
zartere, mehr reizbare Perſonen. 2) ſie verurſacht
nicht ſo leicht Schmerzen des Magens und der Gedärme. 3) ſie wirkt ſeltener auf den Stuhl als die
andern Brechmittel. Dagegen iſt ſie· für mehr reizloſe
Perſonen und bey einer Verſchleimung nicht kräftig genug; und für Kinder zu widerlich. Faſt noch
wirkſamer iſt ſie dagegen zur Ekelkur; zur Erregung einer anhaltenden Uebelkeit.

Sie iſt am kräftigſten, wenn man ſie kurz zu-
vor, ehe ſie genommen werden ſoll, recht fein pul-
vern läſst. Erwachſene erfordern gemeiniglich zum
Erbrechen 20, 25 Gr. bis ½ Dr, zur Ekelkur
1, 2 bis 6 Gran. Die Erfahrungen welche *Pye*
(Lond. Med. Obſ. Vol. I.) mit ganz kleinen Gaben
gemacht hat, laſſen ſich nicht allgemein anwenden,

Gewöhn-

Gewöhnlich giebt man fie in *Pulver* mit Zücker,
oder Oelzucker, wozu man zuweilen noch 1 Gr.
Tart. emetic. fetzt, oder im *Aufgus* mit Waffer,
oder Wein und Meerzwiebelhonig.

Auffer diefen hat man der Brechwurzel noch
viele andre Eigenfchaften zugefchrieben. Vorzüglich berühmt war fie vormals *in der Ruhr*, und fie
hat felbft daher den Namen erhalten. Indeffen hat
fie nach unzweifelhaften Erfahrungen vor andern
ausführenden Mitteln nichts voraus; oft haben felbft
der Tart. emetic., Rhabarber und Cremortartari
Vorzüge. In hartnäckigen *chronifchen Durchfällen*
ift fie mit groffem Nutzen angeweudet; in Verbindung mit Rhabarber, Magnefia oder Opium.

Ferner in *Blutflüffen* befonders *Mutterblutflüf-*
fen (*Plenk* in Samml. f. pr. A.) als Brechmittel,
oder als Ekelerregendes Mittel zu 1 Gr. alle $\frac{1}{2}$
oder alle Stunden. Beym krampfhaften Blutfpeien
(Wichmann, Dahlberg), und bey krampfhaften Zufällen überhaupt, z. B. in hyfterifchen
Anfällen wo man die erhitzenden krampfftillenden
Mittel nicht anwenden darf; bey *afthmatifchen Be-*
fchwerden, im Keichhuften. Auch in hartnäckigen
Wechfelfiebern, in anhaltenden Fiebern, in der Wafferfucht. In der Arthritis und Rheumatifmen, im
fchwarzen Staar.

T 5 PRAE-

PRAEPARATE.

1) *Infuſum Ipecacuanhae Gianellae* aus rad. Ipecac., Cort. Aurant., Cremortartari mit Waſſer gekocht und Oxym. ſquillit. vermiſcht.

2) *Vinum Ipecacuanhae* Ph. Lond. aus einer Unze Ipecac. mit 2 Pf. weiſſem Wein digerirt zu ℥, 1 Unze.

3) *Syrupus Ipecacuanhae* für zarte Perſonen und Kinder.

4) *Pulvis Doveri*; Doverspulver aus Ipecac., Opium, Salpeter und Tart. Vitriolat., in der Gicht und Rheumatiſinen.

ASARVM.

Radix, Folia Aſari. (Aſárum Europaeum *L.*). Haſel-wurzel, in waldichten Gegenden.

Ehe die Ipecacuanha und die Antimonialmit-tel ſo ſehr in Gebrauch kamen, war die Haſel-wurzel beynahe das einzige Brechmittel. Die Blät-ter und die Wurzel ſind von gleicher Wirkſamkeit. Sie ſind heftig reizend, und draſtiſch, und beför-dern zugleich den Schweis, den Urin und den Stuhl. Die Doſis iſt 1 Scr. ½ - 1 Dr.

COR-

CORTEX CARIBAEVS.

(Cinchona Caribaea). Caraibifche Rinde; in Martinique, Jamaica, befonders in der Gegend von Haunover an den Ufern der See.

Die Rinde ift äufferlich glatt und grau, inwendig dunkelbraun; fie riecht gewürzhaft und fchmekt anfangs füfs, hinterher fcharf und bitter. Sie wirkt ftärker als die Ipecacuanha, und führt gemeiniglich auch zugleich ab. Man giebt fie von 5, 10 Gr. bis 1. Scr. in Pulver mit Zucker.

OXYMEL SQVILLITICVM.

Meerzwiebelhonig; aus einem Theil Meerzwiebeleffig mit 2 Theilen Honig vermifcht.

Die Squilla in Subftanz wird nie oder doch nur fehr felten als ein Brechmittel benutzt; häufiger hingegen dies Praeparat. Befonders zweckmäffig ift es in Verfchleimungen der Bruft und der erften Wege, als Zufatz zu Brechmixturen von 1, 2 Dr. ½ Unze. Für Erwachfene ift es felten allein hinreichend.

II. Aus

II. Aus dem Mineralreich.

TARTARVS EMETICVS.

Brechweinſtein (S. 161.).

Der Brechweinſtein iſt eins der ſchätzbarſten Brechen erregenden Mittel, welches alle guten Eigenſchaften der Brechmittel in ſich vereinigt. Er iſt vollkommen ſicher, hinreichend und ſchnell wirkſam, und befördert zu gleicher Zeit den Stuhl und den Schweis. Man kann ihn in jedem Alter und in jeder Krankheit anwenden: hauptſächlich 1) in allen Zufällen wenn die materielle Urſache dadurch ausgeführt werden kann, und Unreinigkeiten im Magen ſind. 2) in Krankheiten wo man einen Gegenreiz bewirken, oder den Körper erſchüttern will: daher in der Waſſerſucht um die Reſorbtion zu bewirken, bey zurückgetretenen Hautausſchlägen, unterdrückten Ausleerungen, bey oedematöſen Geſchwulſten, in convulſiven Zufällen, in der Epilepſie, in der Manie, bey lebloſen Perſonen u. a. 3) um die Ausdünſtung gelinde zu befördern.

Die gewöhnliche Doſe für Erwachſene iſt von 1 bis 3 Gran; auſſerordentliche Fälle aber machen eine Ausnahme, und dann läſst ſich keine Gabe gewiſs beſtimmen. Sollte nach einigen Stunden gar

kein

kein Erbrechen erfolgt feyn, fo müffen die Gaben
nicht um ein weniges erhöht, fondern in doppelten Verhältniffen gegeben werden, weil fie fonft
eben fo unwirkfam find als die vorigen. Man
giebt den Brechweinftein allemal in Auflöfung: am
beften mit deftillirtem Waffer, mit Meerzwiebelhonig, oft auch mit abführenden Mitteln, der Rhabarber oder Mittelfalzen verbunden.

Aeufferlich als Zufatz zu reizenden Klyftiren
bey apopleclifchen und leblofen Perfonen.

SYRVPVS EMETICVS.

Aus Spiesglanzglas mit Wein aufgegoffen, und mit Gewürze und Zucker eingekocht.

Ein Brechmittel für Kinder und zärtere Perfonen zu 1 Dr. ½, 1 Unze. Die Dofis ift nicht
ganz ficher, weil fie auf der Menge des Zuckers,
und der Zeit des Kochens beruht.

*Vitrum Antimonii, Vitrum antimonii ceratum,
Crocus metallorum, Pulvis Algarotti, Aqua benedicta Rulandi.*

VITRI-

VITRIOLVM ALBVM.

Vitriolum zinci, weiſſer Vitriol.

Der weiſſe Vitriol iſt ſelten rein, und muſs erſt zum mediciniſchen Gebrauch durch wiederholtes Auflöſen und Kryſtalliſiren gereinigt werden. Man empfiehlt ihn als Brechmittel in Fällen wo man eine ſchnelle Ausleerung ·bewirken will, bey narcotiſchen Giften und ähnl. Dieſe Wirkungen laſſen ſich durch die andern Mittel ebenfalls leicht erreichen: in manchen Fällen verurſacht er eine lange anhaltende Uebelkeit, oder wenn er nicht gehörig gereinigt iſt, eine zu gewaltſame Wirkung. Die Doſis iſt von 5, 6 Gr. bis ½ Dr.

VITRIOLVM CAERVLEVM.

Blauer Vitriol.

Der blaue Vitriol erregt faſt augenblicklich Erbrechen ſo bald er in den Magen kömmt. Er verurſacht kein langes Würgen, und läſst nicht ſo leicht eine Erſchlaffung und Schwäche des Magens zurück als die andern Brechmittel. *Simmons* gebraucht ihn daher in Lungenſuchten mit dem beſten ·Erfolg. *Brookes* empfiehlt ihn im Keichhuſten und Verſchleimungen des Magens, vorzugsweiſe.

Man

Man giebt ihn zu 2, 10, 15, 20 Gran in einer Taſſe Waſſer aufgelöſt. Vor der Anwendung läſst man ein Glas Waſſer nehmen, und nachher Waſſer nachtrinken. Am ſicherſten macht man mit kleinen Gaben den Anfang.

Maryatt (Samml. f. pr. A. X. B.) empfiehlt eine Miſchung aus gleichen Theilen Tartarus Emeticus und Vitriol. caerul. zu 5 Gran mit wenig Waſſer gegeben, in Fällen wo man ſchnell Erbrechen erregen will, ohne etwas nachzutrinken. Er nennt dies *ein trocknes Brechmittel*, und verſichert daſs beyde Mittel zuſammen viel gelinder wirken als jedes einzeln genommen.

*   ■   ●

B. Mittel welche das Erbrechen ſtillen; *Antemetica.*

Neunte

Neun te Klaſſe.

Abführende Mittel; *Purgantia;* Cathartica.

Abführende Mittel nennt man ſolche Arzneimittel, welche einen häufigern und flüſſigern Stuhlgang erregen. Dies geſchieht theils durch die Vermehrung der wurmförmigen Bewegung der Gedärme, theils durch den ſtärkern Zufluſs des Darmſaltes, mittelſt eines beſondern Reizes auf die Muſkelfaſern der Gedärme.

Dieſe Wirkungen leiſten ſie in verſchiedenen Graden der Stärke, und man hat ſie daher in gewiſſe Klaſſen unterſchieden: 1) in gelinde abführende Mittel (lubricantia, laxantia, eccoprotica). 2) in ſtärker abführende (purgantia, cathartica). 3) in heftig wirkende Mittel (draſtica). Von dieſen laſſen ſich die Gränzlinien ſchwerlich mit Beſtimmtheit feſtſetzen.

Der Erfolg der Wirkungen dieſer Mittel iſt ſehr ausgebreitet: 1) als *Ausleerende Mittel*; indem dadurch die im Darmkanal enthaltenen Stoffe ausge-

ausgeführt werden. 2) als *Derivirmittel* weil die Säfte nach diesen Theilen hingezogen und vermindert werden. Auf diese Weise wird zugleich 3) noch eine Vertheilung des Bluts in verschiedenen Theilen, besonders eine Verminderung des Andrangs nach der Oberfläche des Körpers hervorgebracht. Die abführenden Mittel sind daher von der gröſten Wichtigkeit. In einer jeden Krankheit iſt es allemal das erſte und wichtigſte Geſchäfte die erſten Wege gehörig zu reinigen; nur iſt es unläugbar daſs wir in unſern Tagen darin zu weit gehen. Die Unreinigkeiten ſind ſehr oft nicht die Urſache, ſondern Symptome der Krankheiten; des Fieberreizes, der krampfhaften Zufälle, der Krankheitsſtoffe. Durch die öftern und lange fortgeſetzten Ausleerungen wird der Körper ſeiner guten und nothwendigen Säfte beraubt, die Verdauungswerkzeuge, von deren geſunden Beſchaffenheit zunächſt die Geſundheit des Körpers abhängt, werden geſchwächt: es wird eine Criſe erkünſtelt welche nicht natürlich iſt, und die Folge iſt nun daſs die Krankheit in die Länge gezogen, und lange Nachcuren nothwendig werden. Jeder weis wie ſehr eine nur mäſlig ſtarke Abführung ermattet. Ganz verſchieden iſt es Krankheiten gaſtriſch, und wirkliche gaſtriſche Krankheiten behandeln.

U Einem

Einem geſunden Körper der gehörige Leibes-
öffnung hat, ſind dieſe Mittel nicht allein unnö-
thig ſondern ſelbſt ſchädlich. Noch mehr ſind ſie
es 1) in Krankheiten wo ſchon wahre Schwäche
des Körpers da iſt 2) wenn der Körper Mangel
an Säften hat. 3) wenn die Gedärme widernatürlich reizbar ſind, oder 4) wenn ſie topiſche Fehler haben.

Noch muſs ich eines beynahe allgemeinen
Vorurtheils erwähnen, daſs man die Abführungen
als Mittel anſieht, um Schärfen welche in dem
Blute oder dem Körper verbreitet ſind, auszuleeren,
gerade als ob die fehlerhaften Theile allein ausgeführt würden, und die guten alle zurück im Körper blieben. In dieſer Abſicht werden dieſe Mittel
oft ohne allen Nutzen, und nicht ſelten zum Nachtheil angewendet.

I. Ge-

I. Gelinde abführende Mittel.

PVLPA TAMARINDORVM.

Das Tamarindenmark. (Tamarindus indica *L.*). Aus
Oft und Weftindien, Egypten.

Das Tamarindenmark ift eine fchwarzbraune,
weiche, fleifchigte Subftanz, welche die Saamen
umgiebt. Gemeiniglich zerftöfst man die Saamen
und das Mark zugleich und kocht fie aus. Der
Gefchmack ift weinfäuerlich und der Geruch wein-
artig. Oft verfälfcht man das Mark mit Zucker,
Pflaumenmus, auch mit Syrup und Effig, und dadurch werden die Eigenfchaften fehr umgeändert.

. Der Gebrauch diefes Mittels ftammt aus den
Zeiten der Araber. Es ift ein gelindes, angenehmes, entzündungswidriges Laxativ, und man bedient fich deffelben: 1) in gallicht inflammatorifchen, oder gallichten Krankheiten, in gallichten
Dyfenterien, in der Gelbfucht. 2) in faulichten
Krankheiten wenn Abführungen nöthig find. 3) in
entzündlichen Zufällen, bey habituellen Verftopfungen, in Haemorrhoidalbefchwerden u. m.

Man giebt es zu ½, 1, 2, 3 Unzen mit
Waffer aufgelöft; und in Verbindung mit Manna,
Glauberfalz, Cryftalli Tartari u. a., oder in Mol-
ken (Serum lactis tamarindinatum).

U 2 PRAE-

PRAEPARAT.

Electuarium lenitivum Ph. Edinb. iſt unter allen ähnlichen Electuar. welche Tamarinden enthalten das zweckmäſſigſte.

CASSIA.

Pulpa Caſſiae. (Caſſia Fiſtula *L.*). Caſſienmark, aus beyden Indien, Dominique.

Die Wirkungen dieſes Marks kommen mit den Tamarinden überein, nur in einem ſchwächern Grade.

Hiemit kommen auch die *fürlicht ſauren Obſt-arten* überein, welche ſowohl friſch als gedörrt in beträchtlicher Menge genoſſen, gelinde abführen.

MANNA.

Manna Calabrina, electa. (Fraxinus Ornus *L.*). Aus Italien, Calabrien, Sicilien, von mehrern Gewächſen.

Die Manna ſchwitzt aus den Blättern und Zweigen entweder von ſelbſt aus, oder nach vorhergängigen Einſchnitten. Man unterſcheidet daher drei Hauptſorten: 1) *Manna in lacrymis,* dieſe erhalten wir gar nicht. 2) *M. canellata,* Manna ſtalaktit. Dieſe iſt ſelten ächt. 3) *M. vulgaris, craſſa* oder *M. calabrina.* Die gewöhnlichſte Art. Sie beſteht aus zuſammenhängenden Klumpen von

ver-

verſchiedener Gröſſe und Reinigkeit. Von dieſer
macht man eine Auswahl (M. electa), oder formt
ſie in kleine Tafeln (M. tabulata), oder läſst ſie
in Roſenwaſſer auflöſen (M. depurata).

Reine gute Manna hat eine weisgelbliche, etwas röthliche, durchſichtige Farbe, einen ſchleimicht
füslichen Geſchmak, und einen ekelhaften ſchwachen Geruch. Sie iſt ſehr oft mit Mehl oder feinem Sand verfälſcht, oder aus Honig, Zucker,
Scammſoneum oder Sennesblätter u. a. nachgemacht.
Unter ſolchen Umſtänden wird der Geſchmak und
die Conſiſtenz verändert, oder die Wirkung heftiger. Die ächte Manna läſst ſich ſowohl in Waſ-
fer als in Weingeiſt auflöſen.

So lange die Manna friſch iſt, iſt ſie blos
nährend und nicht abführend. Es ſcheint daher ein
Anfang der Gährung zu ihrer Wirkſamkeit nothwendig; auch bey ihrem Gebrauch wird dieſe leicht
im Magen fortgeſetzt, und daher bekömmt ſie Kindern und Perſonen welche eine Neigung zur Säure
und Blähungen haben, nicht.

Man benutzt ſie hauptſächlich: 1) in Entzündungskrankheiten, beſonders in Bruſtzufällen, beym
Aſthma, in Catarrhen, weil ſie zugleich den Auswurf befördert. In der Schwindſucht iſt ſie zur

U 3 Ab-

Abführung beynahe das einzigſte Mittel: Wenn
Entzündungen der Eingeweide zu fürchten ſind.
In Maſern u. a.   2) bey groſſer Reizbarkeit des
Darmkanals.   Für Erwachſene iſt ſie ſelten allein
hinreichend. Gemeiniglich verbindet man ſie mit
Mittelſalzen, Tamarinden u. a., und giebt ſie zu
2. Dr. ½, 2, 3 Unzen; in Thee aufgelöſt, oder
mit einem aromatiſchen Waſſer.

Die PRAEPARATE: Electuar. de Manna, Syrupus de Manna u. m. ſind entbehrlich.

Auch die *Gewächſe welche einen Zucker enthalten*, viele *bittern Mittel*, die *ausgepreſiten Oele,*
u. m. ſind meiſtens gelinde abführend.

Der H O N I G.

II. *Stärker abführende Mittel.*

A.   Aus dem Pflanzenreich.

RHABARBARVM.

Radix Rhabarbari oder *Rhei.* (von Rheum palmatum *L.*
und mehrern Arten). Rhabarber, aus den öſtlichen
Gegenden von Aſien, China, Tibet; wird in mehreren
Gegenden von Europa, auch in Deutſchland in der Pfalz
cultivirt.

Man unterſcheidet mehrere Sorten Rhabarber
im Handel; hauptſächlich die Ruſſiſche, Türkiſche

und

und Oſtindiſche. Die Europäiſche Rhabarber be-
ſizt eben dieſelben Eigenſchaften, nur muſs die
Gabe etwas ſtärker ſeyn.

Die beſte ruſſiſche Rhabarber beſteht aus durch-
löcherten Stücken, welche recht trocken, mäſſig
ſchwer, und leicht zu zerbrechen und zu zerreiben
ſind. Im Bruche iſt ſie gelb, mit röthlichen Streifen durchzogen, und faſt marmorirt; der Geruch
iſt ekelhaft gewürzhaft, der Geſchmak bitter zuſammenziehend. Waſſer wird davon ſafrangelb
gefärbt, und wenn man einige Tropfen oleum
Tart. per deliquium zugieſst, dunkelroth. Die
Türkiſche Rhabarber kommt der Ruſſiſchen ſehr
nahe; die Oſtindiſche iſt härter, ſchwerer und nicht
durchlöchert. Schwärzliche, wurmſtichige, geruch-
loſe Rhabarber iſt ganz untauglich.

Wahrſcheinlich iſt die Rhabarber erſt im 4ten
Saec. bekannt geworden. Als Medicin iſt die Wirkung derſelben nach der Doſis verſchieden: 1) in
voller Gabe iſt ſie abführend und die Contenta
des Darmkanals und der Urin werden darnach gelb
gefärbt. 2) in kleiner Doſe iſt ſie ſtärkend und
zuſammenziehend, wegen dieſer doppelten Eigenſchaft bekömmt ſie auch als Abführungsmittel beſſer als viele andre Mittel.

U 4 Beſon-

Befonders angemeffen ift fie in Fällen wo eine
Schwäche und Erfchlaffung des Darmkanals, und eine
Neigung zur Säure wahrgenommen wird, daher ift
fie für Kinder fehr fchätzbar, auch für zartere Per-
fonen, für Hyfterifche, für Reconvalefcenten. 2) in
Colikfchmerzen befonders von Säure und Blähun-
gen. Dagegen ift der Gebrauch derfelben bey alten
Perfonen, oder die eine Neigung zu habituellen
Verftopfungen haben nicht zuträglich. Auch in
entzündlichen Zufällen nicht, weil fie den Körper
erhitzt. Bey einer Difpofition zu Blutflüffen und
Blutcongeftionen ift fie ebenfalls nachtheilig.

Als ein *ftärkendes Mittel* gebraucht man Rhabarber vorzüglich in anhaltenden Durchfällen, von
Schlaffheit des Darmkanals; in Diarrhoeen ohne
Materie. In Verftopfungen der Drüfen im Unterleibe und am Halfe, mit bittern Mitteln verbunden. In Verftopfung der monatlichen Reinigung,
im weiffen Flus, in der Gelbfucht der Kinder u. a.

. .. Zur Abführung giebt man 1 Scr. ½, 1 Dr.
am wirkfamften in *Pulver*, mit Oelzucker, oder
einigen Tropfen aetherifches Oel, und mit Mittelfalzen vereinigt. 2) im *Aufgus*, dafs man fie mit
Waffer oder Coffe aufwallen läfst. Als ein *ftärkendes Mittel* zu 5, 8, 10 Gr. mit Zucker.

PRAE-

PRAEPARATE.

1) *Tinctura Rhei aquosa*; Anima Rhei, Rhabarbertinctur ift gelinde abführend zu 2 Dr., $\frac{1}{2}$, 1, 2 Unzen mit einem aromatifchen Waffer, Mittelfalzen, und Liquor anodyn.

2) *Tinct. Rhei fpirituofa.*

3) *Tinct. Rhei dulcis.*

4) *Tinct. Rhei compofita* Ph. W.

5) *Tinctura Rhei amara* Ph. Edinb.

6) *Syrupus e Cichorio cum Rheo* Rhabarberfyrup, ein gewöhnliches Abführungsmittel für Neugeborne und kleine Kinder.

7) *Extractum Rhabarbari* ift mehr ftärkend als abführend zu $\frac{1}{2}$, 1 Scr., $\frac{1}{2}$ Unze in Pillen, oder in einem aromatifchen Waffer aufgelöft.

SENNA.

Folia Sennae. (Caffia Senna *L.*). Sennesblätter, in Arabien, Aegypten, Italien.

Es giebt mehrere Sorten Sennesblätter. Die beften (Fol. Sennae Alexandrin.) find länglicht rund, von gelblicht grüner Farbe, und fanft anzufühlen. Die fchlechten hingegen mehr hellgrün und rauh. Sie haben einen bittern, ekelhaften, etwas fcharfen Gefchmak, und einen befondern Geruch.

U 5 Die

Die Wirkungen der Senra find gemeiniglich nur sehr mässig; sie hat das Unangenehme dass man viel davon nehmen muss. Vier Unzen Waf. ser scheinen nicht mehr als die Kraft von 2 Dr. aufzunehmen. Oft wirkt sie mit Leibschmerzen und Kneipen im Leibe, wenn zu viel harzichte Theile aufgelöst find. Die Stengel find daran ganz unschuldig.

Man giebt sie am besten im Aufgus mit heißem Waßer, und läfst dies Theetaßenweise trinken, oder mit warmen Wein. Kochen sollte man sie nie, weil allemal Leibschmerzen darnach entstehen. Die Dosis ist 1, 2 Dr. ½ Unze. Man verbindet sie auch mit andern Abführungsmitteln, oder Gewürzen um sie angenehmer zu machen. In entzündlichen Zufällen ist sie allemal nachtheilig.

Die Schooten (Folliculi Sennae) werden nicht mehr gebraucht.

PRAEPARAT.

Das *Electuar. lenitivum* und mehrere Abführungsmittel voriger Zeiten, enthalten auch Sennesblätter.

ALOE.

ALOE.

Aloe Succotrina. (Aloe Spicata und A. perfoliata *L.*).
Aloe; aus Afien, Africa und den mittägigen Theilen
von Europa.

Murray Comment. Succi aloes amari initia.

Die Aloe ift der erhärtete Saft aus den Blättern der Aloepflanze, welcher theils durch das frey-
willige Ausflieffen, theils durch das Auspreffen und
Auskochen erhalten wird. Sie hat einen befondern
ekelhaften Geruch, und einen bittren, fcharfen, etwas aromatifchen Gefchmak. Nach Verfchiedenheit
der Güte giebt es viererley Sorten: 1) *Aloe lu-
cida* die reinfte und feltenfte Sorte. 2) *Aloe Succotrina,* 3) *Aloe hepatica.* 4) *Aloe Caballina.*

Die Aloe ift ein erhitzendes Abführungsmittel,
welches in kleinen Gaben Wirkung leiftet. Die
Ausleerung erfolgt gemeiniglich langfam; giebt man
fie in groffen Dofen, fo erregt fie Leibfchmerzen
und Reiffen. Sie ift daher auch nicht gefchickt
eine ftarke oder flüffige Ausleerung zu bewirken
(*Cullen*). Nach dem Gebrauch derfelben bleibt
leicht eine Hartleibigkeit zurück.

Am dienlichften ift fie bey einer Verfchleimung der erften Wege, und Neigung zur Säure,
um die Gedärme auszuleeren. Sie paßt nicht bey
einer

einer Neigung zu Blutflüſſen. Bey Haemorrhoidal-
beſchwerden vermehrt ſie leicht die Zufälle. Sie
befördert auch den Flus der monatlichen Reinigung.

Man giebt die Aloe ſelten in Subſtanz, weil
ſie zu ſehr erhitzt. *Cullen* empfiehlt ſie in Pillen, in Verbindung mit bittern Extracten: dem
Extr. Gentianae rubr. u. a. Am häufigſten gebraucht
man das Extr. gummoſum.

PRAEPARATE.

1) *Extractum Aloes gummoſum* durch Waſſer bereitet. *Poerner* empfahl dazu eine vegetabiliſche
Säure. Man giebt es zu 5, 10, 15, 20 Gran,
am beſten in Pillen, oder in Auflöſung.

2) *Pilulae balſamicae Stahlii* u. m. auch verſchiedene Tincturen enthalten Aloe.

Aeuſſerlich gebrauchte man vormals die Aloe
zum Verband in faulen Geſchwüren, in der Caries,
zu Wundbalſamen; der nachtheilige Erfolg hat ſie
mit Recht auſſer Gebrauch gebracht.

IALAPPA.

Radix Ialappae. (Convolvulus Ialappa *L.* ? Mirabilis Ialappa *L.* ?). Jalapwurzel; aus dem ſpaniſchen America,
der Inſel Madera.

Die Ialappe ward zuerſt im Jahr 1610 aus
Chalappa einer Stadt in Neuſpanien nach Europa
gebracht.

gebracht. Sie kommt gewöhnlich in Scheiben zu
uns, und ist äufferlich runzlicht und braungeftreift,
inwendig mit schwarzbraunen Puncten und Streifen
durchzogen; der Geruch ist ekelhaft, und der Gefchmak fcharf. Wenn fie gut ist, mufs fie fchwer
feyn, nicht leicht zerbrechlich, inwendig mit vielen harzichten Puncten befetzt, und fich leicht ent-
zünden.

Sie ist vorzüglich wirkfam in Fällen wo man
eines mehr reizenden Mittels-bedarf, um die Gedärme auszuleeren. Bey einer Verfchleimung überhaupt, in Schleimfiebern; gegen Würmer, befonders um den Wurmfchleim zu löfen; in chronifchen Hautausfchlägen, auch um wäfrichte Feuchtigkeiten auszuführen.

Man gebraucht felten die Wurzel, weil fie
der ungleichen Mifchung der Harztheile wegen unficher, und bey zarten oder reizbaren Perfonen
leicht zu heftig wirkt. Die Dofe ist $\frac{1}{2}$, i Scrup.
$\frac{1}{2}$ Dr. in Pulver, mit Oelzucker, Merc. dulcis oder
andern Abführungsmitteln.

PRAEPARATE.

1) *Refina Ialappae*, das Harz aus der Wurzel
mit Weingeift ausgezogen. Es ist fchwärzlich,
glän-

glänzend im Bruche, und muſs nicht klebricht ſeyn·
auch keinen Terpentingeruch haben, Häufig iſt es
mit Harzen vermiſcht. Wenn es ächt iſt, iſt es
ein vollkommen ſichres Mittel.

Man benutzt es gewöhnlich ſtatt der Wurzel:
Kindern ſcheint es beſſer zu bekommen als Er-
wachſenen. Zuweilen verurſacht der Gebrauch
Ekel, Erbrechen, Leibſchmerzen, dies läſst ſich
bey gehöriger Vorſicht leicht verhüten. Die Doſe
iſt für Kinder 1 bis 4 Gran; für Erwachſene 6,
8 Gr., ½ Scrup. man läſst es in Pillen nehmen, allein oder mit Merc. dulcis. 2) in Emulſion mit
Mandeln oder Eierdotter und ähnl. abgerieben.

2) *Extractum Ialappae* mit bloſſem Waſſer bereitet, wirkt nicht ſo heftig.

GVMMI GVTTAE.

Gummigutt. (Cambogia Gutta L.?). Aus Oſtindien,
der Küſte Kamboja, Malabar, China, Zeilon.

Gaupp de Cambogiae Guttae ſucco. Tubingae 1777.

Gummi Guttae iſt der erhärtete Saft des Gummi-
guttbaums, welcher durch das Ausritzen erhalten
wird. Es iſt braungelb geruchlos und von harzich-
tem Geſchmak. Die Auflöſung in Waſſer iſt gelblicht trübe.

Die

Die Wirkungen diefes Mittels find fehr heftig; man gebraucht es daher blos in Fällen wo ftarke Ausleerungen nöthig find, und bey einem Mangel der Reizbarkeit der Gedärme: 1) in der Wafferfucht mit Jalappe, Merc. dulcis; in chronifchen Hautausfchlägen. 2) gegen Würmer, befonders den Bandwurm (*Werlhof*), und den Wurmfchleim mit bittern Extracten, rad. filicis Extr. nuc. iugland.

Gewöhnlich giebt man es 1) in *Pillen* zu 3, 6 Gran, ½ Scrup. *Cullen* hat beobachtet, daß kleine Gaben von 3, 4 Gr. alle 3 Stunden wiederholt, ungleich ficherer und wirkfamer find, als gröffere auf einmal gegeben. 2) in *Pulver* mit Zucker. 3) mit Eierdotter abgerieben oder in Effig, Citronenfaft aufgelöft. Durch den Zufatz von Laugenfalzen wird die abführende Kraft gemildert, und das Gummi mehr diuretifch. *Baldinger* gebrauchte es in der Wafferfucht mit Oleum Tart. per deliquium.

PRAEPARATE.

1) *Specificum contra taeniam Hernfchwandtii* aus gleichen Theilen Gummi Guttae und Sal Abfinthii.

2) *Specificum matronae Nuffert* aus Gummi Guttae, refina Scamonei und Panacea Mercurial.

PVLPA

PVLPA COLOCYNTHIDIS.

Koloquintenmark. (Cucumis Colocynthis *L.*). Aus Syrien, Aleppo, den Infeln des Archipelagus, und beyden Indien.

Die Früchte haben das Anfehen einer mäffig groffen Pomeranze, Gemeiniglich find fie abge-fchält, leicht · und trocken, und enthalten ein fchwammichtes, höchft bittres und eklhaftes Mark, worinn eine Menge kleiner, braunlicher und platter Saamen eingefchloffen find.

Es ift eins der heftigften Purgiermittel, wel-ches felbft äufferlich auf den Unterleib gelegt wirkt. Es erregt meiftens Schmerzen und Kneipen im Leibe, oft blutige Stühle, Entzündung der Gedärme und convulfive Zufälle. Wenn man es anwenden will, fo mufs dies blos bey einer Reizlofigkeit der Gedärme, oder ftarken Verfchleimungen gefchehen, z. B. in der Manie, Melancholie, der Schlaffucht, Wafferfucht, Wurmzufällen und ähnl. Man giebt es in *Pulver* mit Gummi Arabicum oder Tra-ganth zufammengerieben zu 1, 2, 5 Gran.

PRAEPARATE.

1) *Trochifci Aihandal* aus den Zeiten der Araber; eine Verbindung der pulpa Colocynth. mit G. Tragnth.

2) *Ex-*

2) *Extractum colocynth. aquosum*; zu 2, 4, 6 Gran; wirkt nicht so heftig.

3) *Extractum panchymagogum Crollii*; *Unguentum de Arthanita* u. a. enthalten pulpa colocynth.; entbehrlich.

GRATIOLA.

Herba, Radix Gratiolae. (Gratiola officinalis *L.*). Wild aurin, Gnadenkraut. In Teutschland, Frankreich, Italien, in feuchten Gegenden.

Costrievsky de Gratiola 1775.

Die Gratiola gehört unter die heftigern Abführungsmittel welches fast allemal mit heftigen Schmerzen in den Gedärmen wirkt, und oft zugleich Erbrechen erregt. Man benutzt die Blätter 1) im *Aufgus* zu ½, 1 Scrup. 2) in *Pulver* zu ½ Scrup. ½ Dr. mit Mittelsalzen. Bey mehr reizlosen Personen, in Wasserfuchten, und als ein drastisches Mittel. Die Wurzel wirkt noch heftiger, und fast allemal mit Erbrechen. *Boulduc* empfahl sie in Dysenterien; in der Manie, der Wassersucht, *Kramer* rühmte sie als ein Brechmittel zu 2 Dr.

Aeusserlich ist das frische Kraut ein zertheilendes Mittel gegen Milchknoten, Blutunterlaufungen, rheumatische und arthritische Schmerzen.

PRAE-

PRAEPARAT.

Extractum gratiolae, zu 3, 5, 10 Gran. in Pillen, oder mit Zucker abgerieben in Pulver. Es fehlt noch an Verſuchen.

BRYONIA.

Radix Bryoniae. (Bryonia dioica *Jacq.*) Zaunrübe, Gichtrübe, in Deutſchland an den Hecken.

In alten Zeiten war die Zaunrübe ſchon als ein wirkſames auflöſendes und abführendes Mittel bekannt. Dieſe Kraft ſcheint von dem milchigten Safte herzurühren, welcher in der Wurzel enthalten iſt. Bey dem Gebrauch entſteht nicht ſelten heftiges Erbrechen, Grimmen in den Gedärmen und entkräftende Diarrhoeen. Man benutzt ſie daher blos in Krankheiten wo eine groſſe Reizloſigkeit, und eine Anhäufung von Schleim und wäſrichten Feuchtigkeiten vorhanden iſt, in der Manie, Epilepſie, der Waſſerſucht.

Man bedient ſich 1) des ausgepreſsten Saftes der friſchen Wurzel, mit Zucker vermiſcht zu 1, 2 Dr. täglich zwey, dreymal. 2) des Infuſum der Wurzel mit Bier oder Waſſer, Wein, zu ½, 1 Eslöffel 3, 4 mal täglich. Es iſt immer ſicherer daſs man mit kleinen Doſen anfängt. Die trockne Wurzel wirkt viel gelinder, und wird ſelten gebraucht.

Aeuſſer-

Aeufferlich gebraucht man die Bryonia eben-
falls als ein zertheilendes Mittel. *Tiffot* emp-
fahl fie zur Zertheilung wäfrichter Gefchwulfte;
Cranz gegen den Kropf; *van Geffcher* zur
Zertheilung des Gliedfchwamms. Auch zur Zer-
theilung der Scropheln und arthritifcher Schmerzen.
Zuweilen wird die Jalappe durch die Wurzel der
Zaunrübe verfälfcht.

SCAMMONEVM.

Scammonium. (Conuoluulus Scammoneum *L.*). Aus Syrien, Aleppo, Smyrna.

Ruffel med. obf. and Inquiries.

Scammonium ift der harzichte Saft auf dem an
der Wurzel abgefchnittenen Kraute. Wenn es ächt
ift, mufs es afchgrau und etwas gelblicht feyn, im
Bruche harzicht glänzend, und leicht zu zerreiben.
Wenn man es mit dem naffen Finger berührt,
läfst es einen weiffen Fleck zurück: In Waffer
löft es fich gefchwind in eine grünliche Milch auf.
Häufig ift es mit Sand, Kohlen, Afche oder Mehl
vermifcht.

Es wirkt in kleiner Gabe als ein unfchädli-
ches und mildes Abführungsmittel, wenn es un-
verfälfcht ift. Indeffen befitzt es vor der Jalappe
keine Vorzüge. Die Dofe ift von 2, 3 bis 12 Gr.

mit Zucker oder Cryſt. Tartari zuſammengerieben.
2) in Auflöſung mit Mandeln abgerieben.

PRAEPARATE.

1) *Reſina Scammonei* wirkt ſehr heftig, und iſt entbehrlich.

2) *Puluis Cornachini* Extract. Panchymagogum Crollii u. a. enthalten Scammoneum.

3) *Diagrydium ſulphuratum, cydoniatum.*

HELLEBORVS NIGER.

Melampodium. Nieswurz, Chriſtwurz; im füdlichen Europa, auf den Alpen.

Dieſe Wurzel beſteht aus einem Knopfe mit Faſern an allen Seiten umgeben, welche von auſſen ſchwarz und inwendig weislich ſind. Sie hat einen bittern ekelhaften Geſchmak und keinen Geruch, und iſt eine von den Wurzeln welche am häufig-ſten verfälſcht werden: z. B. mit der Wurzel von Adonis vernalis, Trollius Europaeus, Actaea ſpi-cata, Helleborus viridis. In Subſtanz wird ſie nicht gebraucht.

PRAEPARATE.

1) *Extractum hellebori nigri* aus den Zaſern der Wurzel mit Waſſer bereitet. Es iſt ein heftig wirkendes Purgirmittel. Man benutzt es hauptſäch-

lich

lich in der Manie, Melancholie, Epilepſie, Waſſer-
ſüchten, Wurmzufällen, hartnäckigen Hautausſchlägen, Verſchleimungen. Bey reizbaren Perſonen
und bey einer Neigung zu Entzündungen paſt es
nicht. Die Doſis iſt von 3, 6, 10. Gr. 1 Scr.
mit einem Gewürz verbunden.

2) *Tinctura Hellebori* ſimplex und compoſita.

IACEA.

Herba Jaceae officin. (Viola tricolor *L.*). Freyſamkraut,
Dreyfaltigkeitsblume, Stiefmütterchen, auf den
Feldern und in Gärten.

E c c a r d de virtute Violae tricoloris. Tubing. 1786.

Das Kraut hat keinen Geruch und ſchmekt
bitter ſchleimicht. Schon die alten Aerzte empfahlen es in Ausſchlägen der Haut; in neuern Zeiten
ward es durch *S t r a k* (de cruſta lactea) als ein
ſpecifiſches Mittel in der cruſta lactea berühmt.
Die Pflanze ſcheint auf alle Wege zu wirken,
ſie führt ab, treibt den Urin, und erregt oft Erbrechen zugleich. Sie iſt daher in Hautausſchlägen kleiner Kinder, im Kopfgrind, und in der
cruſta lactea oft ſehr wirkſam, allein nicht ſpecifiſch. Man gebraucht das Kraut im Decoct mit
Milch oder Waſſer: Ohngefähr 2 Dr. zu 6 Unzen
Milch und läſst dies täglich nehmen. Nach einigen Tagen erfolgt ein ſtärkerer Ausſchlag, und der

Stuhl-

Stuhlgang und Urin gehen häufiger ab.˙ Zuweilen bekömmt der Urin darnach den befondern Geruch wie Katzenurin.

SEMEN SABADILLI.

Sabadillfaamen. (Veratrum Sabadilla *L.*?) aus Mexico.

Die Saamen find in drey zufammengewach-fenen, länglichen Saamenkapfeln enthalten und dem Mäufekoth ähnlich. Sie haben keinen Geruch, ei-nen fcharfen widrigen brennenden Gefchmak.

Ihre Wirkungen find heftig abführend. *Schmu-cker* hat fie als ein Wurmmittel befonders gegen den Bandwurm empfohlen (verm. Schriften II. und III. B.), mit Honig oder einer Conferve zum Bo-lus gemacht, und alle 5 Tage eine ftarke Abfüh-rung. Die Dof. ift von 5 Gr. bis ½ Dr. täglich. In der Melancholie und Epilepfie vom Bandwurm find fie mit Erfolg angewendet.

Aeuflerlich find fie gegen Kopfungeziefer in Pulver auf den Kopf geftreut, auch gegen Wanzen eins der wirkfamften Mittel.

B. Aus

• **B. Aus dem Mineralreich.**

I. Die Mittelsalze.

SAL MIRABILE GLAVBERI.

Glauberſalz, Wunderſalz; Gravenhorſtsſalz. Aus der Vi‚
triolſäure mit dem min Laugenſalz verbunden. Wird
in Sibirien -auch in Mineralwaſſern natürlich gefunden,
und als Abfall bey vielen chemiſchen Zubereitungen
erhalten.

Dies Salz ſchieſt in durchſichtigen Rhomboi‑
dalkryſtallen an. Es hat einen bittern, nicht ſehr
ekelhaften, kühlenden Geſchmak. In trockner Luft
zerfällt es zu einem weiſſen Pulver, und von
Waſſer wird es leicht aufgelöſt.

Es iſt eins der gewöhnlichſten und beſten
Abführungsmittel, welches mit hinreichender Stärke
und doch nicht leicht zu heftig wirkt. Dabey iſt
es angenehmer von Geſchmak. In kleinen Gaben
iſt es auflöſend, befördert den Urin, und iſt faſt
noch ſtärker kühlend als der Salpeter. Um abzu‑
führen giebt man es zu $\frac{1}{2}$, 1, 2 Unzen in Waſ‑
ſer aufgelöſt: um aufzulöſen zu 2 Scr. 1 Dr. mit
bittern Extracten, Salmiak u. a. Das zerfallene
Salz kann man in Pulver nehmen laſſen, es iſt viel
wirkſamer, weil es ſein Kryſtalliſationswaſſer ver‑
lohren hat.

SAL

SAL ANGLICANVM. •

Sal Epſomenſe. Englifches Salz, Epfomfalz. Aus Vitriolfäure und Bitterfalzerde; wird natürlich im Epfomer
und Seidtchüzer Waffer gefunden, und an den Seeküften
von England, und in Holland aus der Mutterlauge des
Kcchfalzes bereitet.

Es fchiefst in langen, platten, fechsfeitigen Kryftallen an, und hat einen fcharf falzichten bittern
Gefchmak. In Waffer läfst es fich leicht auflöfen.
Oft ift es nachgemacht, und nichts weiter als Glauberfalz.

Man benutzt es auf eben die Art als das Glauberfalz. In neuern Zeiten hat man es befonders
im Ileus empfohlen, weil es weniger zum Erbrechen reizt, in vielem Waffer aufgelöft. Auch in
eingeklemmten Brüchen hat es Oefnung bewirkt,
wo die andern Mittel fruchtlos angewandt waren.
Nur bey einer gröffern Reizbarkeit des Darmkanals
darf man es nicht anwenden.

SAL SEDLIZENSE.

Seidfchüzenfe. Sedlizer Bitterfalz. Aus der Vitriolfäure,
Bitterfalzerde, und Mineralalkali. Es wird aus dem
Seidlizer und Seidfchüzer Mineralwaffer gefotten. Häu-
fig aber nachgemacht.

Dies Salz fchieft in kleinen, milchfarbenen, viereckichten Kryftallen an, und hat einen bittern Gefchmak.

fchmak. In feinen Wirkungen kommt es mit dem Epfomerfalze überein.

Hieher gehören auch die Mineralwaffer welche einen Antheil von Mittelfalzen enthalten (S. 84.) und die daraus bereiteten Salze.

SAL POLYCHRESTVM SEIGNETTE.

Seignettteíalz, Rochellefalz. Aus mineralifchem Laugenfalz mit Weinfteinfäure gefättigt.

Ein Salz welches aus grofen, durchfichtigen, viereckichten Kryflallen befteht. Es hat einen fchar-fen nicht fehr unangenehmen Gefchmak, und läfst fich leicht auflöfen, feine Wirkungen find etwas milder als das Glauberfalz.

SAL POLYCHRESTVM GLASERI.

CREMOR TARTARI.

Weinfteinrahm, aus fixem vegetabilifchem Laugenfalze
mit Gewächsfäure überfättigt.

Der Weinfteinrahm und die Weinfteinkryflal-len (S. 134.), find ihren Eigenfchaften nach fich völlig gleich. Sie find kühlend, mildern die Hitze und den Durft, und bewirken eine hinreichend flarke Ausleerung. Befonders find fie ein fehr nützliches, entzündungswidriges Mittel. Aufferdem

X 5 haben

haben fie noch die Nebenwirkung, dafs fie die Urinabfonderung befördern, zumal wenn fie in geringen Gaben genommen werden.

Man benutzt daher den Cremortartari vorzugsweife: 1) in gallichten Krankheiten, oder in gallichtfaulen, wenn Ausleerungen nöthig find, in Entzündungskrankheiten, in Blutflüffen mit Fieber. 2) als ein harntreibendes Mittel in der Wafferfucht, wenn die Kranken mehr zu Fieberwallungen geneigt find. Sonft gebrauchte man es auch in der Gonorrhoee, nach neuern Erfahrungen aber find alle urintreibenden Mittel in diefer Krankheit nachtheilig. Zur Abführung find gemeiniglich ʒ Dr. 1, 1½ Unzen erforderlich. Am angenehmften läfst man ihn in warmen Thee aufgelöft mit Zucker nehmen. 2) dafs man Molken damit bereiten läfst.

FLORES SVLPHVRIS.

Lac Sulphuris, Schwefelblumen, Schwefelmilch.

Der Schwefel befitzt auffer feinen diaphoretifchen Wirkungen, noch die Kraft den Stuhlgang zu erregen. Dies gefchieht meiftentheils gelinde, ohne den Körper fehr zu erhitzen, oder Schmerzen in den Gedärmen zu verurfachen. Man benutzt ihn daher hauptfächlich in Zufällen der Gedärme, Haemorrhoimorrhoidalbefchwerden u. ähnl. Dies mufs indeffen mit Vorficht gefchehen, weil er zuweilen doch zu ftark reizt. Die Dofis ift 1 Scrup. ½, 1 Dr. mit Zucker, Cremortart., Cryftallitart., Magnefia und andern.

B. Wurmmittel; *Anthelmintica.*

Die Eingeweidewürmer find dem thierifchen Körper eben fowohl eigenthümlich, als den übrigen Körpern des Naturreichs. Man hat beynahe in allen Theilen des Menfchen und der Thiere Würmer entdeckt: indeffen find die Gedärme der gewöhnlichfte Sitz derfelben.

Die Kur der Würmer ift im Allgemeinen fehr fchwer, ohnerachtet die Menge der Wurmmittel fo grofs ift. In manchen Fällen kann man gegen die Würmer felbft nichts ausrichten, und die Hülfe befchränkt fich allein auf Erleichterung der Zufälle.

Die Klaffe der Wurmmittel ift daher auch felbft fo fehr verfchieden. Einige wirken blos als Palliativmittel, indem fie die Zufälle mildern; wie die Milch, die fetten Oele und ähnl.: andere, wie

wie z. B. die abf ührenden Mittel, weil ſie durch ihre Wirkung die Verbindung zwiſchen den Gedärmen und den Würmern aufheben. Andre in ſo ferne ſie den Schleim auflöſen und die Gedärme ſtärken; noch andre endlich weil ſie den Würmern zuwider ſind, und dieſe tödten, die eigentlichen Anthelmintica. Auch dieſe ſind in ihren Eigenſchaften wieder ſehr verſchieden.

Die Anwendung der fetten Oele iſt vorhin ſchon (S. 106.) angegeben.

Unter den abf ührenden Mitteln bedient man ſich blos der ſtärker wirkenden, mehr ſtimulirenden Arzneien (S. 316), weil durch den anhaltenden Wurmreiz die Gedärme gewiſſermaſſen reizlos, und unempfindlich geworden, und gelinde Abführungen keinen hinreichenden Reiz verurſachen.

Die ſtärkenden Mittel (S. 183.).

A. Wurm-

A. Wurmmittel aus dem Pflanzenreich.

SEMEN SANTONICI.

Semen Cinae; Semen Contra; Zittwerfaamen, Wurmfaamen. (Artemifia judaica *L.?* A. contra *L.?* A. San-
tonicum *L.?* A. auftriaca *Jacq.?*); in Afien und
Africa, der befte kömmt von Aleppo.

Der Saamen ift gelblicht ·braun, länglicht,
glatt, mit dünnen Stielchen und Blättern vermifcht.
Der Gefchmak ift fehr bitter und etwas fcharf; der
Geruch ekelhaft gewürzhaft. Er ift eins der gewöhnlichften und älteften Wurmmittel, vorzüglich
gegen die Spulwürmer der Kinder. Oft wird er
mit den Saamen von Artemifia abrotanum, Tana-
cetum vulgare, oder von Santolina chamaecyparifl.
verfälfcht.

. Man bedient fich des Wurmfaamens: 1) in
Pulver fein zerftoffen des Morgens nüchtern aufs
Butterbrod, oder mit lauwarmer Milch genommen.
2) im *Electuar.* mit Honig oder Syrup zu $\frac{1}{2}$, 1 Dr.
oder 1, 2 Theelöffel voll, vorzüglich im abneh-
menden Mond. Nach einigen Tagen läfst man
eine Abführung nehmen, oder verbindet gleich
Anfangs Rhabarber, Jalappe, Merc. dulcis, Eifenvitriol damit.

Confectio Seminis Santonici, überzuckerter
Wurmfaamen für Kinder.

RADIX

RADIX FILICIS.

Farrenkrautwurzel. (Polypodium Filix Mas und Foemi-
na *L.*). In Wäldern und Heidegegenden.

Ebenfalls ein altes Wurmmittel, welches vorzüglich gegen den Bandwurm empfohlen worden.
Die Wurzel hat einen ſchwachen etwas ekelhaften
Geruch, und einen bittern gelinde zuſammenziehenden Gefchmak. Sie iſt blos den Würmern zuwider ohne daſs fie diefe ausführt. Man verbindet
fio daher ·jedesmal mit abführenden Mitteln, der
Jalappe, G. Guttae, verfüſstem Queckfilber, Mittelfalzen; oder man läfst fie allein, oder mit andern
Wurmmitteln, der Aſa foetida, Valeriana, mit Spies-
glanzfchwefel gebrauchen und ſtark abführende Mittel nachher nehmen. Die Doſis iſt zu 1, 2, 3 Dr̃.
Morgens und Abends.

Diefe Wurzel iſt ein Ingredienz in dem Spe-
cific. von Herrnſchwand und Nuffer (S. 319.).

GEOFFREA SVRINAMENSIS.

Cortex Geoffreae Surinamenſis. Surinamefcher Wurmrin-
denbaum; auf Suriname.

Bondt de Cortice Geoffreae Surinamenſis.

Diefe Rinde befleht gemeiniglich aus groſſen
breiten Stücken von verfchiedener Dicke. Aeuſſerlich

iſt

ift fie gemeiniglich afchfarben mit Lichenarten be-
wachfen, dann folgt eine fchwärzlicht braune Epi-
dermis, und unter diefer eine lamellenartige, zähe
und compacte Rinde. Wenn fie frifch ift, hat fie
einen befondern ekelhaften Geruch, und wenn man
fie lange käuet einen gelinde bittern Gefchmak. Je
älter die Rinde ift, defto unmerklicher ift die Bitterkeit, und fie wird ganz gefchmak - und geruchlos.
Ganz verfchieden ift der Cort. Geoffreae Iamaicenfis.

Als Arzneimittel ift fie erft vor wenigen Jahren bekannt geworden: nach allen Verfuchen welche damit angeftellt find, ift fie eins der wirkfamften Wurmmittel, welches die Würmer tödtet und
zugleich ausführt; *(Voltelen Julianus).* Befonders die Spulwürmer und Afcariden: Auch gegen den Bandwurm ift fie wirkfam gewefen. 2)
um den zähen Wurmfchleim, und Verfchleimungen überhaupt aufzulöfen.

Am beften gebraucht man die Rinde im *De-*
toct: man läfst eine Unze mit 12 Unzen Waffer
bis zur Hälfte einkochen, und davon täglich des
Morgens drey bis vier Unzen nehmen, oder ftatt
deffen alle 1, 2 Stunden 1 Eslöffel voll. In zu ftarker Dofe erregt fie leicht Beängftigung, felbft Erbrechen. Um diefes zu verhüten kann man fie
mit abführenden Mitteln, der Rhabarber u. a.,

oder

oder mit Carminativmitteln vereinigen. Nach drey
oder vier Tagen giebt man ein Laxativ wenn die
Ausleerung nicht hinreichend erfolgen follte.

Aufferdem ift das Decoct gegen Afcariden als
Klyftir fehr wirkfam.

PRAEPARAT.

Extractum Corticis Geoffreae. Man läfst es
in Pillen oder in einem aromatifchen Waffer nehmen täglich zu 15 Granen, mit Abführungen untermifcht.

NVCES IVGLANDES.

Wallnus, (Iuglans regia *L.*).

Schon in den älteften Zeiten hat man beobachtet, dafs die Wallnüffe den Eingeweidewürmern
zuwider find, und man liefs fie daher nüchtern
effen. *P l a t e r* gebrauchte die unreifen grünen
Schalen im Decoct, gegen Spulwürmer; und 'aufferhalb dem Körper hat man gefunden, dafs die
Würmer nur eine kurze Zeit darinn ihr Leben behalten. Am gewöhnlichften bedient man fich des
wäfrichten Extracts derfelben.

PRAEPARATE.

1) *Extractum nucum iuglandum immaturorum.*
Man läfst es in einem aromatifchen Waffer auflöfen

fen und drey oder viermal täglich nach Befchaffenheit des Alters 10, 20, 30 Gran nehmen, oder verbindet es mit andern Wurmmitteln. Es ift zugleich magenftärkend.

2) *Oleum nucum iuglandum*, ift unter allen fetten Oelen am meiften wurmtödtend. *La Chapelle* empfahl es als fpecififch gegen die Taenia, zu 2, 3 Unzen, und verordnete einige Stunden nachher Alicantewein nachzutrinken.

3) *Rob nucum iugland.* ift ebenfalls wurmtödtend.

SPIGELIA ANTHELMIA.

Radix, Herba Spigeliae anthelmiae. Spigelie; wild in Brafilien, Jamaica, Martinique: kömmt bey uns recht gut fort.

Linné de Spigelia Anthelmia, in Amoenitat. T. V.

Diefe Pflanze ift erft feit dem Jahre 1750 bekannt geworden. *Bergius, Rofenftein, Dahlberg,* haben Verfuche damit angeftellt. Häufig werden die Blätter des Seifenkrauts dafür verkauft, und um dies zu verhindern follte man fie felbft cultiviren.

Die Wurzel ift fafericht, und hat einen narcotifchen, dumpfigten Geruch. In groffen Gaben erregt fie Schwindel, Funkeln vor den Augen und Erbrechen. Man giebt fie Kindern zu 10, 12 Gr.

Y   Erwach-

Erwachfenen zu ½, 1 Dr. Morgens und Abends in Pulver, mit einem abführenden Mittel verbunden. Des Krauts bedient man fich im Aufguſs als Thee, zu 1 Scrup. ½ Dr. 2 3 mal täglich, und läſs alle 3 Tage ein Laxiermittel nehmen.

Die *Spigelia Marylandica* ift nicht fo wirkfam, und blos die Wurzel ift wurmtödtend. Man giebt fie zu 1 Scrup. mit Milch aufgegoffen.

ALLIVM.

Radix Allii. (Allium fativum *L.*). Knoblauch, wächft in Sicilien wild, und wird in Gärten cultivirt.

Der Knoblauch befitzt einen eignen ekelhaften Gefchmak und fcharfen Geruch. Er geht fchnell in die Säfte über, und alle Excretionen nehmen den Geruch an.

Die ältern Aerzte gebrauchten ihn bey einer Schwäche der Verdauungswerkzeuge, und Verfchleimungen, in der fchleimichten Engbrüftigkeit (*Mead*). 2) als ein Wurmmittel, und er gehört unter die wirkfamen Mittel. Man giebt ihn 1) roh, des Morgens nüchtern mit Butterbrod. 2) den ausgepreſsten *Saft*, den man mit Zucker und Citronenfaft angenehmer machen kann. 3) mit Milch abgekocht. *Bergius* ließ ihn mit Molken nehmen,

Aeuf-

Aeufferlich in Klyftiren ift er ebenfalls fehr hülfreich.

CEPA.

Radix Cepae. (Allium Cepa *L.*). Die Zwiebel, Zipolle.

Ift weniger ekelhaft, und befitzt diefelben Kräfte als der Knoblauch.

ASA FOETIDA.

Gummi afae foetidae (S. 149.).

Der Knoblauchsgeruch der Afa foetida ift den Würmern fehr zuwider. Je frifcher fie daher ift, defto wirkfamer. Man gebraucht fie gegen alle Arten von Würmer; *Mellin* trieb einen Bandwurm dadurch ab. Am beften läfst man fie in Pillenform nehmen, allein, oder mit bittern Ex-tracten, mit Jalappe, Rhabarber, verfüfstem Queckfil-ber u. a. verbunden. Die Dof. ift von 2 bis 10 Gr. alle drey, vier Stunden. Am dritten oder vierten Tage läfst man darauf abführen. *Le Clerc* liefs die Afa foetida mit Effig abreiben.

HELLE-

HELLEBORVS FOETIDVS.

Herba Hellebori foetidi. Stinkende Niefewurz, in Frankreich, der Schweiz, dem füdlichen Deutschland wild.

Wenn die Pflanze frifch ift hat fie einen auflerordentlich üblen Geruch, und einen fcharfen brennenden, bittern Gefchmak. Sie führt noch flärker ab als der Helleborus niger, oft mit heftigem Erbrechen. Man hat das Kraut fowohl frifch als getrocknet gegen die Taenia gebraucht. Indeffen haben wir fichere Mittel, deren Wirkungen mehr geprüft find.

CAMPHORA.

Laurus Camphora *L.* (S. 223.).

Der Kampher war als Anthelminticum unter den Alten fchon berühmt. Seine Ausdünftung ift den Würmern zuwider, und er befördert die Ausführung derfelben. Man hat zuweilen in bösartigen Fiebern bey dem Gebrauch deffelben Würmer abgehen fehen: Vielleicht dafs die Fieberanfälle das meifte dazu beygetragen. Am beften giebt man ihn in Emulfion von 1 bis 6, 8 Gran.

VALERIANA.

Radix Valerianae fylveftris.

Man empfiehlt die Valeriana hauptfächlich in Zufällen von Würmern, in der Epilepfie von Würmern.

mern, und Nervenzufällen. Die Dof. ift 10, 20 Gr.
½ Dr. in Pulver mit Eifenvitriol, Jalappe u. a.

Electuarium anthelminticum S t o e r k i i befteht
aus rad. Jalappae, Valerianae, Sal polychreft. Gla-
feri, und Oxymel fquillitic.

Die *gelben Möhren* (Radix Dauci fativ. *L.*
S. 12.), nüchtern genoffen, find gegen alle Arten
von Würmer wirkfam.

Die *Citronenkerne* werden hin und wieder in
Milch gekocht, als ein Hausmittel gebraucht.

Die *Chinarinde* (Cortex peruvianus S. 191.),
befonders in Verbindung mit Queckfilber ift ebenfalls Wurmtreibend.

SEMINA SABADILLI (S. 326.).

SETAE SILIQVAE HIRSVTAE.

(Dolichos pruriens *L.*). Brennende, juckende Fafel, wild
in Oftindien, Bengalen, und dem füdlichen America.

Dies Gewächs ift eine Bohnenart, deffen
Schooten mit kleinen braunen Borften befetzt find,
welche auf der Haut ein unerträgliches Jucken verurfachen. *Bancroft* (Gefchichte von Guiana) hat
es zuerft als ein Wurmmittel welches unter den
Sklaven in America fehr gewöhnlich ift, bekannt

ge-

gemacht. Es fcheint blos mechanifch durch feinen
Reiz zu wirken; das Decoct und die Tinctur befitzen keine Wurmtreibenden Eigenfchaften. Man
giebt es zu 2, 5 Gran u. m. mit einem Syrup
oder Gummi zu Pillen gemacht (*Cullen*), oder
als Electuarium mit Honig. Ein entbehrliches Mittel.

HELMINTOCHORTOS.

Fucus Helmintochortos, Helmintochorton. Eine Confervens
art aus Corfica.
*Schwendimann helmintochortos hiftoria natura
atque Vires Argent.* 1780.

Eine rothbraune, äftige Conferve von widerlich dumpfichtem, flüchtigem Geruch, und falzicht
ekelhaftem Gefchmak. Gewöhnlich ift fie mit kleinen Mufcheln und Kalkftücken vermifcht, oft mit
dem Lichen Caftaneus Leerfii verfälfcht (*Moench*).
Die Corficaner gebrauchten diefes Mittel lange Zeit
als ein wurmtreibendes Mittel. Durch die Franzöfi-
fchen Aerzte welche Hofpitäler auf der Infel anleg-
ten, ift es bekannt geworden. (Gazette de fanté
1777.). Am wirkfamften ift es gegen Spulwürmer
welche ohne Abführung darnach abgehen follen.
In vielen Verfuchen hat es nichts geleiftet. Man
benutzt es: 1) in *Pulver* zu 1 Scrup. ½ Dr. mit
Honig oder Syrup 2) im *Decoct* oder *Aufgufs*
(*Schaefer de Anthelmintic. regni vegetab.*).

B. Aus

B. Aus dem Mineralreich.

LIMATVRA MARTIS.

- Eifenfeile (S. 209.)

Die Eifenmittel. fcheinen blos als ftärkende ftimulirende Mittel gegen Würmer zu wirken, in fo ferne fie die Gedärme ftärken, und die Erzeugung des Schleims und der Würner verhindern. *Werlhof* gab. fie zweymal täglich zu 15 Gran, *Mellin* zu 10 Gran mit Rhabarber verbunden.

VITRIOLVM MARTIS.

Vitriolum martis factitjum, *Sal martis*. Eifenvitriol, aus Eifenfeile in verdünnter Vitriolfäure aufgelöft und kryftallifirt.

Der Eifenvitriol ift ein fchätzbares Wurmmittel, hauptfächlich als Zufatz zu andern Wurmarzneien: Rad. filicis, Ialappae, Valerianae. *Boerhaave* und *Rofenftein* haben oft glückliche Kuren damit verrichtet. Man gibt es Kindern zu 2, 4, 10 Gran, Erwachfenen zu $\frac{1}{2}$, 1 Dr., in Pulver oder mit dem Rob nucum iugland. u. ähnl. zu Pillen gemacht.

Die Eifenhaltigen Mineralwaffer find ebenfalls Wurmtreibend. (S. 28.)

MER-

MERCVRIVS VIVVS.

Das rohe Queckſilber wird hin und wieder als ein Hausmittel mit Waſſer gekocht gegen Würmer gebraucht. Nach einigen Verſuchen von *Moench* (am angef. O. S. 239) nimmt das Waſſer nicht das geringſte von dem Queckſilber auf; und wenn es geſchieht, ſo ſind dies blos Bleytheile und Unreinigkeiten, womit das Queckſilber vermiſcht war. Das Queckſilber iſt an ſich den Würmern nicht zuwider; die Arbeiter in Queckſilberbergwerken leiden ſo gut von Würmern als andre, und *Roſenſtein* gab es bis zur Salivation, ohne daſs Würmer dadurch abgetrieben wurden.

Aeuſſerlich empfiehlt man das Queckſilberdecoct zu Klyſtiren gegen Aſcariden. Wahrſcheinlich iſt es die bloſſe Flüſſigkeit welche ſie mit fortſpült.

Das *verſüſste Queckſilber* (S. 169.) iſt mit andern Wurmarzneien verbunden, ein wirkſames Mittel, zu 1, 2 Gran täglich: Nur darf es nicht lange fortgeſetzt werden, weil leicht Salivation entſteht.

Aethiops antimonialis erregt nicht ſo leicht Salivation, und wird auf eben die Art benutzt.

STAN-

STANNVM.

Limatura, Rafura Stanni, Pulvis Stanni. Zinnfeile, granulirtes Zinn.

Paracelfus ift der erfte welcher das Zinn gegen Würmer, befonders den Bandwurm empfahl. Nachher ward es lange vernachläffigt, bis zu Anfang diefes Saeculi eine Quackfalberin in Schotland es aufs neue einführte, von welcher *Alfton* es erfuhr. Sehr häufig ift das Zinn mit Bley vermifcht; wenn es rein ift, ift es ein ganz unfchuldiges und in vielen Fällen wirkfames Mittel, oft fchlägt es indeffen auch fehl. Wahrfcheinlich wirkt es blos durch den mechanifchen Reiz.

Am ficherften bedient man fich des Zinnpulvers, welches durch die Granulation bereitet worden. Die Zinnfeile ift der fremden Theile wegen nicht fo zuträglich. Man giebt es zu $\frac{1}{2}$, 1 Dr.; $\frac{1}{2}$, 1 Unze mit Honig oder Syrup zu einem Bolus gemacht, täglich zwey - dreymal, und nach einigen Tagen ein Abführungsmittel.

FLORES SVLPHVRIS.

Der Schwefel ift durch feine Ausdünftung den Würmern zuwider. *Tiffot, van Swieten, van Dotveren* gebrauchten die Schwefelblumen zu 10, 20 Gran $\frac{1}{2}$ Dr.

Die

Die Schwefelhaltigen Waſſer ſind zugleich auch gegen Würmer wirkſam. (S. 91.)

FLORES ZINCI.

Zinkkalk, Zinkblumen.   Man benutzt ſie von ½ bis 2 Gran mit Zucker täglich zwey -, dreymal, vorzüglich gegen Aſcariden.

SAL COMMVNE.

Das Kochſalz, und alle Salze überhaupt ſind den Würmern entgegen. Durch ihren Reiz löſen ſie den Wurmſchleim auf, und in gröſſern Gaben ſind ſie zugleich abführend.

Auch der Salmiak in Verbindung mit der Jalappe oder Rhabarberwurzel iſt zuweilen mit Nutzen angewendet. Der Brechweinſtein vorzüglich um Würmer, oder verſchluckte Inſekten aus dem Magen auszuleeren u. a.

PETROLEVM.

Naphtha Petroleum *L.* Steinoel, Bergoel, Erdoel. Quillt hin und wieder aus der Erde, und wird aus Steinkohlen und dem Bernſtein erhalten. -

Das beſte Bergoel iſt hellgelb, von Bernſteinähnlichem Geruch und Geſchmak; häufig wird es mit Terpentinoel oder andern ausgepreſsten Oelen

ver-

verfälfcht. Man benutzt es gewöhnlich in den Gegenden wo es quillt als Hausmittel gegen mancherley Zufälle, hauptfächlich gegen Würmer. Es ift fehr hitzig und reizend, Am beften läfst man es mit einem Syrup vermifcht nehmen, zu 10, 20, 30 Tropfen. *Vicat* ftieg allmälig bis zu 100 Tropfen. *Mellin* gab es in Verbindung mit Terpentinoel und Kampher. In einigen Fällen ift der Bandwurm felbft glücklich dadurch abgetrieben, allein man kann fich nicht darauf verlaffen.

Das Terpentinoel allein liefs *Cullen* zu 50 Tropfen täglich 1 mal mit gutem Erfolg gegen den Bandwurm nehmen.

*   •   •

Unter den äuffern Mitteln, wenn die Würmer heftige Schmerzen verurfachen, oder an irgend einer Stelle durchbohren wollen, ift das Steinoel ein wirkfames Mittel in diefe Stelle eingerieben. *Rofenftein* liefs es mit gequetfchtem Knoblauch verbinden.

Mellin empfiehlt zu eben diefem Endzweck auch die warme Ochfengalle. Der äufere Gebrauch der fcharfen Purgirmittel der Koloquinten, der Arthanitafalbe u. ähnl. ift fehr unficher.

C. Blä-

C. Blähungstreibende Mittel; *Carminativa.*

Die Blähungen werden auf eine doppelte Art Ursache beschwerlicher Zufälle: 1) in so ferne sie die Gedärme zu sehr ausdehnen, daſs sie gewiſsermaſsen atonisch werden: 2) daſs sie durch ihren Reiz ein krampfichtes Zusammenziehen verursachen. In beyden Fällen iſt die nothwendige Folge verminderte periſtaltiſche Bewegung, und Schmerz.

Diesen Wirkungen zufolge benutzt man als Blähungtreibende Mittel: I. ſtimulirende, aromatiſche Mittel; vorzüglich aus dem Pflanzenreich, die Plantae umbellatae und verticillatae, welche ein aetheriſches Oel enthalten, und die verdünnten mineraliſchen Säuren, aus dem Mineralreich. II. Antiſpasmodiſche reizende Mittel; antiſpasmodiſche Klyſtire, Einreibungen in den Unterleib und Umſchläge. Die warmen erweichenden Mittel welche oft vortreflich antiſpasmodiſch ſind, werden in dieſen Fällen nachtheilig, weil sie die Luft verdünnen, und die Gedärme noch mehr ausdehnen. Auch die gehemmte Bewegung derselben, kann nur durch ſtimulirende Mittel wieder belebt werden.

I. Aus

I. Aus dem Pflanzenreich.

MENTHA PIPERITA.

Die Pfeffermünze (S. 234.)

Die Wirkung hängt von dem aetherifchen Oel
ab, und die Zufälle werden bald darnach gemildert.

Man bedient fich des deftillirten Waffers
(Aqua menthae piperitae) Efslöffelweife, oder des
deftillirten Oels auf Zucker zu 8, 10, 12 Tropfen.

MENTHA CRISPA.

Kraufemünze.

Das Kraufemünzenwaffer und deftillirte Oel
wird auf eben die Art benutzt.

MENTHA PVLEGIVM.

P o l e y.

Man gebraucht das Kraut im Aufgufs als
Thee.

ANISVM.

Pimpinella Anifum *L.* Anis.

Der Anisfaamen war unter den Alten ein be-
rühmtes Mittel gegen Blähungen und Schwäche der
Verdauungswege. Er befitzt wenig Kräfte. Man bedient fich feiner als Gewürz wie in der Oeconomie,

oder

oder in Abkochung mit Waſſer. Die überzuckerten Saamen ſind ein Carminativ für Kinder. Das Anisoel wird als Oelzucker benutzt. Van *Swieten* machte noch einen Zuſatz von Rhabarber.

Spiritus Aniſi. Spir. Sal. Ammoniaci aniſat.

CORIANDRVM SATIVVM.

Corianderſaamen.

Iſt wenn er recht trocken iſt, angenehm und ebenfalls Blähungstreibend: friſch riecht er ekelhaft.

CVMINVM.

Cumiaum Cyminum *L.* Kümmel.

Der Kümmel enthält viel ätheriſches Oel, und iſt ein kräftiges Blähungstreihendes Mittel. Seines Geruchs wegen iſt er vielen zuwider. Man benutzt ihn in der Oeconomie zu manchen Speiſen, und als Hausmittel in Koliken.

Oleum cumini. Aeuſſerlich zum Einreiben.

ANETHVM FOENICVLVM.

Der Fenchel.

Am beſten benutzt man den Fenchelſaamen als Zuſatz zum Thee. Das Fencheloel mit Zucker.

Die

———Die übrigen Umbellaten, Carum Cervi, Angelica archangelica, Anethum graveolens, u. m. können auf eben die Art benutzt werden.

FLORES CHAMOMILLAE.

Der Chamillenthee ift ein bekanntes Hausmittel gegen Blähungen und Coliken.

Aeufferlich zu Klyftiren und Umfchlägen.

OLEVM CAIAPVT.

Ein fehr durchdringendes Mittel, zu 2, 3 Tropfen mit Zucker.

II. Aus dem Mineralreich.

NAPHTHA VITRIOLI. (S. 251.)

Zu 10, 20 Tropfen.

LIQVOR ANODYNVS MINERALIS *Hoffm.* (S. 250.)

Zu 20, 30 Tropfen mit Zucker.

SPIRITVS NITRI DVLCIS. (S. 251.)

Zu 15, 20 30 Tropfen. Die Carminativmittel werden überhaupt am wirkfamften, wenn man mehrere zufammen vereinigt.

D. Säu-

D. Säuretilgende Mittel; *Anta-cida, Abforbentia.*

Bey den ältern Aerzten, war die Säure die Urſache einer groſſen Menge von Krankheiten, die ſie durch eine eben ſo groſſe Mannigfaltigkeit von Säurewidrigen Mitteln zu bekämpfen ſuchten. In neuem Zeiten hat man die Wirkung mancher Arzneimittel aus der Verbindung mit der Säure des Magenſaftes zu erklären geſucht. Dies wiederſprechen die Verſuche von *Spallanzani* über das Verdauungsgeſchäfte, und die Erfahrungen welche mit dem Magenſafte angeſtellt ſind gerade zu.

Man kann die Säure in den Verdauungswegen unter einem doppelten Geſichtspunct betrachten: 1) als Folge des Misbrauchs ſaurer Sachen, z. B. junger ſaurer Weine, ſaurer Obſtarten, des Eſſigs u. m. 2) als eine eigenthümliche Krankheit des Magens, und daher rührenden fehlerhaften Verdauung und ungeſunden Secretion des Magenſaftes.

Aus dieſem Grunde ſind die eigentlichen Säuretilgenden Mittel nur blos Palliativmittel; ſie vermindern die Beſchwerden welche die Säure verurſacht, allein

allein fie verhüten die neue Entftehung derfelben
nicht. Einige von diefen, wenn fie lange fortgefetzt werden, fchwächen die Verdauungswerkzeuge
felbft in einem noch ftärkern Grade. In diefe
Klaffe gehören:

1) die abforbirenden Erden

2) die alkalifchen Salze

3) verdünnende · Mittel, wäsrichte Getränke
(S. 67.).

Ganz verfchieden von diefen wirken die bittern Arzneien, welche als Säureverbeffernde Mittel
benutzt werden. (S. 188.)

I. Abforbirende Erden.

LAPIDES CALCAREAE.

Calx cruda. Die Kalkerden; aus allen drey Reichen
der Natur.

Die Kalkerden find faft durchgehends alle von
gleicher Natur. Am reinften werden fie von den
Auftern und Mufchelfchalen, den Krebsfteinen und
den Eyerfchalen erhalten.

PRAEPARAT.

1) *Aqua Calcii* das Kalkwaffer, eine Auflöfung der Kalkerde in reinem Waffer. Man kann

Z   eine

eine jede Kalkart dazu nehmen, gewöhnlich wird es aus den Auſterſchaalen bereitet. Es brauſt nicht mit Säuren. Wenn es friſch iſt, hat es einen ätzenden Geſchmak. Von einer jeden Säure, ſelbſt durch die Luft, und wenn es alt wird, wird es zerſetzt.

Man bedient ſich deſſelben 1) in Zufällen von Säure, 2) bey Geſchwüren in den Eingeweiden und den Urinwegen, dies iſt ſehr ungewiſs, 3) gegen den Blaſenſtein als ein Lithontripticum. Am beſten läſst man es mit kalter oder lauwarmer Milch nehmen, gekochte Milch ſchlägt die Kalkerde nieder; auch darf das Waſſer nicht gekocht oder über Feuer erwärmt werden. Man läſst es innerlich, täglich zu einigen Pfunden trinken.

Aeuſſerlich wirkt es als ein gelindes adſtringirendes Mittel. In freſſenden ſtark eiternden Geſchwüren, im Beinfras, in Krebsgeſchwüren, beym kalten Brande, u. a. Bey Blaſengeſchwüren hat man es durch die Harnröhre eingeſprützt. In der Gonorrhoe zu Injectionen. Zu Klyſtiren gegen die Ascariden iſt es eins der beſten Mittel.

Pulvis cretaceus Ph. Edinb. Aus Kreide, Cinamom, und nux moſchata, ein wirkſames Mittel bey anhaltenden Zufällen von Säure.

LAPI-

LAPIDES CANCRORVM.

Krebsfteine, Krebsaugen, (Cancer aftacus *L.*). Aus Pohlen, Rusland, Indien; häufig find fie aus bloffer Kreide nachgemacht.

Die Krebsfteine erzeugen fich im Magen des Krebfes, zu der Zeit wenn fie ihre alten Schalen abgeworfen haben. Sie find rund, weislicht, convex auf einer Seite und auf der andern concav. Ihre Structur ift inwendig blättrich. Sie beftchen aus bloffer Kalkerde mit etwas thierifchem Leim verbunden. Die nachgemachten find weiffer und fchwerer als die ächten. Man benutzt fie gegen das Sodbrennen von Säure zu 5, 10, 20 Gran ½ Dr. mit Zucker, Oelzucker, Rhabarber.

TESTAE OVORVM.

Die Eierfchalen enthalten eine bloffe Kalkerde und Phofphorfäure. Man gebraucht fie wie die Krebsfteine.

Z 2   II. Alka-

II. Alkaliſche Salze.

MAGNESIA.

Die Bitterſalzerde. Aus dem gereinigten Bitterſalz, und der Mutterlauge des Salpeters und des Kochſalzes.

B e r g m a n n opuſc. chem. *C r e l l chem. Annalen*
v. J. 1788. 2 B.

Die Bitterſalzerde iſt ſehr leicht, weis und locker, ohne allen Geſchmak. Sie wird von allen Säuren aufgelöſt : und bildet damit verſchiedene bittre Salze welche eine abführende Eigenſchaft haben; durch den Zuſatz von Salmiak und der Verbindung mit der Kochſalzſäure wird ſie ätzend. Oft iſt ſie mit Gips oder Kalkerde verfälſcht. Die bloſſe Magneſia enthält eine groſſe Menge fixer Luft welche ſich im Magen entwickelt und Beſchwerden verurſacht. Man zieht daher die Magneſia vor, welche im Feuer ausgeglüht iſt (Magneſia calcinata). Dieſes Ausglühen muſs aber mit Vorſicht geſchehen, weil ſie ſonſt ganz unwirkſam gemacht werden kann. Auch muſs ſie in wohl verſtopften Gefäſſen aufbewahrt werden.

Ein groſſer Vorzug den die Bitterſalzerde vor andern abſorbirenden Mitteln hat, beſteht darinn, daſs ſie die Säure verbeſſert, und zugleich ausführt. Man hat indeſſen beobachtet, daſs dies allemal geſchieht,

selbſt

felbſt wenn im Magen gar keine Säure, oder doch
nur ſo wenig vorhanden iſt, daſs man dieſe nicht
als die Urſache annehmen kann. Man giebt ſie
1) um die Säure zu tilgen von 5, 10, Gran, $\frac{1}{2}$,
1 Dr. mit Zucker, Rhabarber, Weinſtein, Mercurialmitteln, Gewürzen. Es iſt immer ſicherer daſs
man Anfangs kleine Gaben nehmen läſst, zumal
von der calcinirten Magneſia, weil oft eine ſtarke
Abführung folgt. 2) um gelinde abzuführen zu
$\frac{1}{2}$, 1 Unze mit Milch oder in Mandelemulſion.
Medicus empfahl die Verbindung der Magneſia
mit Cremor Tartari um gallichte Unreinigkeiten
auszuführen.

Das *Roſenſteiniſche Ammenpulver* iſt eine Verbindung der Magneſia mit Gewürzen.

ALCALI VEGETABILE FIXVM.
Das Pflanzenlaugenſalz.

Dieſes Salz hat einen dreyfachen Namen
1) *Cineres clavellati*, Pottaſche. 2) *Sal Tartari*
Weinſteinlaugenſalz. 3) *Sal Herbarum* Alle dieſe
Salze haben einen gröſſen Hang zu Flüſſigkeiten.

Am öfterſten gebraucht man gegen die Säure
das von ſelbſt zerfloſſene Weinſteinſalz, (Oleum
Tartari per deliquium) oder man läſst aus zwey

Thei-

Theilen Waſſer und einem Theile Laugenſalz eine
Auflöſung bereiten. Dies iſt ein ſehr wirkſames
Mittel für Kinder, oder für Perſonen welche eine
Dispoſition zur Säure haben von 5, bis 10, 12, 16
Tropfen mit etwas Waſſer verdünnt, oder unter das
Getränk gemiſcht. *Roſenſtein* empfahl' es in der
Rachitis; *Abilgard* und *Theden* fanden es von
groſſem Nutzen.

ALCALI MINERALE.

Sal Sodae.

Das Mineralalkali iſt milder als das Gewächs-
laugenſalz und angenehmer einzunehmen. Es verurſacht leicht Abführung.

BORAX.

Der Borax. (*Borax Tincal*), ein unvollkommnes Mittel-
ſalz, aus Min. Alkali und Sedativſalz (Phosphorſäure)? urſprünglich aus Oſtindien.

Crell Beyträge zu den chem. Annalen. IV B. 2 St.

Der Borax wird ſehr wenig in der Medicin
gebraucht. Er verbeſſert die Säure und bewirkt
gelinden Stuhlgang. Man kann ihn ſtatt andrer
Laugenſalze benutzen, welche einen mehr widerlichen Geſchmak haben. Gegen die Schwämchen
der Kinder iſt er eins der wirkſamſten Mittel.

Zehnte

Zehnte Klaſſe.

Mittel welche den Auswurf befördern; *Expectorantia; Becchica.*

Im natürlichen Zuſtande ſchwitzt aus den Schleim-
drüſen der Luftröhre eine ſchleimichte Feuchtigkeit.
Dieſe wird auf eine doppelte Art fehlerhaft, theils
indem ſie in ungewöhnlich gröſrer Menge abge-
ſondert wird, theils daſs ſie eine zähere Beſchaffenheit erhält, und nur mit Beſchwerde ausgeworfen
werden kann. In beyden Fällen werden Auswurf
befördernde Mittel nothwendig.

Es giebt keine Mittel welche ſpecifiſch den
Auswurf befördern. Ihre Eigenſchaften beſchränken
ſich allein dahin: daſs ſie 1) die Urſache heben
wodurch dieſe Beſchwerde hervorgebracht wird,
2) daſs ſie die Luftröhre und die Lungen geſchmeidig und feucht erhalten, damit die Materie
leichter ausgeworfen werden kann, daſs ſie 3) die
zu zähe Materie auflöſen und verdünnen, und
4) daſs ſie durch ihren Reiz mittelbar oder con-
ſenſualiſch einen Huſten erregen und ſo den Auswurf befördern.

Z 4

Die

Die Urſache der beſchwerlichen Expectoration
iſt gemeiniglich blos local.   Oft iſt es vermehrte
Entzündung wodurch dieſe Ausleerung unterbrochen
wird, oder eine Unthätigkeit und Mangel des Stimulus iſt Schuld; oder Krämpfe der Theile: Es
können daher ganz verſchiedene und entgegengeſetzte Arzneien als Expectorirmittel dienlich ſeyn.
Was aber die Wirkungsart dieſer Mittel anbetrift,
ſo iſt dieſe in vielen Fällen ſehr ſchwer zu erklären.

Am wirkſamſten erfolgt allemal die Expectoration I. durch die Erregung des Huſtens, und
dazu ſind keine Mittel mehr geſchickt als die
Brechmittel.   II. Ein groſſer Theil der Expectorirmittel ſind allgemein reizende Mittel, dahin gehören vorzüglich die Ekel erregenden Mittel, welche
durch die Erſchütterung des Körpers, und durch
ihren allgemeinen Reiz die Abſonderung des Schleims
befördern. III. Gelinde reizende warmfeuchte Mittel die man einathmen läſst, oder in Aufgüſſen und
Decoct gebraucht.   IV. Die ſchleimichten, fetten
und oelichten Mittel, die Süſſigkeiten, die Bruſt-
ſäfte. V. Wirkliche krampfſtillende Mittel. Es iſt
wahrſcheinlich daſs manche von dieſen Mitteln mit
dem Getränk verbunden in die Blutmaſſe gehen,
und durch die aushauchenden Gefäſſe der Luftröhre

aus-

ausgedünftet werden, und auf diefe Art die Abfonderung des Schleims begünftigen.

Die Anwendung aller diefer Mittel, befonders
der warmenfeuchten, fchleimichten und oelichten Mittel, erfordert groffe Behutfamkeit, und man darf fie
nicht zu lange fortgefetzt gebrauchen. Auffer dafs
fie den Verdauungswegen nachtheilig werden, unterhalten und vermehren fie den Zuflufs zu den
Lungen; die Lungen felbft werden dadurch zu fehr
erfchlaft, und fo können fie felbft den Grund zur
fchleimichten Lungenfucht legen.

A. Aus dem Pflanzenreich.

I. *Erweichende, auflöfende Mittel.*

RADIX ALTHEAE (S. 98.)

RADIX GRAMINIS. (S. 123).

Die *Species pectorales* welche auf den Apotheken vorräthig find, find mehrentheils verlegene
Waare. Sie beftehen aus Rofinen, Feigen, Dat-
teln, Johannisbrod, Succus liquiritiae u. a.

GLY-

GLYZIRRHIZA.

Radix Glyzirrhizae, oder *Liquiritiae*. (Glyzirrhiza glabra und echinnata *L.*). Süsholz, in Spanien, Italieg, dem südlichen Frankreich; wird im Fränkischen in der Gegend von Bamberg häufig cultivirt.

Die Wurzel hat einen süslichen Geschmak, welcher etwas ins bittre übergeht. Sie ist ein gewöhnliches Brustmittel im Husten und der Heiserkeit. Am besten giebt man sie in Aufgufs, weil sie durch das Kochen bitter wird, oder man läfst sie erst später hinzusetzen, und verbindet sie mit der rad. Altheae, Tussilaginis u. a. Das Pulver benutzt man um Pillen damit zu bestreuen.

PRAEPARATE.

1) *Succus Liquiritiae* oder *Glyzirrhizae* ist der ausgepresste und eingedickte Saft aus der Wurzel. Er sieht schwarz aus, glänzend und hat einen süslichen Geschmak. Man benutzt ihn allein zu $\frac{1}{2}$, 1 Dr.; oder als Zusatz zu Brustdecocten. Sehr oft wird Opium und Aloe damit verfälscht.

2) *Pasta liquiritiae.* Aus dem Decoct. liquiritiae mit G. Arabicum und Zucker.

3) *Bacilli de liquiritia albi, citrini.* Aus rad. Glyzirrhizae, Mucilago G. Tragacanth, Zucker urd

und Amylum, die gelben haben noch den Zuſatz
von Crocus.

4) *Trochiſci becchici nigri*, *citrini*, enthalten
ſuccus liquirit. Sem. Aniſi und Foeniculi. Die beſte
Compoſition von allen; für Kinder im Huſten und
Heiſerkeit.

5) *Syrupus Glyzirrhizae* aus Rad. liquirit.
Herba Capilli veneris, Hyſſopi und Zucker.

Auſſerdem iſt die Glyzirrhiza in allen Bruſteli-
xiren und Species pectorales enthalten.

SACCHARVM.

Der Zucker. (Saccharum officinarum *L.*). Eine Gras-
art, welche in Africa, Oſtindien, America, auf den
canariſchen Inſeln, u. a. cultivirt wird.

Der Zucker iſt ein ſüſſes Salz welches durch
die Kryſtalliſation aus dem Zuckerſafte erhalten
wird. Er beſteht aus der Zuckerſäure und Brenn-
barem. Seine mediciniſchen Eigenſchaften ſind gelinde reizend, auflöſend und fäulniswidrig.

Man benutzt ihn am meiſten um Medicamente
angenehmer zu machen, zur Bereitung der Syrupe,
und als ein Hausmittel in Bruſtzufällen, gegen Huſten und Heiſerkeit. Auf langen Seereiſen iſt er
ein vortrefliches Mittel um den Scorbut zu verhüten.

ten. *Mönch* lieſs ihn in gallichten Ruhren in Tiſanen häufig mit Nutzen nehmen. Im Uebermaas
genommen wird er nachtheilig wegen der Zuckerſäure; hingegen iſt es ein bloſſes Vorurtheil daſs
er Schleim verurſachen ſoll.

DER HONIG (S. 124.).

Iſt in Bruſtzufällen und der Heiſerkeit ein ge-
· wöhnliches Hausmittel. Auch als Zuſatz zu Bruſt-
decoſten.

II. Gelinde reizende Mittel.

TVSSILAGO.

Folia, Radix Tuſſilaginis. (Tuſſilago Farfara *L.*). Huf-
lattig. An feuchten, thonichten Gegenden in Europa
überall.

Dieſe Pflanze beſitzt in allen ihren Theilen
einerley Kräfte. Der Geſchmak iſt etwas herbe und
ſchleimicht; und von den älteſten Zeiten an gehört ſie unter die Bruſtmittel. Man benutzt ſie
vielfältig in catarrhaliſchen Zufällen, im Huſten,
der Heiſerkeit, im Huſten bey Maſern, in der Peripneumonie und der Schwindſucht. Gewöhnlich
läſt man ſie in Aufguſs als Thee oder mit Milch
gekocht nehmen. *Galen* und *Dioſcorides* ge-
brauch-

brauchten die trocknen Blätter in afthmatifchen Befchwerden und der Schwindfucht, wovon fie den
Rauch einziehen lieffen. Die Schweden rauchen
die Blätter im Huften ftatt des Tabaks. *Vogel*
liefs fie zu eben dem Endzweck anwenden.

Auffer Bruftbefchwerden hat man den Huf-
lattig gegen Scropheln und in fcrophulöfen Gefchwüren wirkfam gefunden. *Percivall* (Saml.
f. pr. A. 2. B. *Meyer* in *Baldingers* neuem
Magazin 7. B.), man nimmt entweder ein ftarkes
Decoct von getrockneten Blättern oder den frifch
ausgeprefsten Saft täglich zu einigen Unzen. Es ift
ein Mittel welches noch fernere Prüfung verdient.

PRAEPARATE.

Syrupus de Farfara; *Looch de Farfara*, find
entbehrlich.

TVSSILAGO PETASITES

ift nach den Erfahrungen von *Cullen* noch
wirkfamer.

VERONICA.

Herba veronicae. (Veronica officinalis *L.*). Ehrenpreis;
in Wäldern an trocknen Orten.

Der Gefchmack diefer Pflanze ift etwas adftringirend und bitter. Sie ift vorzüglich durch

Hoff-

*Hoffmann*berühmt geworden (de Infuſi Herbae
Veronicae praeſtantia), der ſie dem wahren Thee
gleich ſchätzte, und ſie gehört auch unter die Sub-
ſtitute deſſelben. Ihre Kräfte in Bruſtzufällen, dem
Blutharnen, dem Stein u. a. wogegen man ſie ſonſt
anwandte, ſind ſehr unbeträchtlich.

VERONICA TEVCRIVM

iſt etwas angenehmer und mehr adſtringirend.

INVLA HELENIVM.

Der Aland.

PIMPINELLA.

Radix Pimpinellae albae. (Pimpinella ſaxifraga *L.*) Pimpinell auf ſteinichten Hügeln

Die Pimpinell ward ſchon in den älteſten Zeiten unter die Bruſtmittel gezählt. Sie iſt reizend
und erhizend, daher iſt ſie nach und nach auſſer
Gebrauch gekommen.

PRAEPARAT.

1) *Eſſentia pimpinellae albae,* wird noch am
öfterſten benutzt, als ein auflöſendes und ſchweistreibendes Mittel. In ſchleimichten Bruſtzufällen
und Colikſchmerzen, täglich einigemale zu 20

bis

bis 60 Tropfen mit Waſſer. Auch als Zuſatz zu
Gurgelwaſſer in der Angina catarrhal., der Relaxatio
uvulae, der Lähmung der Zunge. .

ANISVM.

Semen aniſi vulgaris. (Pimpinella Aniſum *L.*). Anis iſt .
in Syrien und Egypten einheimiſch, wird in manchen
Gegenden von Europa, auch in Deutſchland, in
Preuſſen cultivirt.

Die Saamen haben einen beſonders angenehmen Geruch, und ſüſſen gewürzhaften Geſchmak.
Man gebraucht ſie als ein Schleimauflöſendes, gelinde reizendes, ſtärkendes Mittel, in Bruſtzufällen;
und in der Oeconomie als Gewürz, um die Verdauungswerkzeuge gelinde zu reizen, und die Blähungen auszuführen. .

PRAEPARATE.

1) *Confeĉtio Sem. Aniſi* überzuckerter Anis.

2) *Aqua Aniſi.*

3) *Spiritus Aniſi,* wird in Mannheim häufig
bereitet; (Mannheimer Waſſer). In Verſchleimungen der Bruſt, und um die Verdauung zu befördern.

4) *Spiritus ſalis Ammoniaci aniſatus.* In Bruſtzufällen von Schleim zu 30 bis 50 Tropfen.

5) *Oleum Aniſi* wird beſonders in Thürin-
gen bereitet. Man läſst es mit Zucker nehmen.

ANI-

ANISVM STELLATVM.

Semen Anifi Stellati, Semen Badian. (Illicium Anifatum *L.*). Sternahis. Auß China, Japan, und den Philippifchen Infeln.

Die Saamenkapfeln haben die Geftalt eines Sterns. Der Saame kömmt an Gefchmak mit dem Anis-und Fenchelfaamen fehr überein. Man benutzt ihn in Catarrhalbefchwerden als Bruftthee.

SEMEN FOENICVLI. (S. 236.).

Man gebraucht die Saamen vorzugsweife in Bruftzufällen, um den Schleim aulzulöfen und die Expedloration zu befördern. Mit andern Mitteln verbunden als Bruftthee.

HERBA HYSSOPI. (S. 257.).

Wird ebenfalls in Aufgufs als Thee gebraucht. Das Ifopwaffer (aqua Hyffopi) ift ein gewöhnliches Vehiculum der Bruftmixturen.

LICHEN ISLANDICVS.

Isländifahes Moos. Wächft auf der Erde und an Steinen.

Eine blättrige, zähe, trockne Flechte von bleicher Olivenfárbe, mit einem bittern fchleimichten, etwas zufammenziehenden Gefchmak und ohne Geruch. Sie enthält eine Menge fchleimichter,

nahr-

nahrhafter Theile, und gehört unter die gelinden
leicht verdaulichen, und zugleich kräftigen Nahrungsmittel, ohne den Stuhlgang zu unterdrücken.
Vermöge der bittern adſtringirenden Theile iſt ſie
gelinde ſtärkend.

Man bedient ſich ihrer: 1) beym feuchten
Huſten, der in Schwindſucht überzugehen droht;
nach verwahrloſeten Katarrhen, nach Peripneumo-
nien wenn der Auswurf häufiger und eiterartig
wird: 2) in *Auszehrungen* nach Maſern (*Schoen-*
heide Verſ. mit dem Isl. Moos), nach ſtark eiternden Wunden und Geſchwüren (*Plenk*) nach
der Salivation; 3) in der *Schwindſucht*; bey wahren Lungengeſchwüren wenn kein Fieber mehr
vorhanden iſt (*Scopoli*), beſonders nach vernach-
läſſigten Katarrhen, oder von verſetzter Krankheits-
materie; im hohen Grade der Krankheit fruchtet es
wenig, indeſſen werden die nächtlichen Schweiſſe
dadurch gemindert (*Mellin*). In der ſchleimichten Lungenſucht leiſtet es gute Dienſte. 4) im
Blutſpeien (*Frize*). 5) im Keichhuſten.

Man läſst das Moos mit Waſſer, oder Milch,
oder in Fleiſchbrühen gekocht täglich zu 1, 2 Unzen nehmen. Wenigſtens muſs es eine Zeit lang
gebraucht werden.

A 2   LICHEN

LICHEN PYXIDATVS ET COCCIFERVS.

Die Büchfenförmige und körnerichte Flechte.

von Woenfel über den Nutzen der körnerichten und Büchfenförmigen Flechte in Samml. f. p. Aerzte VI. B.

Diefe Flechtenart ward fchon von *Bauhin* und. *Rajus* gegen den Keichhuften empfohlen. *Woenfel* benutzte fie gegen den epidemifchen Keichhuften mit Blutauswurf, mit gutem Erfolg. Sie wird auf eben die Art wie das isländifche Moos angewendet.

POLYGALA AMARA.

Bittre Kreuzblume.

GVMMI AMMONIACVM. (S. 142.).

Das G. Ammoniacum ift in Bruftzufällen, welche durch zähen Schleim in den Lungen oder in den erften Wegen unterhalten werden, eins der wirkfamften Mittel. Es befördert den Auswurf und oft den Stuhlgang und Urin, und man bedient fich deffen im Huften, in Catarrhalzufällen, der Eng- brüftigkeit bey zähem Schleim, in der Peripneu- monie im letzten Zeitraum wenn das Fieber fich gelegt hat, und der Auswurf unterbrochen wird, während den Blattern wenn die Salivation ftockt, in der fchleimichten Schwindfucht u. a. mit dem beften Er-

Erfolg; in Verbindung mit Meerzwiebelhonig, Sulphur auratum u. a,

MYRRHA. (S. 147.).

SQVILLA.

Oxymel Squilliticum. (S. 299.).

Man gebraucht dies Praeparat der Meerzwiebel,
hauptfächlich in Bruftbefchwerden, wo eine Ueberladung von Schleim Statt hat, im Keichhuften,
in der fchleimnichten Engbrüftigkeit, beym Huften
von zähem Schleim u. a. Es ift ein reizendes
Mittel. Gewöhnlich verbindet man es mit andern
Bruftmitteln. Die Dofis ift 1, 2, 3 Dr. welche
man alle 1, 2 Stunden nehmen läfst, dafs kein
Erbrechen entfteht.

DIE NATUERLICHEN BALSAME. (S. 152).

BITVMEN ASPHALTVM.

*   *   *

Die Antimonialpräparate, in folchen Gaben
dafs kein Erbrechen erfolgt, find fehr fchätzbare
Bruftmittel; vorzüglich Sulphur auratum antimonii
(S. 162.) und Kermes mineralis (S. 163).

Aa 2   Eilfte

Eilfte Klaſſe.

Mittel welche den Speichelfluſs erregen ; *Sialagoga.*

Die Abſonderung des Speichels kann auf eine zweyfache Art befördert werden : 1) durch äuſſer-liche, ſogenannte Käumittel (Maſticatoria). 2) durch innerliche Mittel welche den Speichelfluſs erregen (Sialagoga).

Die äuſſerlichen Mittel beſtehen aus ſcharfen Subſtanzen, welche durch den Reiz den ſie in der innern Fläche des Mundes verurſachen, einen ſtär-kern Zuſammenfluſs des Speichels, und eine gröſſere Ausleerung veranlaſſen. Ein jedes ſtimulirendes, reizendes Mittel kann zu dieſem Endzweck benutzt werden. — Unter den innerlichen Mitteln iſt das Queckſilber das berühmteſte.

Das Quekſilber in ſeinem wirkſamen Zuſtande als ein metalliſches Salz, zeigt ſich durchgehends als ein allgemeines Reizmittel, und erfordert dieſel-ben Vorſichtsregeln als die reizenden Arzneien. Zu-folge

folge diefer Eigenfchaft ift es ein kräftiges auflöfendes Mittel (S. 168.) in vielen Krankheiten. Es befördert fehr oft die Abfonderung des Urins, zuweilen die Ausdünftung und die Oeffnung des Leibes, und am gewöhnlichften den Speichelflufs. Vorzüglich fcheint es auf die Abfonderungsorgane, und das lymphatifche Syftem feine Wirkungen zu äuffern.

Um diefe Eigenfchaften zu erklären, hat man faft durchgängig geglaubt, dafs das Queckfilber die Befchaffenheit des Bluts verändre, oder die Confiftenz deffelben auflöfe. Diefe Behauptung ift nichts weiter als eine hergebrachte Hypothefe, wovon die Erfahrung den Ungrund gezeigt hat. Selbft bey Perfonen welche lange falvirt haben, ift das aus der Ader gelaffene Blut nicht widernatürlich flüffig und aufgelöft.

Eben fo wenig befriedigend ift die Meynung, dafs das Queckfilber durch feine fpecififche Schwere oder durch feine groffe Theilbarkeit, Wirkungen veranlaffen folle, wenn man erwägt, dafs es überhaupt nur als ein Salz zu wirken anfängt, und dafs wenige Grane oft fchon beträchtliche Veränderungen hervorbringen. Wäre die Schwere die Urfache, fo würden alle Mercurialpräparate nothwendig einerley Wirkungen haben.

A a 3   Ein

Eine andre ſehr ſubtile Hypotheſe, welche doch nicht von allen Einwürfen frey iſt, iſt die *Cullenſche:* ſie gründet ſich nemlich darauf, daſs das Queckſilber eine beſondre Neigung beſitzt mit den ammoniacaliſchen Salzen ſich zu verbinden. Er nimmt nun an, daſs von der Vereinigung deſ-ſelben mit dem Blutwaſſer, ſeine vorzügliche Nei-gung herrühre durch die verſchiedenen Ausleerun-gen des Körpers fortzugehen, und weil das Am-moniacalſalz wahrſcheinlich in gröſsrer Menge durch die Speicheldrüſen ausgeleert werde, ſo laſſe ſich daraus der Grund ableiten, warum das Queckſilber ſo leicht den Speichelfluſs errege. Indeſſen ſind wir doch nicht im Stande dieſe Eigenſchaft auf eine befriedigende Art zu erklären.

Das Queckſilber erregt die Salivation ſo bald es in hinlänglicher Menge in die Säfte aufgenom-men worden, es mag dies durch die erſten Wege, oder durch die Einſaugung der Gefäſſe der Haut geſchehen. Vormals hielt man dieſe Ausleerung zur Kur veneriſcher Krankheiten ganz unentbehrlich wie man überhaupt annahm, daſs das Queck-ſilber durch vermehrte Ausleerungen heile; und ſie wird auch noch überall in groſſen Hoſpitä-lern angewendet. Indeſſen haben neuere und richtigere Beobachtungen beſtätigt, daſs die veneri-

. ſche

fche Krankheit ohne Speichelfluß, und ohne alle
Ausleerung vollkommner geheilt werden könne;
daß die Salivation felbft fehr oft unzureichend fey,
daß fie die Conftitution des Kranken ruinire und
nur noch fiecher mache. Von Rechtswegen follte
man daher diefe Kurmethode nie mehr gebrauchen.
Auch die Queckfilbermittel find die vorzüglichften
welche am wenigften auf den Speichelfluß wirken.

Eine andre Wirkung des Queckfilbers, welche
man von der Speichelerregenden Kraft für unzer-
trennlich gehalten hat, ift die, daß es die venerifche Krankheit heilt. Es ift hier nicht der Ort die
verfchiedenen Hypothefen aufzuzählen, welche zur
Erklärung diefer Wirkungen erfonnen worden; fo
viel ift indeffen gewiß, daß es diefe nicht fpecififch befitzt: Es ift wahrfcheinlich, daß das venerifche Gift als eine reizende Materie eine befondre Veränderung in dem Principio der Irritabilität hervorbringe, worauf man bisher noch gar nicht
geachtet hat, und daß das Queckfilber *als ein all-*
gemeines reizendes Mittel hülfreich ift, weil es diefe
wieder aufhebt oder ins Gleichgewicht bringt. Hier-
aus läft fich auch erklären, warum das Queckfilber nicht allemal wirkfam fey; warum felbft nach
dem unmäffigen Gebrauch deffelben, faule Gefchwüre und allerley Zufälle entftehen, die be-

fchwer-

fchwerlicher find als die Krankheit felbft, weil
durch den anhaltenden Reiz des Queckfilbers die
Irritabilität bis zum Uebermaas erhöht werden kann,
wie dies auf ähnliche Art bey dem Scorbut gefchieht; und warum dann ftärkende Mittel und
ähnl. die Zufälle heben. — Dies ift, glaube ich,
die leichtefte und natürlichfte Erklärung, die man
von der Wirkungsart des Queckfilbers geben kann.
Die Anwendung des Queckfilbers in Hautkrankheiten, Wafferfuchten, Tetanus, Hydrophobie
u. m. ift vorhin (S. 169.) angezeigt, und läfst
fich vielleicht auf ähnliche Art erklären.

I. Innerliche Mittel.

*Baldinger Hiftoria Mercurii et Mercurialium
medica. Schwediauer Pharmacopoea Syphilitica.
Girtanner über die vener. Krankh. I. B.*

MERCVRIVS DVLCIS.

Das verfüfste Queckfilber (S. 169.).

Man verbindet die Mercurialmittel gegen venerifche Zufälle, am beften mit diaphoretifchen
Mitteln z. B. Opium, G. Guaiacum, um dadurch
die Wirkung auf die Speicheldrüfen zu fchwächen.
Alle Ausleerungen, Durchfälle, häufiger Abgang
des Urins u. ähnl. halten gewöhnlich die Kur auf.

MER-

MERCVRIVS CINEREVS (S. 176.).

MERCVRIVS SOLVBILIS HAHNEM. (S. 176.).

MERCVRIVS GVMMOSVS PLENKII. (S. 176.).

PILVLAE AETHIOPICAE. (S. 173.).

MERCVRIVS SVBLIMATVS CORROSIVVS. (S. 173.).

II. Aeufferliche Mittel.

VNGVENTVM MERCVRIALE.

Vnguentum Neapolitanum; Mercurialfalbe. Aus dem rohen Queckfilber mit Schweinefchmalz zufammengeriebena

Man hat in neuern Zeiten gegen die Mercurialeinreibungen den Einwurf gemacht, dafs fich nicht genau beftimmen lieffe, wie viel Queckfilber dadurch in den Körper komme, dafs entweder zu viel oder zu wenig aufgenommen würde. Diefer Vorwurf ift blos anfcheinend. Es ift bey keinem einzigen Queckfilberpraeparate möglich, dafs man zum Voraus wiffen kann, wie viel zur Kur erfordert wird; auch ift dies eigentlich ganz gleichgül-

A a 5   tig·

tig. Allein ob die hinreichende Menge in den
Körper gebracht ſey, läſst ſich aus den Erſcheinungen doch wohl beſtimmen, und alle Zufälle bey
gehöriger Vorſicht leicht vermeiden. Wichtiger iſt
der Nachtheil der Einreibungen, daſs viele Perſonen
ſie auf die Länge nicht vertragen können, daſs die
Salben beſchwerlich zu bereiten ſind, und wenn ſie
alt werden das Queckſilber fallen laſſen. Dieſem
kann man dadurch vorbeugen daſs man die Bereitungsart der Salben verbeſſert, und ſtatt des rohen
Queckſilbers den Mercurius dulcis, Merc. cinereus,
Merc. ſolubil. Hahnem., Merc. ſublimatus, mit
Schweineſchmalz oder mit Mandeloel u. a. zuſam-
menreiben läſst. Dadurch werden auch die Einreibungen ſelbſt erleichtert. Für Schwächliche, zarte
Perſonen verdienen die Salben vor dem innerlichen
Gebrauch des Mercurius den Vorzug, weil die
oftmaligen nachtheiligen Wirkungen des Queckſilbers auf die erſten Wege dadurch ganz vermieden
werden.

Man läſst von der gewöhnlichen Salbe ℈,
1 Dr. jedesmal einreiben: in England an den Beinen, Lenden und Armen zugleich: in Frankreich
an den Beinen, Lenden und Armen abwechſelnd.
Cruikſhank und *Clare* rathen das Queckſilber
in der innern Seite des Mundes einreiben zu laſſen.

fen. Diefe Methode hat indeffen kein Glück gemacht.

Auffer diefen ift die Mercurialfalbe gegen verhärtete venerifche Gefchwulfte, und in Drüfenverhärtungen fehr wirkfam, fie mufs nicht in die verhärtete Stelle felbft, fondern unterhalb derfelben eingerieben werden; im tollen Hundsbifs in die Wunde gerieben; in der Wafferfucht zur Verftärkung der diuretifchen Mittel.

VNGVENTVM MERCVRIALE TEREBINTHINATVM.

Durch den Zufatz von Terpentin läfst fich das rohe Queckfilber leichter zertheilen, die Salbe wird aber dadurch fchärfer. Man empfiehlt noch den Zufatz von Kampher um die Salivation zu erfchweren.

Die Mercurialpflafter erregen bey dem langen Gebrauch ebenfalls zuletzt Salivation.

Die Mercurialräucherungen mit Zinnober wirken blos als topifche Mittel, und werden in diefer Abficht auch noch hin und wieder in Hofpitälern benutzt.

Zwölfte

Zwölfte Klaſſe.

Schweistreibende Mittel; *Diapho-retica; Sudorifera.*

Man unterſcheidet gemeiniglich zwey Arten von Schweistreibenden Mitteln: 1. Diaphoretiſche Mittel, welche die unmerkliche Ausdünſtung erregen. 2. Eigentliche ſchweistreibende Mittel (Sudorifera). Beyde ſind blos dem Grade nach verſchieden.

Es giebt keine Arzneien, welche im eigentlichen Sinne dieſe Abſcheidung zu bewirken im Stande ſind. Dies geſchiehet vielmehr I. dadurch daſs ſie den Blutumlauf überhaupt befördern; oder II. daſs ſie auf die Hautgefäſſe wirken. Beyde Wirkungsarten ſind bisweilen einzeln, bisweilen mit einander verbunden.

Alle Schweistreibenden Mittel laſſen ſich daher unter folgende Klaſſen bringen.

1) reizende, erhitzende Arzneimittel überhaupt. Die Excitantia (S. 213.), die harzichten Mittel, die alkaliſchen Salze, die Mittelſalze, die Antimonialmittel, ſpirituöſe Subſtanzen u. m.

2) warme

2) warme Getränke; (S. 70.), diese vermehren zugleich noch die Masse der Flüssigkeiten,
wie das blosse warme Wasser, die Infusa theae-
formia, die Holztränke.

3) vegetabilische Säuren, Essig, Wein, Weinmolken, Punch.

4) antispasmodische Mittel, welche den Wider-
stand in den kleinen Hautgefäßen aufheben,
daher ist Opium schweistreibend (S. 267.).

5) äusserliche gelinde Reize an der Oberfläche
des Körpers, warme Bäder, warme Bedeckun-
gen, das Reiben einzelner Theile, das Einhüllen in Flanell, in Wachstuch bey gewissen
örtlichen Krankheiten.

Im Allgemeinen sind die reizenden erhitzenden
Mittel zur Beförderung des Schweisses am wenig-
sten zuträglich; wenn man sie anwenden will, so
ist es am besten dafs man sie nie allein gebraucht,
sondern sie mit denen, welche äusserlich auf die
Hautgefässe wirken, diese gelinde reizen, oder erschlaffen, verbindet. Daher ist die äusserliche
Wärme, die warme Luft, eine warme Bedeckung
oder die Vermeidung der Kälte, zur Beförderung
der Wirkungen der Schweistreibenden Mittel durch-
aus erforderlich. Man mufs auch dabey vermeiden,

den, dafs keine andre Ausleerung entfteht, wodurch die Diaphorefis erfetzt werden kann.

Es ift fchwer in einzelnen Krankheiten die Dienlichkeit oder Undienlichkeit des Schwitzens zu beflimmen. Dies hängt vorzüglich 1) von der Natur der Krankheit ab: von der Art find alle Krankheiten welche von Erkältung und unterdrück-ter Ausdünflung entflanden find, die Katarrhe, die Rheumatifinen, zuweilen felbft wahre Entzündungs-krankheiten, die Koliken von Verkältungen: Gicht, Podagra, u. m. 2) von der epidemifchen Confli-tution; die meiflen epidemifchen Krankheiten wer-den durch die Ausdünflung gefchieden. 3) von der Neigung der Natur in individuellen Fällen. Ein mäffig warmes Verhalten ift beynahe in einer jeden Krankheit unter unferm Himmelsftrich der Natur weit angemefsner als ein zu kühles; daher man auch jetzt mit fichtbarem Erfolg das kühle Verhal-ten in Blattern u. a. einfchränkt. Aber fehr felten ift es zuträglich, dafs man die Diaphorefis gerade zu befördert, oder zu bewirken fucht.

Eine Klaffe von Krankheiten, wo diaphoretifche Mittel vielleicht fehr wirkfam feyn können, find die Hautkrankheiten, doch ift die Verfchiedenheit und die Natur derfelben noch zu wenig aus einan-der gefetzt.

I. Aus

I. Aus dem Pflanzenreich.

FLORES SAMBVCI.

Sambucus nigra L. (S. 100.).

Die Hollunderblüthen im Theeaufgufs find ein gewöhnliches Mittel in allen Fällen wo man die Ausdünftung gelinde erregen will. In Verkältungen, Katarrhen, Rheumatifmen; in Ausfchlagskrankheiten um den Ausbruch gelinde zu befördern, während der Crife in Krankheiten u. ähnl.

PRAEPARATE.

Aqua Florum Sambuci; Rob Sambuci; find gelinde diaphoretifch.

SCORDIVM.

Herba Scordii. (Teucrium Scordium *L.*), Lachenknoblauch.

TEVCRIVM CHAMAEDRYS.

GVMMI

GVMMI GVAÏACVM.

G. Guajacum, Refina Guajaci. (Guajacum officinale *L.*).
Guajakgummi, Guajakharz, aus Jamaica und den
westindischen Inseln.

Ein halbdurchsichtiges, braunlich grünes Harz,
welches durch das Einritzen aus dem Stamm und
den Aesten erhalten wird. Es wird häufig mit
Unreinigkeiten und mit andern Harzen, meist mit
dem Colophonio verfälscht, und selbst aus diesem
nachgemacht.

Ein Kennzeichen der Güte ist, dass es sich
fast ganz in versüsster Salpeterfäure auflöst, und
wenn man etwas Salpeterfäure hinzugiefst, diese
Auflösung bläulich wird. Auf Kohlen gestreut
darf es nicht nach Terpentin riechen. Man muss
auch die glänzenden, braunlichgrünen, durchschei-
nenden Stücke auswählen.

Die Wirkungen dieses Harzes sind ungleich
mehr erbitzend, reizend und schweistreibend. Es
dringt bis zu den äussersten Hautgefässen, und vermehrt allgemein den Blutumlauf. Es bekömmt daher schwammichten, phlegmatischen Personen, mit
verminderter Reizbarkeit am besten; wenn man es
lange gebraucht, so entstehen oft allerley nachtheilige Veränderungen im Körper.

Man

Man benutzt es gewöhnlich ſtatt des Guajakholzes: 1) in der Gicht, dem Podagra, hartnäckigen rheumatiſchen Beſchwerden *(M e a d,
P r i n g l e).* Seit dem Jahre 1776 ward beſonders die Auflöſung deſſelben in Taffia oder Rum
berühmt. Durch dieſe Verbindung wird es noch
ſtärker reizend, und um ſo leichter nachtheilig,
ohne daſs die Wirkungen erhöht werden. 2) in
Hautkrankheiten, auch in veneriſchen Zufällen als
Zuſatz zu Mercurialmitteln. *B e r g e r* gab es in
der Bruſtbräune mit gutem Erfolg, vielleicht war
ſie von einer rheumatiſchen oder arthritiſchen Me-
taſtaſe entſtanden.

Die Doſis iſt von 5 bis 10 Gran. Am beſten läſst man es in Pillen nehmen, mit Sulph.
aurat., Mercurius dulc., Extr. Cicutae, Aſa foetida,
oder nach *T h e d e n* (neue Bemerk. S. 202) allein
mit Mandelſeiſe verbunden. 2) in Auflöſung mit
G. Arabic. Tragacanth, Eierdotter zuſammengerieben und einem aromatiſchen Waſſer. 3) in Pulver mit Cremortartari, ●●●n man zugleich abführ-
ren will; es läſst ſich ſehr gut zerreiben ohne an-
einander zu kleben.

PRAEPARAT.

Tinctura Guaiaci volatilis; eine Auflöſung des
G. Guajac. in Spir. Sal. Ammoniac. volatil. Sie

iſt ſehr reizend und erhitzend; die Doſ. iſt 30, 50, 100 Tropfen, in der Gicht, Podagra, alten Rheumatiſmen. Vorzüglich wirkſam iſt die Verbindung mit der Tinctura Thebaica.

ACONITVM.

Herba, Extractum Aconiti. (Aconitum Cammarum und A. Napellus *L.*). Eiſenhut; wild auf den Alpen und Pyrenäen, wird in Garten cultivirt.

Störk Spicilegium obſeruationum de Aconito.

Das Extract wird aus dem friſchen Kraute bereitet. Es iſt ſehr durchdringend und reizend, und erregt in den meiſten Fällen den Schweis, zuweilen auch einen vermehrten Abgang des Urins.

Man benutzt es vorzüglich in arthritiſchen Zufällen, der Gicht, chroniſchen Rheumatiſmen, Steifigkeit der Gelenke von Gicht, Verhärtungen von einer ſtockenden Materie, Gichtknoten, Skropheln, auch in veneriſchen Zufällen. Das allzufriſche Extract iſt gewöhnlich zu heftig wirkend. Am beſten iſt es einige Monate alt, wird es hingegen über ein Jahr alt, ſoll es von ſeinen Wirkungen viel verlieren (*Reinhold* diſſ. de vſu Aconiti in Arthritide). Auch müſſen wie bey allen Mitteln dieſer Klaſſe, die erſten Wege rein ſeyn.

Am

Am ficherften macht man mit kleinen Gaben
den Anfang und fteigt allmälig: von 1, 2 Gran
bis 2 Dr. und darüber. 1) in *Auflöfung* mit deft.
Waller, oder mit vinum antimoniat., Huxh., mit
der Tinct. Thebaica, Sulph. Aurat. Antimon. liquid. 2) in *Pulver* mit Zucker, Magnefia, Cryft.
Tartari. 3) in *Pillen* mit bittern Extraclen, G.
Guajac., Merc. dulcis.

OPIVM.

Der Mohnfaft.

Von den älteften Zeiten an rechnete man den
Mohnfaft unter die diaphoretifchen Mittel, und ge-
brauchte ihn am häufigften in Form des Theriacs.
Diefe Anwendung ift noch häufig ein Hausmittel.
(S. 267.).

PVLVIS SVDORIFICVS DOVERI.

Pulvis Sudorificus Ph. Edinb. befteht aus drey Drachm.
Tartarus Vitriolat., Opium und Ipeçacuanha 1 Scr.

Eins der wirkfamften fchweistreibenden Mittel
in rheumatifchen und arthritifchen Zufällen, in der
Wafferfucht, zu 5, 10, 15, 20 Gran. Anfangs
läfst man wenig nachtrinken, weil es fonft leicht
ausgebrochen wird.

Bb 2   Der

Der Kampher, vorzüglich der Kampherefſig
Acetum camphoratum), ſwird als ein ſchweistreibendes Mittel gebraucht (S. 226.).

II. Aus dem Mineralreich.

Die Antimonialmittel ſind ſehr wirkſame
ſchweistreibende Mitttel, beſonders wenn ſie in
kleinen Gaben genommen werden (S. 159.).

MIXTVRA SIMPLEX.

Eine ſehr componirte Medicin. Man unterſcheidet Mixt. ſimplex ordinaria, und Mixt. ſimpl.
Camphorata. Die erſte wird oft als ein Hausmittel gegen den Schreck und leichte Verkältungen
gebraucht. Man läfst ſie zu 20, 30 Tropfen auf
Zucker nehmen, oder mit einem angenehmen Syrup vereinigt in Waſſer.

SPIRITVS MINDERERI.

Sal Mindereri. Eſſigſalmiak ; Minderers Geiſt. Aus der
Eſſigſäure mit dem flüchtigen Laugenſalz geſättigt.

Der Eſſigſalmiak, wenn er gehörig bereitet
worden, ift ein gelindes und zuverläſſiges ſchweistreibendes Mittel. Man ſollte eigentlich die trocknen Kryſtallen gebrauchen, und vor dem Gebrauch
auflöſen laſſen, weil der flüſſige Mindereriſche Geiſt

we-

wegen Unbestimmtheit der Bereitungsart oft unzuverläffig ift. Gewöhnlich läfst man von dem Geifte 50, 60, 100 Tropfen nehmen mit warmen Getränken, Hollunderblüten, oder Chamillenthee, Liquor anodyn. Hoffm. u. a. Von den Kryftallen ift die Gabe 15, 20, 30 Gran.

Es ift ein wirkfames Mittel bey zurückgetretenen Hautausfchlägen, Mafern, Blattern, herumziehenden gichtifchen und rheumatifchen Schmerzen, hyfterifchen Krämpfen, im Huften, und in Krankheiten um die Crife durch den Schweis gelinde zu befördern.

III. Species zu Holztränken.

LIGNVM GVAIACVM.

Lignum fanctum, L. benedictum. (Guajacum officinale *L.*).
Guajakholz, Franzofenholz aus Weftindien,
Jamaica, Domingo.

Das Guajakholz ward im Jahr 1508 zuerft nach Spanien gebracht, als ein Mittel gegen die venerifche Krankheit. Von da kam es mit der Seuche nach Italien, und 1517 nach Deutfchland. Es hat eine braun grünliche Farbe, und ift fehr hart und harzicht. Der Geruch ift fchwach gewürzhaft, und der Gefchmak etwas bitter und beiffend.

fend.

fend. ·Zuweilen wird das lignum ſanctum von .
Guajacum ſanctum *L.* dafür verkauft, es iſt viel
leichter, blasgelb oder weislicht, mit einem dünnen grünlichen Kern, und bittern Geſchmak.

Die Wirkungen des Guajakholzes ſind ſtark
reizend und erhitzend. Es befördert den Blutumlauf, die Wärme, den Schweis, den Urin, und
wenn man es in groſſen Gaben gebraucht, auch
den Stuhlgang. Bey vollblütigen Perſonen, oder
die zu Blutungen geneigt ſind, und in Fiebern darf
man es nicht anwenden.

Es iſt ein wirkſames Mittel in rheumatiſchen und arthritiſchen Zufällen, wenn ſie nicht
mit Fieber verbunden ſind, im Podagra, wenn es
mehr chroniſch geworden iſt, in der ſchleimichten Engbrüſtigkeit, in Hautausſchlägen, in der
Kräze.

In der veneriſchen Krankheit iſt das Guajakholz vorzüglich durch den Ritter von *Hutten* berühmt geworden. Es leiſtet gegen die Krankheit
ſelbſt keine Wirkung, allein um die Ueberreſte derſelben, und die Zufälle welche von dem langen
Gebrauch des Queckſilbers entſtehen, zu vertilgen,
wird es mit ſehr gutem Erfolg angewendet. Wahrſcheinlich geſchieht dies theils durch die Beförderung

rung der Ausdünftung, theils durch den Gegenreiz
den es im Körper erregt.

Am gewöhnlichften giebt man das Guajakholz
im Decoct für fich allein, oder mit der Rad. Bardanae, Stipit. Dulcamarae u. a. Den Gefchmak verbeffert man am beften durch den Zufatz von Rad.
Liquiritiae.

PRAEPARATE.

1) *Species pro decocto lignorum* enthält auch
Guajakholz.

2) *Effentia ligni Guajaci.*

SARSAPARILLA.

Radix Sarfaparillae. (Smilax Sarfaparilla *L.*).
Aus Südamerica.

Die Sarfaparille ward im Jahr 1530 zuerft in
Europa bekannt. Sie hat einen bitterlichen, mehlichten, etwas fchleimichten Gefchmak, und einen
fchwachen nicht unangenehmen Geruch. Die befte
Wurzel ift äufferlich braungrau, innwendig weis,
mit röthlichen Streifen am Rande.

Man bediente fich ihrer zuerft vorzüglich gegen venerifche Zufälle. Bald darauf kam fie ganz
in Vergeffenheit ihrer Unwirkfamkeit wegen, bis
aufs neue *Fordyce* Verfuche damit wieder an-
ftellte. Sie wirkt hauptfächlich auf den Schweis

und

und den Urin. Wenn fie kräftig feyn foll, mufs
fie in grofer Dofe gebraucht werden, und vor allein nicht verdorben feyn.

Befonders empfiehlt man fie 1) gegen venerifche Gefchwüre und venerifche Knochenfchmer-
zen, auch als Nachkur nach einem langen Gebrauch
des Queckfilbers. 2) in Krebsgefchwüren; *Baylies* liefs das Decoct täglich zu einem Quartier
trinken, (von den Heilkräften der Sarfaparille in
krebshaften Zufällen, Samml. f. pr. A. 1. B.).
Brisbane gebrauchte es bey einem Krebsgefchwür
an der Nafe, innerlich und äufferlich.

Man hat in Frankreich entdeckt, dafs ftatt der
ächten Sarfaparille fehr oft die Hopfenwurzel (Hu-
mulus Lupulus *L.*) verkauft wird, und mit eben
dem Nutzen ftatt der ächten Sarfaparille gebraucht
werden kann. Sie verdient als ein Einheimifches
Gewächs immer einen Verfuch. Auch die Wurzel
des Seifenkrauts (Saponaria offic. *L.*), und neuerlich die Sandriedgraswurzel (*Radix Graminis*, Ca-
rex arenaria *L.*), ift als Subftitut der Sarfaparille
mit gutem Erfolg gebraucht worden, und faft
noch vorzüglicher in ihren Wirkungen.

LIGNVM IVNIPERINVM.
Das Wacholderholz (Iuniperus Communis *L.*).

Lig-

LIGNVM SASSAFRAS.

Beyde gehören unter die Ingredienzen der
Holztränke.

DVLCAMARA.

Stipites Dulcamarae. ' (Solanum Dulcamara *L.*). Bitter-
füs, Alpranke, an feuchten Ufern und Hecken.

*Carrere über die Wirkungen und den Gebrauch
der Alpranke in Samml. für pr. Aerzte VI. B. Baldinger N. Magaz. III. B.*

Man benutzt von diefem Gewächs blos die
jungen Spröslinge, ehe fie anfangen holzicht zu
werden: Sehr felten die Wurzel. Der Gefchmak
ift anfangs füs und nachher bitter. Sie wirkt faft
allemal durch vermehrte Ausleerungen, befördert
den Schweis, den Urin, den Stuhl, zuweilen den
Auswurf.

Man hat beobachtet, dafs die Dulcamara nach
Verfchiedenheit des Bodens wo fie wächft, Nebeneigenfchaften annimmt. Bisweilen find Ekel, Erbrechen, Angft, Schwindel, Jucken und Convulfionen in den Händen darnach entftanden; man mufs
fie daher mit Vorficht, zumal Anfangs anwenden:
Auch in entzündlichen Zufällen, und bey Vollblütigkeit bekömmt fie im Allgemeinen nicht.

Am

Am beständigsten und sichtbarsten ist ihre Wirkung: 1) in allen Arten von Hautausschlägen, besonders den Flechten (*Carrere*), und fast allemal erfolgt zuerst ein stärkerer Ausbruch. 2) in Rheumatischen Beschwerden, vorzüglich bey herumziehenden rheumatischen Schmerzen. 3) im Podagra, verschaft sie Linderung; in Verbindung mit Molken. 4) bey veralteten Geschwüren aller Art, in hartnäckigen venerischen Zufällen nach dem Gebrauch der Mercurialmittel. 5) in der Gelbsucht und Verstopfungen der Eingeweide, in der feuchten Engbrüstigkeit.

Man läst Anfangs zwey Drachm. mit einem Pfunde Wasser bey gelindem Feuer bis zur Hälfte einkochen, und davon Morgens und Abends einige Tassen mit Milch nehmen. *Carrere* stieg alle acht oder zehn Tage, wenn es der Körper vertragen konnte, um eine Drachme, bis zu 10 Dr., und darüber. *Delius* empfahl das wäsrichte Extract in eben den Fällen.

BARDANA.

Radix Bardanae. (Arctium Lappa *L.*). Klette; an Wegen und Zäunen überall.

Die Klettenwurzel war vormals ein specifisches Mittel gegen venerische Zufälle. Sie befördert den Schweis und den Urin.

Man

Man benutzt das Decoct derselben: 1) in rheumatischen Zufällen. 2) in Steinbeschwerden, hauptsächlich um den Gries wegzuspülen (*Demachy* von den Steinauflösenden Kräften der Klettenwurzel). 3) in Hautausschlägen. Man kann sie mit der Rad. graminis, Altheae, Honig, verbinden statt des gewöhnlichen Getränks.

Die Klettenblätter benutzt man äusserlich hin und wieder zum Verband alter Geschwüre.

CORTEX VLMI.

Cortex vlmi medius. (Vlmus campestris *L.*).

Banau von dem Gebrauch der Ulmenrinde, in Samml. für pr. A. IX. B.

Die Ulmenrinde hat keinen Geruch, und einen schleimichten, etwas bittern zusammenziehenden Geschmak. Sie ist bittrer wenn sie von jungen Bäumen genommen ist, und mehr adstringirend vor alten Bäumen.

Man bedient sich ihrer im Decoct: 1) in Hautkrankheiten aller Art, besonders den Flechten, und flechtenartigen Ausschlägen. 2) in Zufällen von unterdrückter Transpiration. 3) in bösartigen Geschwüren. Man läfst täglich 1, 2 Unzen davon nehmen. *Banau* empfiehlt dieses Decoct äusser-

äuſſerlich zum Waſchen in Hautausſchlägen, in
Entzündungen aller Art wenn die Haut bren-
nend und geſpannt iſt; in der Roſe wenn der
Theil ſtark brennt. Während dem Ausbruch der
Blattern und Maſern.

SAPONARIA.

Herba, Radix Saponariae. (Saponaria officinalis *L.*).
Seifenkraut, in ſandichten Gegenden.

Die Seifenkrautwurzel hat einen ſchleimichten
füslicht bittern, ſcharfen Geſchmak, und keinen
Geruch. Sie wird ſelten verordnet ohnerachtet ihrer Wirkſamkeit, und ſie kann mit allem Recht
die Stelle der Sarſaparille vertreten. Znweilen wird
die unkräftige Wurzel der Lychnis dioica *L.* damit
verwechſelt.

Die ältern Aerzte gebrauchten ſie in Verſtopfungen der Drüſen, in der Gelbſucht u. a. ver-
muthlich ihrer ſeifenartigen Beſtandtheile wegen. In
dieſen Krankheiten iſt ſie wenig wirkſam. *Jurine* (Bemerkungen über den Gebrauch des Seifenkrauts im Journal der Med. 1786.), ſtellte mit
dem Decoct und dem Extract Verſuche in veneriſchen Zufällen an, vorzüglich in hartnäckigen veneriſchen Geſchwüren, in Rheumatiſmen der Gicht,
und bösartigen Geſchwüren überhaupt.

Man

Man bedient fich 1) des frifchen Krauts mit
Rad. Bardanae, Stipit. Dulcamarae verbunden, oder
2) der Wurzel, zugleich mit dem Kraute. *Jurine* lies 1½ Unze Scifenkraut und ½ Unze von
der Wurzel mit 4 Pf. Waffer bis zur Hälfte einkochen. Das *Extract. Saponariae* gab er zu ½ Dr.
und ftieg allmälig.

Radix chinae.

Chinawurzel. (Smilax China *L.*). Aus America
befonders Jamaica.

Diefe Wurzel ward im Jahr 1525 in Europa
bekannt. Kaifer Karl V. gebrauchte fie in der
Gicht. Bald nachher kam fie wieder in Vergeffenheit.

Radix mezerei.

Seidelbaft. (Daphne Mezereum L. D. Laureola.
D. Thymelaea. D. Gnidium u. a.). An waldichten Bergen im nördlichen Europa.

Die ganze Staude befitzt in allen Theilen eine
Schärfe. Man bedient fich äufferlich der frifchen
Rinde zu künftlichen Gefchwüren. Die Wurzel
hat man lange im Decoct gegen venerifche Ge-
fchwüre, den Beinfras und Knochenauswüchfe an-
gewendet. Man läfst 2 Drachm. mit vier Pfund
Waffer bis zur Hälfte einkochen. In bösartigen
Gefchwüren und veralteten Hautkrankheiten ift fie

fehr

fehr wirkfam, mit Sarfaparille, Bardana u. a. verbunden.

ASTRAGALVS EXSCAPVS.

Diefe Pflanze ift vor wenigen Jahren als ein
specififches Mittel gegen die venerifche Krankheit
zuerft bekannt geworden. · Vorher war fie lange
als ein Quackfalbermittel in Ungern gebräuchlich.
Nach den Verfuchen welche im groffen Hofpital
zu Wien damit angeftellt worden, werden die Zufälle wo nicht geheilet, doch wenigftens erleichtert. Diefe find indeffen nicht weiter beftätigt, und
widerholte Erfahrungen haben gelehrt, dafs fie
nichts vorzügliches leiftet.

In den meiften Fällen wirkt fie auf den
Schweis, und auf den Urin. *Huszovsky* verfuchte fie in rheumatifchen und arthritifchen Befchwerden, und fand fie fehr wirkfam. Er lies
½ Unze von der Wurzel mit 16 Unzen Waffer bis
zur Hälfte einkochen, und Morgens und Abends
eine folche Portion nehmen.

Drey-

Dreyzehnte Klaffe.

Urintreibende Mittel; *Diuretica.*

Die Abfonderung des Urins fteht mit der Ausdünftung in einem gewiffen Gleichgewicht: beyde
werden wechfelsweife vermehrt, wenn die eine
vermindert wird; auch ein groffer Theil der
fchweistreibenden Mittel verurfacht einen ftärkern.
Harnflufs, wenn man die Ausdünftung zu verhindern fucht.

Der Abflufs des Urins kann auf eine zweyfache Art befördert werden: I. indem man die
Menge der Flüffigkeiten im Körper vermehrt;
II. dafs man vermittelft gewiffer Mittel einen Reiz
in den Harnwegen erregt, wodurch die Abfchei-
dung deffelben befchleunigt wird. Man kann daher alle diuretifche Mittel unter folgende Abthei-
lungen bringen:

I. Getränke überhaupt; Tifanen, Theeaufgüffe,
Holztränke. Diefe werden noch wirkfamer, wenn fie mit falzichten Subftanzen oder
mit Säuren, vorzüglich Gewächsfäuren und
verdünnten min. Säuren, oder fpirituöfen Sa-
ehen vermifcht werden.

II. ge-

II. gewisse reizende Mittel: dahin gehören

A. Aus dem Pflanzenreich.

1. Die jungen Kräuter; die Samen der Schirmtragenden Gewächse.

2. Die sogenannten harntreibenden Gewächse.

B. Aus dem Thierreich.

· Die Canthariden, die Kellerwürmer, u. a.

C. Aus dem Mineralreich.

1. Die Mittelsalze fast ohne Ausnahme.

2. Die alkalischen Salze.

Alle diese harntreibende Mittel kann man gewissermasen als allgemeine reizende Substanzen betrachten, welche keine besondere Kraft eigenthümlich besitzen, die Abscheidung des Urins zu vermehren. Es ist vielmehr nothwendig, dass man bey dem Gebrauch derselben die Getränke zu Hülfe nehmen muss, um diese Stoffe nach den Nieren hinzuleiten, und dass alle andern Ausleerungen zu gleicher Zeit unterdruckt werden, wodurch diese Wirkung verhindert werden könnte.

Die Anwendung der harntreibenden Mittel findet vorzüglich statt: 1) wenn sich widernatürlich wäsrichte Säfte im Körper angehäuft haben.

2) wenn

2) wenn der Abgang des Urins widernatürlich
vermindert ist. 3) in Krankheiten der Urinwege,
Steinbefchwerden u. a. 4) um die Crifen zu
befördern welche durch den Urin gefchehen.

Der Erfolg diefer Mittel befchränkt fich nicht
auf die Vermehrung der Abfonderung des Urins
allein; vielmehr ist es wahrfcheinlich, dafs durch
diefe Ausleerung, wenn fie lange unterhalten wird,
die Einfaugung aus den Höhlen des Körpers zugleich verftärkt werde. Hierdurch wird es begreiflich, wie die angehäuften feröfen Feuchtigkeiten in Wafferfuchten durch die Harnwege ausgeleert werden können. Man kann diefe Wirkungen
noch vermehren, wenn man zugleich Mittel an-
wendet, wodurch die Wirkfamkeit der abforbirenden Gefäffe verftärkt wird.

Eben fo nothwendig ist es, dafs die Harnwege
felbft gehörig befchaffen, weder verftopft oder an-
gefchwollen, oder welches jedoch in den wenigften Fällen ftatt hat, verwachfen find. Es mufs
ferner eine hinreichende Menge wäfrichter Feuchtigkeiten im Körper vorhanden feyn; auch dürfen
keine andre Ausleerungen entftehen, wodurch die
Wirkung der harntreibenden Mittel unterbrochen,
und auf andre Wege geleitet werden könnte.

C 6   A. Diu-

A. Diuretifche Mittel aus dem Pflanzenreich.

I. *Die jungen Gewächfe* (S. 5.).

Herba und Rad. Petrofelini (S. 5.). Radix Apii, (Apium Graveolens *L.* S. 7.) Herba Cerefolii (S. 7.). Semina Dauci Sylveflr. (S. 13.).

ASPARAGVS.

Turiones Afparagi. (Afparagus officinalis *L.*). Spargel, wächft im fudlichen Europa wild.

Seit den Zeiten des Kaifers Tiberius wird der Spargel in Garten cultivirt. Ueberhaupt genommen, gehört er unter die leichtverdaulichen und unfchädlichen Nahrungsmittel. Indeffen hat man beobachtet, dafs zuweilen der Urin eine fchwarze Farbe und einen üblen Geruch darnach annimmt, und *Schulze* fahe felbft Blutharnen darnach erfolgen. *Boerhaave* widerrieth den Genus deffelben Perfonen, die zum Blutfpeien geneigt find. *Van Swieten* fahe bey Podagriften die Anfälle darnach heftiger werden. Auch während der monatlichen Reinigung bemerkt man, dafs der Abgang häufiger wird. Gefunde aber haben davon nichts zu fürchten.

II. Ei-

II. Eigentliche diuretiſche Mittel.

SQVILLA.

Radix Squillae. (Scilla Maritima *L.*) Meerzwiebel; in Frankreich, Sicilien, Spanien, Portugal an den Küſten.

Caſpari diſſ. de Scilla. Gott. *1785.*

Die Meerzwiebel beſteht aus fleiſchigten, aufeinander liegenden Lamellen, von einem ekelhaften äuſſerſt bittern und ſcharfen Geſchmak, ohne Geruch. Von Farbe iſt ſie braunröthlich oder dunkelbraun. Sie wird entweder friſch oder in 'abgeblätterten Lamellen verſchickt. Die friſche Squilla iſt zum innerlichen Gebrauch zu ſcharf; wenn ſie gehörig getrocknet worden, müſſen die Schuppen feſt und ſchwer ſeyn, und einen ſtarken Geſchmak haben.

Schon von den älteſten Zeiten iſt die Meerzwiebel als ein wirkſames urintreibendes Mittel bekannt geworden, und ſie ſchlägt auch bey ſchicklicher Behandlung ſelten fehl; allein ſie iſt kein ſpecifiſches Diureticum, und bewirkt als ein allgemein ſtimulirendes Mittel, andre Ausleerungen eben ſo gut als den Harnfluſs. Man muſs daher immer auch bey ihrer Anwendung verhüten, daſs keine andre Excretion ſtatt hat: ausgenommen das Erbrechen,

Cc 2

brechen, welches gemeiniglich die Wirkung befördert.

Man benutzt ſie daher 1) in *Waſſerſuchten,* wenn der Körper mehr reizlos, träge, und ohne Fieber iſt. Bey einer Anlage zu Entzündungen, oder wenn ſchon Eingeweide verdorben oder ein hektiſches Fieber entſtanden iſt, verſchlimmert ſie die Zufälle; auch bey Verhärtungen und Verſtopfungen der Eingeweide darf man ſie nicht anwenden. 2) in Fehlern der Urinwege, der Verhaltung des Urins von Verſchleimung, oder Anhäufungen von Gries und Sand wegen Erſchlaffung und Unthätigkeit der Theile. Sie kann daher durch ihren Reiz auf die Urinwege die Erzeugung des Steins gewiſſermaſſen vdrhüten. 3) in Bruſtzufällen mit einer Anhäufung von Schleim, dem ſchleimichten Huſten, der Engbrüſtigkeit. Man benutzt die Meerzwiebel zu $\frac{1}{2}$, 1, 2, 4, 6 Gran, alle 3 oder 4 Stunden. 1) in *Pulver* mit Zucker oder Salpeter. 2) in *Pillen* mit bittern Extracten, Gewürzen, Cort. Cinamom., Chinarinde, Opium um den Reiz auf den Magen zu vermindern, mit Campher, G. Ammoniac. u. ähnl.

PRAE-

PRAEPARATE.

1) *Acetum Squilliticum,* Meerzwiebeleffig, aus
der Squilla mit Effig digerirt. Die Wirkung ift
nach dem Verhältnis des Effigs verfchieden. Man
.benutzt diefen Eflig als ein urintreibendes Mittel zu
1, 2 Dr. mit einem gewürzhaften Waffer; oder
man läfst die alkalifchen Salze damit fättigen, oder
bittre Extracte aufTöfen. Aeufferlich zu Klyftiren,
Gurgelwaffern.

. 2) *Oxymel Squilliticum* wird häufiger in Bruftzufällen und als Brechmittel gebraucht.

3) *Pilulae Scilliticae* Ph. Edinb. Aus G. Ammoniac., Sem. Cardamomi, Extract. liquiritiae
ana 1 Dr., rad. Squillae 1 Scr.

4) *Pilulae e Scilla* Ph. Lond.

COLCHICVM.

Radix Colchici. (Colchicum Auctumnale *L.*). Zeitlofe,
Lichtblume, auf feuchten Wiefen in Europa.

Ehrmann diff. *de Colchico, jn Baldingers Sylloge Vol. 5.*

Die Wurzel ift ebenfalls eine Zwiebel von einem bittern fcharfen Oefchmak. Störk liefs fie
im Aufgus mit Eflig in der Wafferfucht anwenden.
Auch *Plenk, Collin, Roux* haben mehrere
glückliche Fälle davon beobachtet: nach andern

.Cc 3   hin-

hingegen iſt ſie unwirkſam geweſen. Es iſt wahrſcheinlich daſs dieſe Verſchiedenheit von dem Klima
und dem Boden, oder der Zeit da ſie ausgegraben
worden abhängt.

PRAEPARATE.

1) *Oxymel Colchici* wird wie Meerzwiebelhonig gebraucht.

2) *Acetum Colchici.*

DIGITALIS.

Herba Digitalis purpureae. (Digitalis purpurea *L.*).
Rother Fingerhut, in Wäldern und unbebauten Stellen
in Europa.

Der rothe Fingerhut gehört unter die giftigen Gewächſe. Seine Wirkungen ſind ſehr heftig
und draſtiſch und gemeiniglich erregt der Gebrauch
eine anhaltende Uebelkeit und eine Verminderung
des Pulsſchlages; in groſſen Doſen erfolgt Schwindel, Funkeln vor den Augen, heftiges Erbrechen,
Speichelfluſs, wie nach narcotiſchen Gewächſen.
Ohne Zweifel hängt die diuretiſche Kraft von dem
allgemeinen Reiz und der allgemeinen Wirkung ab,
die ſie auf den Körper hervorbringt.

Die ältern Aerzte haben mehrere Beyſpiele von
den heftigen Wirkungen dieſes Gewächſes aufge-
zeichnet. *Percivall* ſtellte zuerſt innerlich und
äuſſer-

äufferlich in fcrophulöfen Zufällen Verfuche damit
an, welche auch von andern mit gutem Erfolg
wiederholt find. *Withering* ift der erfte welcher fie in der Wafferfucht anwendete, und unftreitig gehört fie unter die kräftigften Mittel gegen
alle Arten von Wafferfucht, die Sackwafferfuchten
ausgenommen.

Unter allen Theilen der Digitalis find die Blätter am
wirkfamften. Man benutzt fie 1) getrocknet in *Pulver* zu 1, 2, 3 Gran, zweymal täglich mit Zucker oder gewürzhaften Mitteln; dabey mufs man
viel trinken laffen. Oft erfolgt die Ausleerung fehr
fchnell, zuweilen erregen kleine Gaben Erbrechen;
2) in *Pillen* mit Gummiarten, Seife. 3) in *Aufgus.* *Withering* liefs eine Drachme von den
getrockneten Blättern mit ½ Quartier kochendem
Waffer aufgieffen, und nach 4 Stunden zu der Colatur 1 Unze Aqua cinamomi fpirituofa zufetzen,
und davon Erwachfenen alle zwey Stunden ½ Unze
nehmen (*Darwin* in Samml. f. pr. A VI. B.).
Warren empfiehlt eine geiftige Tinctur (London
med. Journal Vol. VI.). 5) den *ausgepreften
Saft* aus den frifchen Blättern. *Meyer* gab diefen Saft mit Zucker zu ½ Eslöffel voll, worauf
heftige Durchfälle erfolgten. 6) das *Extr. digit.
purpur.* gab *Quarin* in Scropheln von 1 bis

10 Gran. Die urintreibende Kraft der Digitalis
wird noch fehr verftärkt, wenn man zugleich in
den wafferfüchtigen Theil die Mercurialfalbe einreiben laßt, wovon ich einige merkwürdige Fälle
beobachtet habe.

Auffer dem hat man die Digitalis auch in der
Epilepfie, Manie, in einigen Arten von Blutfpeien,
in fcirrhöfen Verhärtungen doch mit minder glücklichem Erfolg verfucht, als in der Wafferfucht. Ueberhaupt aber ift die Anwendung derfelben bey
fchwächlichen oder fieberhaften Kranken fehr mis-
lich, auch wenn die Wafferfucht mit andern ge-
fährlichen Symptomen verbunden ift.

NICOTIANA.

Folia Nicotianae. (Nicotiana Tabacum *L.*). Der Tobak, aus Sudamerica.

*Fowler von den Wirkungen des Tobaks, haupt-
fächlich auf feine urintreibende Eigenfchaft in Samml.
f. pr. Aerzte. XI. B.*

Die Tobaksblätter haben einen ftarken widerlichen Geruch, und einen überaus fcharfen beiffenden Gefchmak. Wenn man fie einnimmt, fo ift
die unmittelbare Wirkung in jedem Falle eine fte-
chende vorübergehende Empfindung von Hitze, auf
welche eine Wärme im Magen folgt, wie nach
gei-

geifligen Mitteln, und bald darauf Eckel, Uebelkeit und Schwindel. Ueberhaupt gehört der Tobak unter die betäubenden draftifchen Mittel; zuweffen erregt er eine Art von Betäubung; im andern Fällen Raftlofigkeit, Hitze und Unruhe. Zuweilen Erbrechen, Schweis, Kopffchmerz, Bauchgrimmen und Abführung; und fchon in mäfligen Dofen einen ftärkern Abfius des Urins. Der Schwindel und Ekel fcheinen gewiffermaffen ein Beweis zu feyn, dafs die Arznei anfängt wirkfam zu werden.

Alle diefe Zufälle entftehen die erftenmale, befonders wenn man den Tobak nüchtern nimmt, und find weiter von keinen fchlimmen Folgen. Die befte Zeit ift daher, dafs man ihn zwey Stunden vor der Mahlzeit, oder des Abends nehmen läfst *(Fowler)*.

Man empfiehlt den Tobak vorzüglich: 1) in der *Wafferfucht* überhaupt. 2) in der *Dyfurie* und bey dem befchwerlichen Abgang von Gries oder Nierenfteinen. 3) in *afthmatifchen Befchwerden* und in verfchiedenen Arten des Huftens *(Rofenftein)*. 4) in der *Trommelfucht*. 5) in der *Darmgicht*, bey eingeklemmten Brüchen und hartnäckigen Verftopfungen, befonders in folchen Fällen, wenn die Verftopfung des Leibes keine Opiate zuläfst;

läfst; er bewirkt Abführung und ift zugleich
fchmerzftillend. *Fowler* liefs eine Unze Tobaksblätter mit einem Pfunde kochendem Waffer aufgieffen und eine Stunde lang digeriren. Zu der
Colatur fetzte er 2 Unzen rectif. Weingeift; und
liefs von diefem Aufgus täglich 2 mal 40, 50 bis
60 Tropfen mit Waffer oder einem angenehmen
Getränk nehmen. Auf ähnliche Art liefs er eine
*Tinctura Nicotianae; Vinum Nicotianae; Acetum
Nicotianae* bereiten.

Aeufferlich gebraucht man den Tobak zu
Rauchklyftiren, zur Wiederherftellung anfcheinend-
todter Perfonen, bey eingeklemmten Brüchen, vorzüglich wenn die Einklemmung von Kothanhäu-
fung und von Krämpfen herrührt, und keine Entzündung vorhanden ift.

der

BACCAE IVNIPERI.

Wacholderbeeren. (Iuniperus communis *L.*). Wächft
in fandichten Heidegegenden wild.

Die Wacholderbeeren werden erft im Herbft
des zweyten Jahrs reif. Sie haben einen füslich-
bittern, gewürzhaften Gefchmak, und einen balfamifchen Geruch.

Man gebraucht fie als Arzneimittel: 1) zum
Räuchern um die Luft zu verbeffern. *Monro* hat
einige

einige Beyſpiele, daſs durch ſolches Räuchern die
Blatternanſteckung abgehalten worden. Auch will
man beobachtet haben, daſs in Gegenden wo viele
Wacholderſträuche wachſen, die Peſt nicht einge-
riſſen ſeyn ſoll. 2) als ein ſtärkendes Mittel bey ra-.
chitiſchen Kindern, zur Zertheilung ſeröſer Stockungen. 3) *als ein magenſtärkendes Mittel* läſst man
nüchtern ⅓, 1 Dr. ganzer Wacholderbeeren ver-
ſchlucken. 4) *als ein diuretiſches Mittel* benutzt
man ſie faſt in allen Arten von Waſſerſucht. Der
Urin bekömmt gemeiniglich von der Anwendung
derſelben einen Violengeruch. In ſeltenen Fällen iſt
ſelbſt Blutharnen darnach entſtanden. Sehr wirkſam ſind ſie auch gegen die wäſrichte Geſchwulſt
nach Scharlachfiebern. In Krankheiten der Urinwege, der Harnſtrenge und Verhaltung des Urins,
wenn dieſe Fehler von einer Verſchleimung der
Harnwege entſtanden ſind. Auch bey dem Abgang von Sand und Gries. Sie ſind nicht dienlich
wenn Perſonen zu Blutflüſſen geneigt ſind, oder
wenn mit der Waſſerſucht ein heftiges Fieber verbunden iſt, wegen des weſentlichen Oels welches
ſie enthalten.

Man gebraucht die Beeren: 1) in *Pulver* zer-
ſtoſſen zu ⅓, 1 Dr.; *Theden* lieſs ſie vorher röſten. 2) im *wäſrichten Aufgus* oder *Decoct*. Noch
wirk-

wirkfamer ift das Infufum femivinofum. In man-
chän Gegenden bereitet man daraus das bekannte
Wacholderbier (S. 78).

PRAEPARAT.

Rob Iuniperi. Man läfst es für fich allein
nehmen zu ½, 1 Dr. alle 3 Stunden, oder benutzt
es als Zufatz zu diuretifchen Mixturen.

SABINA.

Herba Sabinae. (Iuniperus Sabina). Sadebaum, im
füdlichen Europa wild.

Das Kraut hat einen unangenehmen Geruch,
und einen bittern, fcharfen und beiffenden Gefchmak.
Es ift heftig reizend und erhitzend, und befördert den
Schweis und den Urin fehr ftark. Man hat fonft
geglaubt, dafs es die Frucht tödte. Diefe Furcht
ift ganz ungegründet: dagegen · verurfacht es zur
Zeit der monatlichen Reinigung gebraucht, heftige
Mutterblutflüffe, und kann auf diefe Art der Mutter
fehr gefährlich werden. *Home* (clinifche Verfuche), gebrauchte es zur Beförderung der monatlichen Reinigung bey reizlofen fchwammichten
Perfonen. Diefe Anwendung erfordert die gröfste
Behutfamkeit und kann bey fchwächlichen Perfonen leicht Blutfpeien zuwege bringen.

Das wefentliche Oel (oleum Sabinae), ift
eins der flükften reizenden Oele.

Acuf-

Aeufferlich gebraucht man das Pulver der Sabina um venerifche Warzen und fchwammichte Auswüchfe in Gefchwüren wegzuätzen. *De Haen* empfahl es als Aezmittel gegen Nafenpolypen. Das Decoct der Blätter empfiehlt man zum Wafchen in der Kräze, und als Bähung mit Weingeift in dem Knochenfras, und dem Winddorn.

ONONIS SPINOSA.

*   *   *

Die natürlichen Balfame: der Terpentin, Balf. Copaivae u. a. (S. 152.), wirken ebenfalls auf den Harnflus, wiewohl in einem fehr fchwachen Grade.

II. Aus dem Mineralreich.

DIE MINERALISCHEN SÄUREN.

Wenn fie gehörig verdünnt werden, find diefe Säuren eben fowohl urintreibend, als die vegetabilifchen: vorzüglich die Salpeterfäure und die Phofphorfäure (*Hahnemann*).

DIE MITTELSALZE.

Unter den Mittelfalzen find der *Cremortartari* und der *Salpeter* wirkfame urintreibende Mittel. Diefe Eigenfchaften kann man am beften erhalten, wenn

man

man fie in fo kleinen Dofen giebt, dafs fie nicht abführen, und in groffen Intervallen. Man gebraucht fie nie allein für fich, fondern allemal in Verbindung mit den wirkfamften diuretifchen Mitteln: Rad. fquillae, baccis iunipeii, Digital. purpur.

SAL ALCALI FIXVM.

Sal Tartari. Das Pflanzenlaugenfalz.

Man gebraucht diefe Salze blos in Verbindung mit Säuren, als harntreibende Mittel: mit Effig oder Citronenfaft, oder Acetum Squilliticum gefättigt, und als Zufatz zu diuretifchen Mixturen.

GENISTA.

Cineres Genistae. (Genifta Tinctoria und Spartium Scoparium *L.*). Ginfter.

Diefe Afche hat vor den fixen Laugenfalzen gar keinen Vorzug. Auch das Decoct der Blumen und des Krauts befitzt wenig Kräfte, und wird daher felten gebraucht.

III. Aus

III. Aus dem Thierreich.

CANTHARIDES.

Spanifche Fliegen, Canthariden. (Meloe veficatorius *L.*).
Finden fich faft uberall im gemäſigten Europa, im
Monath Juny und July auf mehreren Bäumen.

*Forſten Hiſtoria Canthaſidum, in Baldingers
Sylloge.*

Diefe Käfer find länglicht, von einer gold-
grünen ins bläuliche fpielenden und glänzenden
Farbe. Sie enthalten in ihren Beſtandtheilen flüchtiges Laugenſalz, ein harzichtes Wefen, und eine
Säure oder Schärfe, welche bis jetzt noch nicht
unterfucht worden.

Innerlich gebraucht, find fie heftig reizend, und
erregen gewiſſermaſſen eine Art von Fieber durch
den ganzen Körper, mit Ohnmachten, Schwindel
und Schmerzen in den Gedärmen; der Körper
wirkt ſtärker als der Kopf, die Flügeldecken und
Füſſe. Vorzüglich bemerkt man, daſs fie eine Entzündung der Urinwege verurfachen, und eine wahre
inflammatoriſche Harnſtrenge; zuweilen felbſt einen
blutigen Abgang des Urins. Bey dem allen iſt es
fehr zweifelhaft, ob fie den Abflus des Urins wirklich vermehren; und man hat auch in fehr vielen
Fällen dergleichen nicht beobachtet. In kleinen
Gaben

Gaben wirken ſie nicht auf den Harnflus, und in gröſſern erregen ſie Entzündung.

Man bedient ſich der ſpaniſchen Fliegen: 1) in der *Waſſerſucht;* dieſe Anwendung erfordert groſſe Vorſicht und kann nie allgemein geſchehen. 2) in *Krankheiten der Urinwege*, vorzüglich in der Verſchleimung und Schwäche, der Paralyſis veſicae, der Iſchurie von Schleim in den Urinwegen, der Incontinentia vrinae von Schwäche; *Werthof* gab ſie zu 1, 2 Gr. in Mandelemulſion in der Harnruhr, wenn dieſe von Lähmung oder Atonie herrührt. In der Gonorrhoe ſind ſie allemal ſehr nachtheilig. Allenfals könnte man ſie beym Nachtripper, welcher blos durch Schwäche noch fortdaurt anwenden. Auch als Aphrodiſiacum ſind ſie ſehr unwirkſam und nachtheilig. Als ein Mittel welches die monatliche Reinigung befördert, kann man nur alsdann Vortheil erwarten, wenn dieſe wegen allgemeiner Schwäche und Reizloſigkeit des Körpers aufgehört hat. 3) *als ein reizendes auflöſendes Mittel* hat man ſie in hartnäckigen Hautkrankheiten, den Flechten, dem Ausſatz u. a. verſucht (*Mead, Brisbane*); im Keichhuſten (*Lettſom, Millar, Armſtrong*); in den meiſten Fällen ſind ſie unwirkſam. *Chalmers* gebrauchte ſie in der Peripneumonie zur Beförderung

der

der Expectoration. 4) in der *Waſſerſcheu; Werlhof* gab ſie in Pillen, welche aus 1 Gr. Canthaiiden, 1½ Gr. verſülstem Queckſüber, und 10 Gr. Kampher mit G. Tragacanth bereitet waren. Aeuſſerlich lieſs er zugleich Queckſülberſalbe einreiben, und die Wunde brennen und ſchröpfen.

Man gebraucht ſie 1) in *Pulver* zu. ¼, ½, 1 Gran zu Pillen gemacht. 2) in *Tinctur;* zu 5, 10, 15 Tropfen täglich 3, 4 mal mit Mandelmich oder Waſſer, und ſteigt behutſam. Auch während dem Gebrauch muſs man ſchleimichte Decocte, Tiſanen, Emulſionen gebrauchen laſſen. Zur Verminderung der Schärfe empfiehlt man gewöhnlich den Zuſaz von Kampher; ungleich wirkſamer ſind Emulſionen und der Salpeter. Sind ſie in zu groſſer Menge genoſſen, ſo ſind ſchleimichte und œlichte Mittel in Verbindung mit Salpeter die beſten Gegenmittel, mit äuſſerlichen Einreibungen in dem Unterleib und Klyſtiren, verbunden.

SCARABAEVS MAIALIS.

(Meloe Majalis und Meloe Proſcarabaeus *L.*). Maywurm; auf Brachfeldern und Hügeln im May und Juliu.

Beyde Arten ſind ſchwärzlich braune, weiche Inſekten, ohne Flügel, welche bey der Berührung

Dd   mit

mit den Fingern eine gelblicht oelichte Flüſſigkeit von ſich geben, welche ſehr reizend und ſcharf iſt.

In Anſehung ihrer Wirkungen ſcheinen ſie mit den Canthariden übereinzukommen. Seit dem Jahre 1777 ſind ſie vorzüglich durch das preuſſiſche Specificum gegen den tollen Hundsbiſs berühmt geworden.

Der Maykäfer (Scarabaeus Melolontha *L.*), wird damit zuweilen verwechſelt.

MILLEPEDES.

Kellerwürmer, Kellereſel. (Oniſcus aſellus *L.*). In alten Gewölben und unter faulem Holze und Steinen.

Die Kellerwürmer haben einen unangenehmen Geruch und einen ekelhaften ſüſlicht ſcharfen Geſchmak. Ihre Wirkungen rühren ohne Zweifel von dem flüchtigen Laugenſalze welches ſie enthalten, und ſind durchgehends nur ſehr geringe. Die alten Aerzte gebrauchten ſie als ein auflöſendes und urintreibendes Mittel in waſſerſüchtigen Zufällen, Verſtopfungen des Unterleibs, und vorzüglich im Keichhuſten.

Wenn man ſie gebrauchen will, ſo müſſen ſie friſch ſeyn, und man läſst von 50, 60, 100 Stücken den Saft mit Wein auspreſſen. Beſsre Mittel machen ſie völlig entbehrlich.

Stein-

* ' * *

Steinauflösende Mittel; *Lithontriptica.*

Nach den neuern Unterfuchungen welche man
über die Blafenfleine angeflellt hat, wird es fehr
zweifelhaft, ob durch innere Mittel ein völlig ge-
bildeter Stein, je aufgelöfst und wieder zerfetzt
worden. Ich habe diefe Rubrik blos deswegen
gemacht, weil ich glaube dafs es der fchicklichfte
Ort ift, über die Anwendung der urintreibenden
Mittel in Steinbefchwerden, und über die fogenannten *lithontriptifchen* Mittel einige allgemeine Bemerkungen und Refultate beyzubringen.

Uva ursi.

Herba uvae urfi. (Arbutus Uva urfi *L.*). Sandbeere,
Bärentraube, wächft in Wäldern und an fandichten
Hügeln.

Murray de Uva urfi.

Die Blätter diefes Strauchs find klein, länglich
rund, nicht gezähnt, und auf der untern Fläche
glatt und bleichgrün. Sie werden oft mit der Prei-
felbeere (Vaccinium vitis idaea *L.* S. 23.) ver-
wechfelt. Der Gefchmak ift zufammenziehend, bitter, und mit dem Eifenvitriol wird der wäfichte
Aufgus fchwarz.

Dd 2 In

In neuern Zeiten iſt ſie von *de Haen* in
Krankheiten der Nieren und der Urinwege in Gebrauch gezogen.   Als urintreibendes Mittel leiſtet
ſie ſehr wenig, dagegen iſt ſie *ſtärkend* und *zu-*
ſammenziehend, und kann auf dieſe Weiſe die Diſ-
poſition zur Erzeugung von Steinen verhüten. Auch
gegen Geſchwüre der Niere und dem unwillkühr-
lichen Abgang des Urins, von zu groſſer Reizbarkeit der Nieren, oder Schwäche der Urinwege und
Verſchleimungen iſt ſie ſehr hülfreich.   Sie ſtärkt
zugleich die Verdauungswege.

Man gebraucht ſie gewöhnlich in Pulverform
zu 1 Scr. ½, 1 Dr. zwey, dreymal täglich; ſeltener im Aufgus oder Decoct.

AQVA CALCIS.
Das Kalkwaſſer.

Ein ſehr gewöhnliches Mittel in Steinbeſchwerden. In den meiſten Fällen verſchaft es dem
Kranken groſſe Erleichterung.   Es bekömmt am
beſten wenn man es mit Milch nehmen läſst. Gemeiniglich giebt man es auch in Verbindung mit
Seife, um die Wirkſamkeit zu erhöhen.

Butter empfahl das Kalkwaſſer in die Blaſe
einzuſprützen.

Lithontripticum matronae Stephens.

LIXI.

LIXIVIVM SAPONARIORVM.

Die Seifensiederlauge; aus gleichen Theilen Pottasche und ungelöschten Kalk mit Waſſer ausgelaugt.

Dieſe Bereitung war vormals ein Arcanum unter dem Namen von *Jurins* und *Chittiks* Lithontripticum (Samml. für pr. Aerzte VII. B.). Es greift den Magen ſehr ſtark an, und bewirkt oft blutigen Urin.

AER FIXVS.

Die fixe Luft, die Luftſäure.

Percivall von der Auflöſung der Gallen-und Blaſenſteine, durch Waſſer welches mit der fixen Luft geſchwängert iſt.

Die fixe Luft ward in neuern Zeiten von *Percivall* und *Saunders* als ein Mittel empfohlen, welches die Steinauflöſenden Kräfte, des Kalkwaſſers noch übertreffen ſoll. Ein jedes Waſſer welches fixe Luft enthält, iſt ungemein erfriſchend und angenehm, und bewirkt um ſo mehr einen ſtarken Abfluſs des Urins, weil der Kranke es gerne und in groſſer Menge trinkt. Man kann es daher in Geſchwüren der Urinwege, und um den Sand und Gries auszuſpühlen mit gutem Erfolg benutzen; die Steine werden aber dadurch nicht aufgelöſt.

Dd 3 Vier-

Vierzehnte Klaſſe.

Von der Anwendung der Elektrici-
tät und dephlogiſtiſirten Luft.

Krüniz Verzeichniſs der Schriften über die Elektricität. Mauduyt Mem. de la Soc. roy. de Med. A. 1777. et 1778. le Roy mem. de l'acad. des Sc. a Paris. A. 1783. Bertholon die Elect. aus med. Geſichtspunct. betrachtet. Bern. 1781.

Die Electricität iſt erſt im jezigen Saeculo ein Gegenſtand der Medicin geworden. Ihre Anwendung iſt noch nicht von ſo ausgebreitetem Umfang, daſs ſie in allen Krankheiten wo man Verſuche damit machte, unausbleibliche Wirkung leiſten ſollte. Der Erfolg iſt in vielen, ſelbſt in einerley Krankheiten oft mehr oder weniger verſchieden geweſen.

Wenn wir alle dieſe mit der Electricität angeſtellten Verſuche vergleichen, ſo finden wir Fälle:

I. wo ſie gar nichts leiſtete.

II. Andre

II. Andre wo fie vortrefliche Wirkung hatte, und

III. Andre wo die Kur nur zur Hälfte gelang, und die Kranken ihrer überdrüffig wurden.

Nach den verfchiedenen Ausgängen diefer Verfuche find die Stimmen der Aerzte getheilt.

Es ift beynahe ein allgemeiner Fehler, daß man bey dem Gebrauch der Elektricität, die Erwartungen zu fehr überfpannte, und von ihr allein nun alles hofte: Gerade als ob ein Mittel deffen Wirkungen noch in manchen Fällen fich nicht fo leicht erklären laffen, auch aufferordentliche Kräfte befitzen müffe. Eigentlich ift die Elektricität nichts weiter als ein Hülfsmittel, welches ohne die Verbindung mit andern Arzneien, und einem Verhalten welches der Natur der Krankheit angemeffen ift, nichts leiftet.

Man unterfcheidet gewöhnlich die pofitive Elektricität und die negative.

Die Wirkungen welche die Elektricität auf dem Körper äuffert, find nach der Verfchiedenheit der Anwendung entweder reizend oder lindernd. I. Sie vermehrt gemeiniglich den Puls, die Abfonderungen, vorzüglich den Schweis, zuweilen den

Urin,

Urin, den Speichel, den Abſlus der Thränen,
und des Eiters aus den Geſchwüren. II. Aeuſſerlich an der Haut erregt ſie wenn ſie ſchwach iſt,
einen leichten Stich, Kitzeln und Brennen, in höhern Graden Röthe und Entzündung. In andern
Fällen die Empfindung eines Windes an dem Theil.
III. Bringt man ſie an Muſkelfiebern, ſo wird die
Irritabilität verſtärkt. IV. In ſtarken Graden tödtet
ſie, und ſolche getödtete Geſchöpfe gehen ſchneller in Fäulnis über als andre.

Man gebraucht die Elektricität als Arzneimittel auf eine vierfache Weiſe.

I. Das elektriſche Bad; dies iſt der leichteſte
Grad. Man läſt den Kranken völlig iſolirt elektriſiren, oder giebt ihm blos eine ſchwache Ableitung.

II. Die *Ausſtrömung*, daſs man die elektriſche
Materie durch den Kranken Theil durchſtrömen läſt.

III. Daſs man *einfache Funken* zieht, entweder
durch eine Spitze, oder durch einen kleinen Knopf,
oder durch Taft oder Flanell, oder einen iſolir-
ten metallenen Stab. Die Funken welche man aus-
zieht, müſſen nie über 1 Zoll lang ſeyn.

IV. Die *Erſchütterung*, daſs man dem Kranken elektriſche Schläge applicirt. Dieſe müſſen
immer mit groſſer Behutſamkeit geſchehen, und
man ſollte ſie nie anwenden ohne ein Elektrometer

zu gebrauchen. Herr Hofr. *Lichtenberg* empfiehlt noch eine neue Art von Anwendung (in den Anmerk. zu *Erxlebens* Naturlehre), welche sich auf folgende Erscheinung gründet: Wenn man eine geladene Flasche entladet, und durch unvollkommne Leiter, z. B. Stücken Holz oder Glasröhren, worinn man inwendig etwas Wasser gegossen, die Erschütterung unterbricht, so entstehen anhaltend schneidende Funken oder Büschel, welche nicht erschüttern, aber in den Theil worinn sie einströmen, eine höchst widrige Empfindung verursachen. Diese Methode liesse sich vielleicht in paralytischen Zufällen und bey gelähmten empfindungslosen Gliedern mit sehr grossem Vortheil benutzen, ohne dass der Kranke der Gefahr der Erschütterung ausgesetzt wird.

Die französischen Aerzte bestimmen die Krankheiten wo man von der negativen oder positiven Elektricität Gebrauch machen soll. In allen Entzündungskrankheiten, wo schon ein Ueberflus von Elektricität gewissermassen vorhanden seyn soll, empfehlen sie die negative Elektricität, hingegen in Nervenkrankheiten und dem Zustande der Reizlosigkeit die positive. Auch in einzelnen Stadiis der Krankheit, z. B. im Fieberfrost soll man positiv, und abwechselnd in der Hitze negativ elektrisiren.

Dd 5 Die

Die Kranheiten worinn man die Elektricität
angewandt hat, ſind: 1) *Paralytiſche* Zufälle
überhaupt. *Nollet* war der erſte welcher bey
einem gelähmten Kranken 1746 zuerſt die Elektricität verſuchte; *Jallabert* folgte ihm; *Sauvage's*
heilte 15 Paralytiſche, und *la Fond* unter 15 Lah-
men vierzehn. Ferner in der *Hemiplegie*, der Taubheit, und der *Amauroſis; Sauvages* zog aus den
Theilen nahe am Auge Funken. *Hausmann* (in S.
f. Wunda.). hat ein eignes Inſtrument beſchrie-
ben, womit man jeden einzelnen Theil des Auges
elektriſiren kann. *Franklin* und *Evans*
heilten eine epileptiſche Perſon durch verſtärkte
Elektricität 2) in rheumatiſchen und arthritiſchen Zufällen. *Sauvages* befreyete ſich ſelbſt
durch die Elektricität von der Gicht, und *van
Swieten* von Rheumatiſmen. Auch im *Podagra*, dem Hüftweh, und rheumatiſchen Zahnſchmerzen; nur nicht wenn der Zahn carios iſt.
3) in Ausſchlagskrankheiten. 4) in der Verhaltung
der monatlichen Reinigung von Erſchlaſſung und
Reizloſigkeit iſt ſie Hauptmittel, vorzüglich in
Ausſtrömung, oder man läſst gelinde Funken zie-
en; hingegen bey einer Vollblütigkeit und Fieberwallungen darf man ſie nicht anwenden. Auch in
der Bleichſucht- 5) in Verhärtungen der Drüſen,

Scro-

Scropheln oder ſcirrhöſen Verhärtungen, dem verborgenen Krebs, in Milchmetaſtaſen. 6) in äuſſern Entzündungen der Roſe (*Hufeland*), Froſtbeulen. 7) als ein Mittel lebloſe Perſonen wieder herzuſtellen, bey anſcheinend todtgebohrnen Kindern (*Bertholon*). In der Aſphyxie (*Hufeland.* Bey ertrunkenen Perſonen.

Im Allgemeinen iſt die Anwendung der Elektricität nachtheilig, wenn der Körper ſehr empfindlich und reizbar iſt, und wo man nicht noch mehr erhizen naif. Sie muſs auch eine Zeitlang fortgebraucht werden, ehe man von der Wirkſamkeit oder Unwirkſamkeit derſelben überzeugt ſeyn kann, und täglich wiederholt werden.

* * *

Von der dephlogiſtifirten Luft.

Nach den Verſuchen von *Prieſtley*, *Ingenhouz* u. m. wird durch die dephlogiſtifirte Luft das Athemholen erleichtert, und ſie erregt die Empfindung, als wenn die Bruſttheile ſtärker ausgedehnt würden.

Als ein Medicament hat man ſie zur Wiederbelebung anſcheinendtodter Perſonen, der Erſtickten, Ertrunkenen und bey todtgebohrnen Kindern vorgegeschlagen, und man hat beobachtet, daß solche Kranken leichter zum Leben zurückgebracht wurden. Nach eben den Gründen empfiehlt *Selle* diese Luftart zur Wiederbelebung vom Blitz getrofner Personen. 2) in Brustkrankheiten wo die Respirationsorgane vorzüglich leiden. Beym Asthma, der Schwindsucht und dem beschwerlichen Athemholen. Allein in diesen Krankheiten ist die Anwendung mehr schädlich als vortheilhaft.

Die beste Anwendung welche man von der dephlogistisirten Luft machen könnte, wäre vielleicht zur Verbesserung der Luft in Bergwerken und Minen, wo sich Schwaden entwickeln. Auch zur Verbesserung der Luft in Krankenhäusern, besonders in den chirurgischen Zimmern.

Fünf-

Funfzehnte Klasse.

Von dem Magnetismus.

Wie die geiftlichen Wunderkuren in Deutfchland aufhöiten, und *Gasner* mit feiner Gefellfchaft von dem Theater abtrat, rückte der Magnetifmus in die Stelle.

Es giebt zwey Arten von Magnetifinus, welche unterfchieden werden müffen:

I. Der mineralifche Magnetifmus.

II. Der Animalifche.

Der mineralifche Magnet ift ein Eifenerz welches aus Eifen und Schwefel befteht, und die befondie Eigenfchaft befitzt, dafs es das Eifen, den Nickel, Cobolt, nebft mehrern andern nicht metallifchen Körpern anzieht (*Brugmanns* Beobachtungen über die Verwandfch. des Magnets. Leipz. 1787), und fich nach den Polen neigt.

In den älteſten Zeiten gebrauchten die Chaldäer und Egypter diefen Magnet als ein Arzneimittel. *Aetius* ſagt ſchon, daſs nach dem Magnet wenn er äuſſerlich aufgelegt würde, eine gewiſſe Behaglichkeit entſtünde. *Marcellus Empiricus* liefs den Magnet gegen Kopfſchmerzen an den Hals binden, oder auf den Kopf legen; und die alten Naturforſcher hatten auch ſchon den Ausdruck von Magnetiſmus der Körper.

In der Folge ſchrieb man dem Magnet eine beſondre antiſpaſmodiſche Kraft zu, andre hingegen eine ſtärkende und ſtimulirende Eigenſchaft. Man gebrauchte ihn gegen Convulſionen, in der Fallſucht, dem Podagra, Rheumatiſmus und Zahnſchmerzen (*Klärich* im Hannöv. Magazin v. J. 1765).

Von dem *animaliſchen Magnetiſmus* iſt der Erfinder *Mesmer* (kurze Geſchichte des thieriſchen Magnetiſmus 1781.), anfangs Arzt in Wien. Er ſtellte zuerſt mit dem natürlichen Magnet Verſuche in Krankheiten an, und legte ſelbſt in ſeinem Hauſe ein Hofpital an, wo er Kranke umſonſt curirte. In der Folge legte er den Magnet bey Seite, und erfand den animaliſchen Magnetiſmus.

netismus. Seine Kunst konnte in Wien kein Glück
machen; er gieng daher nach Paris, und ward
mit dem größten Beyfall aufgenommen. Seine
Kuren gelungen glücklich, und er erbot sich selbst ,
sein Geheimnis für 400 Louisd'or bekannt zu machen. Der Marquis von Puisegur kaufte es, und
nun bekam dies Mittel in den Händen des Fran-
zosen eine glänzende Seite. Der Marquis verfeinerte
im Augenblick diese Methode und schuf den magnetischen Schlafwandler (Somnambules) und die Clair vo-.
yants. Die Obrigkeit steurte bald diesem Unfug, und
verwies den Marquis nach seinem Regiment zu Strasburg. Puisegur trug seine Kunst durch alle französische
Provinzen, wohin er kam mit sich; und so ward
Strasburg der Hauptsitz des Magnetismus. Im Jahr
1785 errichtete er daselbst eine harmonische Ge-
sellschaft, welche ein eignes Versammlungshaus
und ihre eignen Statuten hat. Puisegur weihte den
grossen *Lavater* in seine Geheimnisse ein, durch
diesen kamen sie nach Bremen, und so fanden
sich, wie sie an einem Orte vergessen wurden,
an andern häufige Anhänger.

Es ist bis jetzt noch nicht möglich, über diese Erfindung mit entscheidender Gewisheit ein Urtheil zu fällen. Gröstentheils ist man bisher nur leidenschaftlich zu Werke gegangen. Es bleibt immer noch ungewifs, ob das Magnetisiren Einflus auf den Körper hat? Und welchen? Und ob es wirklichen Schaden oder Nuzen stifte? Unstreitig hat die Erregung sinnlicher Gefühle, die Mitwirkung der Einbildungskraft, und die Ideenassociation, an den magnetischen Erscheinungen grossen Antheil. Nur die Art wie sie erzeugt werden, wird die Empfehlung der Aerzte nie verdienen.

Inhalts-

Inhalts - Verzeichniß.

E e   Ante.

Inhalts - Verzeichniſs.

Inhalts - Verzeichniß.

Inhalts - Verzeichniß.

Erschlaf.

Inhalts - Verzeichnifs.

Ec 3   Gui-

Inhalts - Verzeichnifs.

Oleum

Pulvis

Inhalts - Verzeichnifs.

Sal

Inhalts - Verzeichnifs.

Inhalts - Verzeichniſs.

Tinctura

Inhalts - Verzeichnis.

Wasser-

Inhalts - Verzeichnifs.